作者简介

　　桥本文雄（1902—1934），男，日本兵库县人，1927 年毕业于京都大学经济学部，1930 年在东北大学任副教授，1932 年在日本首次开设社会法课程，1934 年和 1935 年由岩波书店出版了《社会法与市民法》和《社会法的研究》两部代表性著作，受到学界高度评价，对日本社会法理论影响极大，桥本也因此被誉为"日本社会法理论的奠基人"，日本社会法研究的"先觉者"。

译者简介

　　田思路，男，1962 年生，天津市人，中国社会法学研究会副会长，中国社会法学研究会劳动法学分会副会长，日本神户学院大学法学博士，日本大阪大学高等司法研究科访问学者，华东政法大学经济法学院教授，博士生导师。

　　主持完成国家社科基金项目两项，在《法学研究》《法学》《法学评论》《当代法学》《华东政法大学学报》《神户学院法学》等期刊发表论文数十篇，有多篇论文被《中国社会科学文摘》《人大报刊复印资料》转载。出版作品主要有：《劳动市场法的改革》（2006 年，译著），《契约劳动的研究——日本的理论与实践》（2007 年，合著），《請負労働の法的研究》（2010 年，日文），《日本劳动法研究》（2013 年，合著），《雇佣体系与劳动条件变更法理》（2016 年，译著），《外国劳动法学》（2019 年），《日本社会保障法研究》（2021 年），《劳动法的世界》（2022 年，合译）。

社会法名著译丛

田思路 主编

社会法与市民法

〔日〕桥本文雄 著

田思路 译

商务印书馆
创于1897 The Commercial Press

橋本文雄

社會法と市民法

© 岩波書店 1934 年

本书根据岩波书店 1934 年版译出

"社会法名著译丛"

总序

在法律缘起与建构的历史进程中，与民法等传统学科相比，社会法无疑是后来者。然而，社会法从产生之日起，就以昂扬的姿态和蓬勃的生命力独树一帜。因为她与工业革命共生，与人类价值共存，与社会发展共进。她见证着文明的枯荣，彰显着人格的尊严，保障着公平的底线。

就学术研究而言，几百年来，社会法从未停止艰辛探索的脚步。在每一次世界历史巨变中，社会法都成为各国重要的研究领域，一大批绩学之士，循是以论，鸿篇巨帙，奠定了社会法的理论基础和学科地位，极大地丰富了人类法学思想宝库，光辉薄星辰。

我国社会法研究起步较晚，特别是一直以来囿于相关专业人才的匮乏，在有效组织和系统翻译世界社会法经典著作方面有些滞后。然而可喜的是，近年来，我国社会法研究呈现开放繁荣、蓬勃发展的局面，在比较社会法领域亦新人辈出，成果斐然，由此，译介社会法经典著作的工作终于提上了日程。

2019年，正值国际劳工组织（ILO）成立100周年，商务印书馆以卓越的学术洞见和高远的人文品格，决定组织出版"社会法名著译丛"，可谓应际而生，与时合契，对我国社会法学术研究无疑将起到重要的影响和推动作用。

为此，我们组建了优秀的研究团队，系统梳理了社会法百年学术发展史，特别关注和遴选在社会法基础理论、社会法史、比较社会法等方面具有世界影响力的著作，并分头进行翻译。这是一次发掘经典、呈现经典、致敬经典的学术传承，同时也内化和滋养着我们的学识、涵养、修功和境界。也许正是那遥远的跨越时空的点点烛火，使我们有勇气一步步走进大师们的世界。

　　在谦逊中学习，在包容中互鉴，在比较中创新。

　　如果本译丛能对我国社会法的学术发展有所贡献，那将是我们所有参与者的深愿。

　　错谬之处，恳请指正。

田思路

2022 年 12 月 14 日

译者序

在"社会法名著译丛"策划之际，我首先想到的就是翻译日本社会法理论奠基者桥本文雄先生的代表作《社会法与市民法》，且一旦拂卷，爱嗜其文，不能释手。于是便有了今天与读者见面的这部译著。

桥本文雄（1902—1934），日本兵库县人。1927年3月本科毕业后继续在京都大学经济学部攻读硕士学位，以"法与经济的关系"为研究课题，逐渐走上社会法理论研究之路。日本法哲学代表人物、京都大学恒藤恭教授对其学术生涯产生了较大影响。研究生期间，桥本文雄于1928、1929年分别在《经济论丛》和《法学论丛》上发表了《经济法的概念》和《社会法学的课题》两篇颇有影响的学术论文，由此奠定了坚实的研究基础。

1930年3月，桥本文雄受聘东北大学法文学部副教授，并于1932年在日本首次开设社会法课程。他将社会法的教学内容进行整理提炼，以《法的体系中社会法的地位》为论题在《法学》期刊上连载，并在对这些连载论文进行较多修改补充的基础上，完成了《社会法与市民法》的著作，于1934年3月17日由岩波书店出版发行。

《社会法与市民法》是日本社会法理论的开创之作，系统构建了社会法的理论体系。该著作既有从古罗马法到市民法及社会法的历史演变，又有与英国、美国、德国、法国、苏俄等社会立法的比较，还有对日本社会法的特征和问题的关注；既有法史学、法哲学、法社会学及社会法学的方法运用和学理提炼，又有在与民法学、商法学、诉讼法学的对照中，对社会法地位和性质的明确阐释……通览全篇，可谓气宇宏大，构造坚韧，法理深邃，力透纸背。

《社会法与市民法》出版后，受到学界高度评价，称桥本为日本"社会法理论的奠基人"[1]和"先觉者"[2]，认为"社会法研究的理论出发点是对市民法原理的自由、平等、独立的形式性、抽象性的批判（暴露其虚伪性），这样的话，在日本第一次将此作为社会法研究端口的桥本教授的功绩是不能被遗忘的"。[3]中国学者亦高度评价桥本先生，称其"带给日本法学界重要的社会法理论建树，使得其在日本社会法理论史上具有无法替代的地位"[4]。

然而不幸的是，《社会法与市民法》出版不久，桥本先生便积劳成疾，一病不起。在以此研究成果申请并获得东北大学法学博士学位的次日，即 1934 年 9 月 16 日，桥本文雄不幸英年早逝，年仅 32 岁。天妒英才，无以加焉！

在 20 世纪 30 年代日本特殊的政治背景下，社会法研究举步维艰。1933 年桥本文雄的恩师恒藤恭先生因抗议政府压制学术自由的泷川事件（京大事件），愤然辞去京都大学教职（这也是桥本文雄在《社会法与市民法》序中所称的"众所周知"的原因吧）。出于对学生的深切怀念，更为了弘扬桥本文雄的社会法思想，恒藤恭先生在动荡不安的环境中，与日本著名的罗马法学者、民法学家，也在泷川事件中辞职的栗生武夫先生一道，将桥本文雄未收入《社会法与市民法》中的其他社会法论文编辑整理，于 1935 年 4 月由岩波书店出版了《社会法的研究》。

---

[1]　江口公典『経済法研究序説』有斐閣（2000 年）287 頁。

[2]　村下博『社会法の基本問題』啓文社（1988 年）2 頁。

[3]　丹宗昭信「社会法理論の発展」菊池勇夫編『社会法総説——労働法・社会保障法・経済法（上）』有斐閣（1959 年）36 頁。

[4]　叶静漪主编：《比较社会法学》，北京大学出版社 2018 年版，第 51 页。

京都下鸭是当年桥本拜访恒藤恭先生而立志研究社会法之地，如今恒藤恭先生在此睹物思人，为学生的遗作撰写编辑者序。序曰："桥本君是以确立社会法体系为目标的年轻有为的学者，其精深博大的学问是七年岁月思索的结果，他关于社会法基础理论研究的学术价值应该永远被学界所继承。"① 作为导师的恒藤恭先生还将桥本以友人相称，他凝视着窗外早春的阳光，悲痛莫名，"去年的此时，桥本君书信告我《社会法与市民法》即将出版，今年的此时我在为他的遗作写序，何其哀痛，热泪不禁……"②

岩波书店于 1934 年和 1935 年先后出版的《社会法与市民法》《社会法的研究》两部著作，可谓珠联璧合，堪称日本社会法的原论。在此基础上，1957 年有斐阁出版了《社会法与市民法》的新版，该新版是上述两部著作的合并版，除个别内容有所删减并对注释进行补充之外，基本保持了原来两部著作的体系和内容，并仍由恒藤恭先生撰写编辑者序。恒藤恭先生在序中亦高度评价了桥本的学术贡献："通过桥本君的全部论述可以看到，他在考察法史学和法思想史的基础上，展开了法哲学和法社会学的论述，我认为这种法社会学的研究是启示丰富、卓尔不群的。他的研究是以社会法的问题为中心的，但基于其研究方法，在自然而然地明确了社会法的本质的同时，也明确了市民法的本质。"③

需要提及的是，"解放前我国法学界一些通晓日语的学者亦对此书推崇有加，但我国法学界在建国后由于语言障碍、学术空疏诸因素影响，且不说重视从原典（大师级作品）中汲取思考问题时的'支援意识'，更鲜少对外文原作的亲炙切见，因此桥本文雄的著作一直无人问津"。④ 近年

---

① 橋本文雄『社会法の研究』岩波書店（1935 年）編輯者序 4—5 頁。

② 橋本文雄『社会法の研究』岩波書店（1935 年）編輯者序 5 頁。

③ 橋本文雄『社会法と市民法』有斐閣（1957 年）編輯者序 5 頁。

④ https://baijiahao.baidu.com/s?id=1736964463357891011&wfr=spider&for=pc

来，随着我国社会法基础理论研究的兴起，桥本文雄的学说开始得到越来越多的关注，本译著以 1934 年岩波书店《社会法与市民法》初版为翻译底本，以体现该作原貌。初版为竖排版，使用了大量日语古文法和繁体字，个别源于拉丁语等外来语单词以及大量学者的姓名和作品名称需要逐一确认核实，这给翻译工作带来了极大困难和挑战。毋庸赘言，翻译中的错误之处由译者自负文责，恳请读者批评指正。

另外，本书后附译者拙文《日本"社会法"：概念·范畴·演进——桥本文雄先生的思想及展开》，作为译者对桥本先生社会法思想及其展开的考察笔记和学习心得，亦恳请读者批评指正。

承蒙商务印书馆及王兰萍、金莹莹、高媛等各位老师的厚爱，使"社会法名著译丛"及本译著得以立项和翻译出版，特别是金莹莹老师作为丛书主要策划人和本译著责任编辑付出了大量心血，在此一并致以由衷的感谢！

此外，我在为研究生讲授"社会法前沿问题研究"课程时，介绍了本译著的主要内容，在学习讨论中同学们提出了一些有益的建议，还协助进行了校对等工作，在此亦感谢他们的支持和付出，并祝他们学有所成！

于我而言，37 岁自费留学日本攻读硕士和博士学位，45 岁回国方始从事社会法教学与研究，今至花甲，夫复何求，竟有如此之缘，实乃荣幸！

想来，这份荣幸，亦源于已故恩师马渡淳一郎教授的赐予，感谢先生的温暖、包容和鼓励，您的"追求真正而纯粹的学问"之教诲使学生有了今天这样的选择。

谨以此译著纪念桥本文雄先生逝世 90 周年及《社会法与市民法》出版 90 周年。

田思路

2023 年 5 月 1 日

谨以此书献给父亲

——祈福花甲之年健康长寿

总　目

内容目录

七　近代市民法的性质

十一　社会法的发育

十二　社会法的形成

十五　日本的市民法

十七 社会法的性质

十八 结语

附录

序

　　社会法是标志着现代法的最新法域，虽然它是最近才建立的，但它一直是现代人在法律生活中关注的焦点。社会法具有特殊的进步性质，具有传统的近代市民法所没有的"色调"，在此意义上，现在法律生活的动向可以显示为"从市民法到社会法"。当然，即使是"从市民法到社会法"，也不意味着现实的社会法将全面取代市民法，反而是在更广泛的领域承认市民法的支配和存在；同时，与市民法相对照的社会法，作为对市民法进行的某种修正、补充和完善，要求相较于传统市民法对社会法体系和地位加以承认和分化，这是现实法律生活的大趋势，它意味着现实法律生活的特征也根据"市民法与社会法"加以体现。在此意义上，可以说，现实法律问题的核心存在于市民法与社会法的共存与交错之中。

　　在本书中，笔者通过明确法的体系中社会法的地位问题，特别是近代市民法的理想型的纯粹性质，试图在与市民法的对照中彻底厘清社会法的特征。为此，笔者在从近代到现代的历史变迁中，循序渐进地对传统市民法的坚固体系加以展示，对传统市民法所包含的诉讼法、商事私法以及其他物权法、债权法、身份法等各法域之间的体系和地位转变及其独立法域的意义加以展示，通过对这些状况的集中考察，在近代市民法的转变过程中，或者作为近代市民法发展的分化，努力寻求新的社会法法理和社会法法域形成分化的形态轨迹。笔者在对上述主题的考察中，更抱有对日本法律状况和特征的关心，在从市民法到社会法的发展过程中，着眼于欧洲诸国的发展状况，对它们可谓更为充分的方法加以典型呈现，试图在与之相比较的过程中，获得对日本市民法与社会法的对照或特征问题的理解。

笔者在本书中的一般态度或见解，只能由读者通过阅读全书加以理解。但简言之，笔者对法律的普遍本质所持的观点是，在充分肯定和考虑法律的历史性和现实性的同时，不能丧失法律的自主性和规范性。从这样的观点出发，首先，这可能是基于笔者作为法学学者或社会法学者的本能，笔者并不支持一个学派的主张，该学派通常认为法律的本质特别是社会法的本质具有阶级性；其次，在各种法域的共存与协调中，笔者从法的体系具有统合形态的立场出发，试图对市民法与社会法的对照问题进行理解。

因为是关于如此大的题目，所以本书只能做素描式的展示，各章中的各节包含了需要更加详细考察和深化的诸多问题。笔者最近有机会出版与本书具有同样志向而写就的姊妹篇《社会法与国家法》，以本书有意识保留的诸问题为考察中心，同时对本书考察的不足加以补充，对谬误加以反省，以期对本书进行检验。

本书原型的形成，是在1932年东北大学法学会编辑（岩波书店刊行）的《法学》创刊之际，笔者以"法的体系中社会法的地位——关于市民法与社会法的对照"为题投稿的系列论文（第1卷第6、8、10、12号，第2卷第2号）。当初因为在第1卷中完成了写作预定，所以在许多问题上只能简约和省略，因此一直希望有机会予以补充修订。然而，自知所论完全不够充分的书稿，竟得以如此之快地刊行，实在出乎意料。但在几乎完全没有社会法著作的现状下，考虑到那些希望研究社会法的人，或者想了解当前法律生活具有怎样特征的人，我认为可以允许本书的暂且存在，因此在极短的时间内对书稿做了若干补充修订，以期得到读者宽大而严厉的指正。此外，这本芜杂、稚拙的书如此之快地出版，还是为了迎接父亲的花甲之年，以此作为唯一的礼物表达自己的感情。因而，不拘内容如何，父亲翻开这本书时莞尔一笑的慈祥面容，才是鼓励我出版本书的唯一勇气。

另外，旧稿的修订，与各章中的各节以及与在《法学》期刊发表的论文相比，增加了 6 节，体量超过了原来的两倍，无论如何，我觉得已经相当程度地改变了原有形态。借此机会，特别对为上述旧稿加以介绍和费心指正的末川博先生（《经济往来》1932 年第 12 期）、牧野英一博士（《法学志林》1933 年第 8 期）、安田干太教授（《法学协会杂志》1933 年第 6 期）以及其他同仁表达深切的谢意。

附录是《社会法与市民法》的对照年表和参考文献*。年表是日本市民法与社会法的发展程度和数据，为了试图带来与西欧诸国的共存和交错形态相比照的印象，年表以明治以后为重点，以日本的事件为主，适当省略了外国的事例。参考文献的列举，也多少依从本心。一方面，列举的方针是以为读者提供更加详细深入的思考为念，重点毋宁说是代替自己的言语而集中展示和叙述相关诸家学说；另一方面，通过可能多少有些偏差的列举，笔者希望将自己的立场和见解更好地传达给读者。另外，制作的年表和文献，也同时考虑到了作为事项索引和人名索引的利用。

本书的出版，应该感谢诸多先生的学恩。给我亲切教诲的母校京都大学的各位先生，我现在任教的东北大学敬爱的前辈和同仁，以及东京大学法学部的各位教授等，感谢他们一直以来有益的教诲和鞭策，这是我的无上荣幸。另外，要特别感谢恩师恒藤恭先生的学恩，我以这方面的研究为志向在下鸭的纠之森拜访先生，那已是八年前读完大学课程的事了，后来回想起来真是不可思议。有负于先生的亲切指导，本书如果多少无误地说出来一点内容的话，那是先生的教诲所赐。如今本书出版

---

*　本译作将原书附录中的参考文献改为页下注，以便于阅读参照。——译者

之际，先生在众所周知的情况下离开了使我享受亲切教诲的母校校园，我带着特殊的感怀敬慕先生深远、精致的学风，同时，禁不住深情感谢先生的学恩并祈福先生健康。

最后，对积极承诺出版本书，在极短期间给予特别的刊行便利，使我有幸在父亲花甲之日得以馈赠本书的岩波书店茂雄先生的深情厚谊表示由衷感谢，对为使本书尽快出版提供各种周到考虑的岩波书店长谷川觉先生、本堂繁松先生，以及提供校对等帮助的东北大学法科研究室的法学学士大森英太郎、丸田七郎、赤羽美智子、黑田了一等诸君致以深深的感谢！

桥本文雄

1934 年 2 月 11 日

一　绪论

1. 法的性质与历史的、社会的现实流动性及多样性：单一法或单元法与法的体系

　　法是社会的、历史的发展产物，它只是源于现实社会自身所包含的一个契机，[①] 但同时，它又从社会的、历史的现实出发，通过保持相对的自主性，成为对社会的、历史的现实具有制约和规制功能的"经验的规范"。由于法是源于社会中所包含的一个契机，因此受到社会的制约，但同时又反过来制约和规范整个社会。在其特有的存在性质中，恰如法的本能存在，"有社会即有法"（Ubi societas ibi ius）的格言也可以解释法与社会这种辩证法的关系吧。也就是说，如果多少用比喻加以表现的话，法在推动自身社会发展的同时，也具有引导社会发展潮流的功能。总之，如果法完全淹没在自身社会发展潮流中，那它只不过是社会发展潮流中的浮游物，不能制约和规范社会的、历史的现实。而如果法对全部的社会发展潮流漠不关心，只是在天空孤单地飞翔，那也无法对历史的、现实的社会加以规范。

　　然而，在社会中特别是在全体社会中，法对应其历史发展阶段，在带有各种特有的时代性质的同时，其中还包含了各自的部分社会或社会关系，因而，像对这样的社会特别是对全体社会具有秩序功能的法，根据时代的不同，自然也会有各自性质不同的内容，同时，着眼于对应部

---

① 恒藤恭「法の本質とその把握方法」法学論叢 27 巻 1 号（1932 年）1 頁以下。

分社会或社会关系，也不得不有各自不同的"色调"。

在社会规模尚小时，通过较长时期的稳定，具有单纯生活内容和单调生活意向的比较共同的人们形成了他们的集团，对此加以规制的社会规范也被认为是十分单纯和淡然的。然而，随着社会的变化和规模不断扩大，形成了具有多种生活内容和多样生活意向的多数人的集团，此时，在社会规范中，像宗教的、习俗的、道德的、法律的那样，具有了各自不同的差异，此外，还要求实行各种社会规范的协调，并且法律的规范也要适应社会的、历史的状况和时代性质，适应人们复杂多样的生活内容和生活意向，以此构建其内容和体系。

这样的法已经在现实中规范着社会，它在表现出类似的动态性的同时，从极为大规模的、复杂的构成出发，内含了多种分化的生活内容和多样生活意向下生存的无数人，因而，其不能贯彻单一的原则和单样的法理，或者不能从单一的渊源流出、以单独的形态形成"单一法"或"单元法"。而必须根据不同原则和各种法理加以分别使用，或者从多种渊源出发，通过在各种形态下形成的各种共存和互动的法，来构成"法的体系"。[1]

当然，法即使被要求适应社会的、历史的时代性质及规范社会现实，也正如已经叙述的那样，要从某种社会的、历史的发展变迁性以及社会现实的多样性出发，只有根据所保持的相对自主性，才能发挥其规范的功能。法原本就不允许与个性紧密相连的完全的个人化，而是或多或少地要将社会的变迁性和多样化加以固定，使之普遍化和定型化。换言之，

---

[1] 本书的任务是明确社会法的地位或特征，关于法的渊源问题，特别是与法源的体系或秩序的关系，在本书的任务之外。在本书前后出版的纪念东北大学法文学部成立十周年法学论文集中，收录了笔者的"习惯法的法源性"一文，在与本书基本相同的意向下对上述问题进行了论述，可以作为对本书所述之补充。参见：橋本文雄「習慣法の法源性」東北大学法文学部編『法学論集：十周年記念』岩波書店（1934 年）51 頁以下。

敏锐地感受历史的全部转变，适应一切多样性，倾听人们所有的要求和意向，这是法原本就无法做到的。毕竟，"法不是为了具体的个别的人而存在，而是被普遍地制定"（Iura non in singulas personas, sed generaliter constituntur），正因为如此，才能在复杂多样的社会生活中建立秩序，发挥其独特的功能。然而，在此种情况下，法并非只限于对社会转变以及复杂多样的生活内容、生活意向加以固定、抽象和单纯化，还要尽可能保存、尊重和顾全历史变迁以及部分特殊性对全体社会和文化的维持、发展所带来的积极意义。而且，建立这样的生活意向与生活内容的自由合作关系，并不是陷入无意义、无秩序的难以收拾的混沌之中，而是尝试使之相对的普遍化，换言之，就是希望将其定型化。

2. 法的定型化作业：历史的时间的定型化 社会关系的定型化　人的集团的定型化

法在社会和历史发展中的定型化，首先是要面对发展变化、生生不息的历史潮流，发现其中的一定的基本标识，通过在其迟缓时加快速度、在其激进时加以控制的方式来完成。原本在这种情况下，法作为一种"先验的规范"，要求以自身不变的内容平稳地超越时空，而不是让一切历史进程停止在一定时点上。因此，它必须对应需要规范的现实生活的变化，持之以恒，不断修正。[1] 这样的法，举例来说，就像古代法、中世纪法、近代法、现代法那样，以尽量适应各自时代的方式，改变自身

---

[1]　Pound (Roscoe): Interpretations of Legal History, Cambridge, (1. ed., 1923) 1930, p. 1…It must be overhauled continually and refitted continually to the changes in the actual life which it is to govern.

的内容，承载各自的时代性质，规范各自时代的社会生活。并且，即使是在综合的、历史的法的类型（法型）或法史类型中，也要对应其所要规范的社会生活的不同面向或意愿，在比较短的时间内持续着眼于使之定型化和特殊化的各种法的体系（法系）或法的领域（法域）的形成，在尽可能观察其产生的部分变化的同时，试图使全部历史的顺利发展成为可能。也就是说，正如近代法的类型体现了近代精神一样，可以说通过发现其基本标识，与作为整体的古代法、中世纪法的类型相对照，以这样的方式，对近代社会加以规范。进而，站在近代法型的内部加以观察，在刑法、商法、民法等带有各种各样近代法性质的同时，与规范各种生活关系的变化程度相对应，适应其频率，修改其内容，例如经常修改刑法、商法等的内容，在比较短的时间内持续着眼于使其定型化。另一方面，民法即使为身份法时，也通过比较长时间的定型化，像能够适合各种生活关系的特性那样，在极为复杂的历史的、时间的定型化之处，可以看到各种法系或法域的共存。

一般来说，对应法域或法系的不同，可以看到法律进行根本性修改的频率或速度的差别，这应该理解为是基于这种时间上被特殊化了的法的定型化作业吧。问题在于，时代的历史性质及其规律要对应社会生活的不同面向或意愿，以某个时点作为基本标识，考虑某种时间的持续，这是关于是否进行法的历史的、时间的定型化问题。

其次，法的社会现实秩序的建立或定型化作业，是关于复杂多样的诸多的部分社会或生活关系在某种程度上被普遍化、一般化的规律。充分考虑无限复杂的生活关系的多样性，本来就不是法所能做到的，反而在某种程度上，法的特殊任务是将复杂的多样性加以抽象和普遍化，但它也必须对应各种社会关系的社会重要性，比如民事的生活关系与政治的生活关系并不是通过同样的方式加以规范的，商事生活关系与劳动关系也必须根据以不同方式被定型化的法来建立秩序。总之，即使在社会关系中，也存在政治关系、家族关系、经济关系等不同，由于其具有特殊性而不会被"轻易"消除，因而，如果不充分考虑各种生活关系所具有的特性，法就不能充分发挥建立生活关系秩序的自主功能。比如在我们的现实法律生活中，作为政治法、家族法、经济法等不同色调的法，被认为在法的体系中可以共存。然而，由于法具有社会的具体的现实特殊性，在该特殊性下降到一定程度的同时，能否实现法对生活关系复杂性和混沌性的秩序建立功能，这是相关的问题所在。

法的定型化作业，更与法所着眼的人们对某些事物的构想相关。比如在历史上，罗马法着眼于奴隶以外的具有人格的人，特别是作为家族首领的家父；日耳曼法着眼于以身份结成的团体或身份阶层的人；近代法着眼于被平均化、平等化视之的具有人格的市民或经济人。着眼于这些人对事物的构想，成为历史上诸法的特征。[1] 法具有普遍性，不能把特

---

① 拉德布鲁赫从这样的立场出发，将日耳曼法与近代法相对照做了如下阐述。

中世纪的罗马法是根据习俗和宗教以共同形态下被束缚的人为前提，而近代市民法是从封建社会束缚中被解放的近代的个人为中心的，其出发点是从封建的复杂的责任义务中被解放的、只顾追求自我利益的个人的观念。这个法律上的人的定型化，只是以一心一意追求利润和计算损益的商人模型构成的。这样，所有的人在这里被看作商人，不过，即使不是商人的劳动者，也作为劳动力商品的卖家，在法律上被视为商人的一种来对待。像这样的市民，作为利己的、明确意识到什么是自我利益并加以周到实施的人，构成了以市民法为前提的人格者的概念，这与古典经济学上的经济人"homo economicus"的概念没有什么不同。

参见：Radbruch (Gustav): Der Mensch im Recht: Heidelberger Antrittsvorlesung, Recht u. Staat in Geschichte und Gegenwart, Bd. 46, Tübingen, 1927, S. 6 ff.。另参见（96）。另外，田中教授也认为，罗马市民法上的人与万民法上的人，日耳曼法上的人与近代资本主义法律秩序中和带有社会主义倾向的法律秩序中的人，绝不具有同一性。参见：田中耕太郎『商法研究（1 卷）』岩波书店（1929 年）311 页以下、320 页。

恒藤教授认为，同一个体的人格者，在不同的法域处在不同的法律关系中，因此形成了不同法律上的一种类型特征。在什么法域以什么方式具有什么样的法律类型特征，就决定了每个人格者的法律个性。参见：恒藤恭「法律意識における人格者概念」法学論叢 23 卷 1 号（1930 年）1 页以下、23 卷 6 号 43 页。

殊的、具体的人原封不动地围于法的自身范围内，只能着眼于作为理念型的人而被永久构想在被定型化的某种典型事物中。但现实中的法，是极为复杂的构成，在各种被特殊化了的生活意向中，作为实现特有的社会任务而共存的各种各样的人，被包含在所规范的社会中，最终只着眼于单一方向上被定型化的人，就难以充分发挥法的功能。特别是在构成全体社会的各种社会集团存在尖锐对立和矛盾的现实状况下，有必要以依据这些社会集团的社会重要性，以及考虑其特性而将被设想的集团定型人作为法律建立的基础，并作为实现和处理法律的承担者。这样，一方面，着眼于设想商人的定型人、劳动者的定型人、企业主的定型人等，比如要求商人法、劳动者法、企业主法等诸法域的共存；同时，另一方面，着眼于设想劳动阶级的集团定型人、资本家阶级的集团定型人等的法域，要求劳动法、企业团体法等的共存。

另外，在全体社会内部存在的集团之间的相互利害关系中，通过竞合、对抗形成了这样的态势，即，自然地或按照要求形成了较多考虑本方集团利益的法的系统，与较多考虑他方集团利益的法的系统的共存状况。所谓法的阶级性的问题，是与这样的状况相关联而被诱发的(92. 93)。问题在于，在已经出现的具体的、历史的社会中，存在无限复杂的人格个性和差别环境下生活的人们，以及具有极为复杂的目的、意向、形态的社会集团，无论从何种观点来看，都要考虑将这些具有法的意义的差别内容纳入到法中。

3. 法的体系的统合形态的性质：
法史型　法的体系的性质

像这样被历史、时间定型化的各种法型，基于生活关系的特殊性被定型化的各种法系，以及着眼于人的特性或社会集团而被定型化的各种法域等，它们或是通过分担、交替各种各样的历史时代，或是通过对其各种功能的补充、完善、限定和并存，构成了历史的、完整的法的体系。

现在，为了对具体的、历史的社会现实加以规范，暂且不论以何种方式构成法的体系最为适当，在具体的法律史实或法律生活中着眼于如何构成法的体系时，我们首先要在法律的历史发展中，将古代法、中世纪法、近代法等进行"极为鲜明"的对照，在历史舞台上加以纷繁呈现。同时，经过各个时代的发展，这些各种各样的法型终于显示出了比较严密的稳定性和静态性，鲜明地体现出独自法型的性质，在建立了这一体系的同时，我们将关注一个过程，即，这个体系很快将被卷入激烈的动荡中，暴露出体系内各部分的缺陷，或显示出系统性的迟缓，并建立向下一代法型的转变。

站在这样的法型结构中进一步仔细考察时，我们可以看到各个时代的法的体系表现出了不同的形态。有的法域或法系，最为固执地坚持前代保守的传统性质，墨守成规或者持有相反意见；有的法域或法系则最为敏锐地吸收时代养分，面向时代的发展方向，最丰富纯粹地体现和包含了时代的历史性质；或者，在某个时代，有的法域或法系似乎占有最为基本的主导地位，其他法域或法系则在某种意义上处于逐渐从属的地位；而在其他时代，前面时代处于被压迫的从属地位的法域或法系，可能夺取并占领了基本的主导地位。

与这些状况相关联，在某个时代相并存的各种法域或法系，尽管表面上显示出了各自立法原理或法理性质的相互矛盾、抗争所产生的对立，但与其说他们通过守备各自的界限并协同发挥作用，不如说正因为如此，才形成了适应趣味多样的社会生活所要求的法律生活形态。或者，通过某个法域或法系在一定程度实现了某种法律价值或法律理念，而根据其他法域或法系则在一定程度上体现出另外一种法律价值或法律理念。又或，在某个时代单一的法域或法系中被合并的各部分，在其他时代则要求其体系的分化，或反过来分化的法域或法系被要求重新统合。再或，有的法域或法系在发展过程中形成了其特有的法理色调，但又可以看到它对其他法域或法系带来了一定的影响。①

这样的法的体系，可以说是以主题为基调，伴随着各种变调，有时构成了协和音程，有时也表现出了复杂的变调，或者是相互补充、相互调整的和谐音，或者是相互碰撞、相互排斥的不和谐音，就像一场宏大的交响乐一样，其中包含了极其复杂的构成，由此发挥着规范复杂多样的社会生活的作用。与其说它是通过纯粹合理的静态统一性而成立，倒不如说相反，它不允许完全的合理化，它是以部分杂乱状态为基础的动态类型，可以说是包含着未加整合的"统一形态"而形成的。如果多少用比喻加以表现的话，法的体系不是像封闭的固定的圆环那样的构造，而是具有先进的开放的弹性，可以说是作为螺旋式的构造来规范动态的、变化多样的社会和历史的现实。

4. 本书的课题：拉德布鲁赫的商法与劳动法的对照

关于法的体系，大致与上述状况相关，笔者在本书中对社会法在法

---

① 关于这一点，我妻教授认为："特别的生活关系在根据特别的指导原理加以规范的同时，在脱离了民法一般原理支配的场合，被残留的民法的一般原理也受其影响而被逐渐修正。即，在与以自由竞争为主要指导原理的商事关系相接触的生活关系中，虽然与商法原理相类似的原理大多被停用，但是相反，在被规范的具有强烈团体协调理想的社会政策立法中，与生活关系相接触的部分，与商法相近似的指导原理具有很强的作用。"该理论巧妙地指出了法域及法系的性质，旨趣深刻。参见：我妻栄『民法総則（民法講義 I）』岩波書店（1933 年）3 頁。

的体系中占有怎样地位的问题，特别通过作为近代法类型的市民法体系加以考察。在此之际，首先考察诉讼法法域以及商事私法法域等从市民法体系中分化、形成的过程及其意义，然后在作为市民法中心的民法自身体系中，与近代相比，通过分析物权法、债权法、亲族法、继承法等各个法域的区分和对立的意义等，以现代历史发展中系统呈现的地位交替和变化形态为考察焦点，思考和发现在传统市民法的体系和性质中，如何引发了新的社会法法域或社会法法系的形成和分化。

拉德布鲁赫教授在其《法学导论》中对有关商法与劳动法相对照的问题做了论述："与任何其他法域的法律规范相比，商法不是停留在纸面上的法，而是活法；不是应该从制定法中解读出来的法，而是只应从现实法律生活中观察的法律规范。与任何其他法域相比，商法更能表现出利害关系与法的关联，关涉到利益关系对法的影响，它明确了对事实加以规范的力量界限，形成了事实上决定性的规范力量。要言之，这是经济史观上的经济与法的关联学说的更为鲜明的体现。同时，它也说明了为什么在'个人主义法理'的时代，所有私法开拓者的任务都必须归于商法。而在未来的'社会法'时代，就好像劳动法发挥着与商法相对立的作用一样，商法与劳动法在现实的私法中，一个是个人主义的法，另一个是社会的法，形成了相对峙的两极。"[1] 可以说，笔者在本书中的课题是对上述观点的进一步阐述，如果可能的话，对其进行一些补充。

---

[1] Radbruch (Gustav): Einführung in die Rechtswissenschaft, 7. u. 8. Aufl., Leipzig, 1929, S. 91.

二　市民法的概念

5. 市民法的原本概念：作为市民阶级特别法的
市民法　作为一般法的全部法律体系的
市民法　作为私法的民事法的市民法

关于市民法的概念，首先必须明确其"原本概念"和"近代的概念"。

市民法的原本概念，源于罗马语 ius civile 一词，其概念特征大体经历三段转义成为了现代的民法。第一义可以说是作为"市民阶级的特别法的市民法"，第二义是作为"一般法的全部法律体系的市民法"，第三义是作为"私法的民事法的市民法"。

众所周知，在昔日罗马繁盛之时，许多外邦人聚集于罗马市府，自然而然地在外邦人与罗马市民之间以及外邦人相互之间，发生了很多争诉。但以前罗马实行的法律，作为罗马固有的法律不适用于罗马市民以外的人，为此，设置了特别的外事法官，外事法官根据公平原则和实际利益，自由选择和采用被认为符合一般人情的外邦惯例，以此为原则对这些争诉进行裁判，据此形成了法律一体的万民法。与此同时，罗马固有的法律特别是市民法，仅限于罗马市民享有对其适用的特权。因而，该意义上的市民法，一方面包含了属于"公众的权利"（ius publicum）的立法，同时另一方面，即使属于"私人的权利"（ius privatum）的立法，也排除了所有应适用于外邦人的内容。也就是说，这里的市民法所指不是区分公法、私法，而是只对享有特殊市民权的罗马市民适用的法。罗马市民，旧时仅指贵族，但随着平民地位的提高，也被包含在市民范围之内，而奴隶、外邦人、临时滞留人员等则被除外。只有市民才具有市民大会上的选举权和被选举权，具有市民法上从事法律行为以及合法婚姻的权利，具有提起合法诉讼的权利。[1]

但是，一方面，可以看到市民权的逐渐扩张，所有居民基本上被无条件赋予了罗马的市民权，法律上的歧视事实上被废止了；另一方面，罗马逐渐发展为世界的商业都市，依从精神狭隘、形式过度的罗马特有的市民法的规定，无法与逐渐变化的社会要求相适应，罗马市民也意识到这种不完全的交易法以及烦琐的诉讼程序不能顺应时代需求，而且，基于对外邦人法律适用上的便利和公平，自由的万民法的法理价值被逐渐得到认识，市民法官的裁判也向外事法官的同一方向加以修正，[2] 市民法与万民法的区别也逐渐被消除。于是在凯撒大帝的语言库（corpus iuris）里，不再承认这种区别，后代的法典相对于《教会法典》（corpus iuris canonici）也被称为《市民法典》（corpus iuris civilis），此时，所谓的市民法也就意味着全部罗马法体系。即该意义上的市民法，具有一般法的意义，意味着包含了所有法域的完整体系或是对其进行的集成。于是，罗马的市民法被万民法所吸收，罗马的市民法不久就成为了世界的市民法。[3]

中世纪末叶，欧洲各国竞相继承罗马法，但当时的所谓继承，主要问题是在罗马的民族或国家的特殊性方面着色较少，为了多元地包含具有世界普遍性质的私有经济交易或民事生活的有关内容，市民法的语义发生了转变，去除了公法的意味而仅具有了私法的意味。如后面所要稍加详述的那样，一方面，相对于实体私法，作为形式上的程序法的民事

---

[1]　Ehrlich (Eugen): Beiträge zur Theorie der Rechtsquellen, I. 1, Berlin, 1902, S. 74, 75, 76, 84.

[2]　Vinogradoff (Paul): Common Sense in Law, (I. ed., 1913) reprinted 1927, London, p. 213 ff.

[3]　栗生武夫「Jus Gentium の発達の内面」京都法学会雑誌 13 巻 7 号（1918 年）143 頁。

诉讼法被分离；另一方面，基于有关商事交易中商事私法的特别法化，市民法将商法排除在外，在与其相对照的意义上仅指实体的普通私法。现在，各国的民法（droit civil;Zivilrecht;Bürgerliches Recht）以及日本的民法也大都使用这种意义上的概念。

6. 市民法的近代的概念: 古罗马法 中世纪日耳曼法　近代市民法

市民法的近代的概念，在与古代法的罗马法和中世纪法的日耳曼法的对照中，表现出了近代法的性质。

现在，作为法律史上的时代性质的标识，如果尝试对各时代的法型加以概观的话，首先，在古罗马社会，法律第一次在最充分的意义上出现在社会生活中，特别是在其所谓的古典时期，与"近代"资本主义相比，可以称之为"古代资本主义时期"（der antike Kapitalismus）[①]，与极为绚烂的经济繁荣相联系，在那里建立了令人惊叹的宏伟的法律建筑，形成了罗马法的博大体系。它促进了古代资本主义的发展，产生了极富合理精神的意思自由的法以及个人本位的法，组织了具有严谨精致法理的借贷、委任、买卖等各种契约行为类型，以及明确清晰的所有权、占有权等各种制度类型（42.43）。

从法律上来说，其历史进程可以说是逆行的，随着罗马繁荣的古代资本主义的凋零，最终返回到了日耳曼法的原始野蛮状态。于是，已经具有严谨性和明确性的罗马法体系日渐迷失，被非合理主义的人身束缚

---

① Weber (Max): Wirtschaftsgeschichte —Abriss der Universalen Sozial-und Wirtschaftsgeschichte, 2. Aufl., 1924, München u. Leipzig, S. 287 ff.

的日耳曼法所代替。这种法律状态在整个中世纪原本并不总是一样的，但经过初期的野蛮法时代、中期的封建法时代、终期的都市法时代，与罗马法形成鲜明对照的是意思不自由的法和支配服从的法，以及团体约束的法和身份阶层的法，总的来说，其缺乏严谨性和明确性，是非合理主义的特殊分化的法。中世纪末期都市所孕育的都市法，是商人行会的法以及手工业者行会的法，尽管还没有完全消除中世纪法的性质，但特别是作为商人团体的法为近代商法提供了原型，发挥了通往近代法的桥梁纽带作用（45.46.47）。①

在近代资本主义勃兴的同时，通过继承罗马法而逐渐调整的都市法，随着资本主义的发展，最终再次继承了罗马法的严谨性和明确性，使作为意思自由的法、个人本位的法的近代市民法得以成型。这样，与古代相比，在面向近代法的全部历史发展过程中，作为更加概括的历史的定型，可以对照极具标识性的罗马法、日耳曼法以及市民法。罗马法是古代罗马人的法，日耳曼法是中世纪日耳曼时代的日耳曼人的法，市民法是近代市民社会的法、近代市民的法。像这样作为近代法的标识而使用市民法的概念，在日本还不成熟，例如，关于近代民法，经常有学说认为是市民阶级的即个人主义的法理体系，② 或者如洛伦茨·冯·施泰因所定义的市民法，是人们在市民法的名义下进行交易即进行经济活动的社会关系，其内容是根据每个人的个人意欲而形成的经济现象的总和，这是资本形成的法规体系，其发展的契机和形成的法则是国民经济的契机与法则。正因为如此，成为整个市民法产生根源的，不论其整体结构或

---

① 栗生武夫『中世私法史』弘文堂書房（1932 年）2 頁以下。

② Radbruch (Gustav): Vom individualistischen zum sozialen Recht, Hanseatische Rechts-und Gerichts-Zeitschrift, 13. Jg., 8/9. Heft, 1930, S. 462. 橋本文雄訳『ラードブルフ「個人法より社會法へ」』法学志林 32 巻 12 号，43 頁。

部门结构，正是国民经济生活本身。[①] 这种学说所认为的市民法的近代概念，毕竟只是黑格尔构想的"市民社会"（Bürgerliche Gesellschaft）[②] 或者滕尼斯展示的"分立社会"（Gesellschaft）[③] * 等意义上的法[④]。

笔者以下的考察，着眼于作为原本的近代概念的市民法，通过对其历史性质及体系构造的思考，在与其相对照中探究社会法的性质以及体系的地位，但在此之际，还应该对有关近代市民法母体的罗马市民法的原本概念加以考察利用。总之，为了明确近代市民法的体系构成，首先要回顾原本的市民法体系，特别是要在其解体的过程中寻找诉讼法以及商事私法的分化轨迹。

---

① Stein (Lorenz von): Gegenwart und Zukunft der Rechts-und Staatswissenschaft Deutschlands, Stuttgart, 1876, S. 221, 129.

② Hegel (Georg Wilhelm Friedrich): Grundlinien der Philosophie des Rechts, 1821, herausgeg. v. Lasson, 2. Aufl., Leipzig, 1921, S. 154 ff., §63 ff.

③ Tönnies (Ferdinand): Gemeinschaft und Gesellschaft, 6. u. 7. Aufl., Berlin, 1926, S. 37 ff., §19 ff.; Derselbe: Einführung in die Soziologie, Stuttgart, 1931, S. 63 ff.

* 关于"Gesellschaft"一词，国内有学者译为"法理社会"，将滕尼斯的著作 Gemeinschaft und Gesellschaft 译为《礼俗社会和法理社会》。而本书作者桥本先生将"Gesellschaft"译为"分立社会"，将"Gesellschaft"作为全体社会的一部分加以考察，这不失为一种思考视角，具有一定启发意义，故本译著采桥本"分立社会说"。——译者

④ 关于黑格尔的"市民社会"以及滕尼斯的"分立社会"的概念，稍后详述（26.27）。

三 市民法的体系

7.法的体系类型的概念性：
制度上的体系　学理上的体系

关于一般的法的体系，区分为制度上的体系和学理上的体系。制度上的体系是基于对常识的、以前科学沿革的或立法技术的考虑而形成的法的体系，学理上的体系是为了法理的理论整理或阐明而由学者构想的法的体系，事实上两者原本就建立了紧密联系。不管怎么说，所谓制度上的体系必须在一定程度上根据学者的学理构想而形成，而所谓学理上的体系如果不是在充分考虑到法制发展及其与制度的具体关联之下的构想，也就不能保持其法理价值。而且，为了阐明法的体系的法理意义，必须坚持在概念中将两者区分的观点。如下所述，市民法的体系分为人法、物法、诉讼法，在近代及现代的法律生活中深入把握和贯彻其法理构成，具有建立制度体系的意义。但在其倡导之初，只是具有单纯为法学研究的初学者制定教育上的要目和体系的意义，从而形成了一个学者的学理构想，而制度本身并非是基于这个体系构成的。

像一般的常识或者以前科学的概念那样，成为制度上概念的法的体系，也并不是让自己拥有可以根据一定观点进行严密的理论整理和把握的资格。就像我们常常遇到的那样，比如分为公法、私法，在传承下来的法律生活中，具有将其贯彻到底的成为制度体系的意义。然而，与某些见解相比，对于将其概念性地截然区分的尝试，通常会受到固执的抵挡和反对。虽说如此，以解明现实的法理为己任的法学，不应该无视制度上的体系，必须通过对其尽可能的理论化作业，甄别和阐明其体系的法理意义。考察一般的法律生活或法律现象，主张类型化概念的重要性的学说认为①，在法学的考察上，必须顾及常识的、以前科学的概念，与之相关联，法的体系也必须对这个类型化概念的性质加以把握。

像一般的现实那样，通过以成文法或制定法为本位的法律形成，使法的体系通过法典展示其大致轮廓，就是这样的事例。但法的体系并不一定与法典的体系相一致。即使没有任何明确的法典也可能在现实法律生活中充分保持成为独自法域的意义，或者即使共存于同一法典中也可能在现实的法律生活中形成截然不同的法域，又或者即使相互独立的不同法典也可能形成同一法域。但是，现实制度上的法的体系，首先是根据法典加以概示的吧。

8. 市民法的体系：盖尤斯的体系　查士丁尼法典的体系　洛伦茨·冯·施泰因的学理上的体系

盖尤斯（Gaius）认为，我们使用的全部的法，或者涉及人（personae），或者涉及物（res），或者涉及诉讼（actiones），盖尤斯的《法学阶梯》（Institutiones）的体系，是按照第一卷关于"人"的规定、第二卷和第三卷关于"物"的规定、第四卷关于"诉权"的规定为叙述顺序的。②在查士丁尼大帝的法典编纂中，《查士丁尼法典》（Codex）是以教会法、法源及

---

① 恒藤恭「型について」経済論叢 26 巻 1 号（1928 年）99 頁以下; 恒藤恭「法律の見地より観たる範型の概念」京都大学法学会編『仁保・織田還暦祝賀論文集』京都大学法学会（1928 年）313 頁以下。
② ガーイウス著・末松謙澄訳註『ガーイウス羅馬法解説（訂正増補 3 版）』帝国学士院（1924）5 頁。

官制、私法、刑法、行政法为顺序的; 而《查士丁尼学说汇纂》[Digesta
(Pandectae)] 多少有些复杂, 其显示的顺序是: 总则, 裁判, 关于物、抵
押权、买卖的诉讼, 证书证人, 婚姻嫁资, 监护人, 遗言遗赠, 继承财
产占有, 无遗言继承, 赠与, 解放奴隶及其他诉讼, 所有权占有的取得,
债务关系, 指定契约, 侵权行为, 裁判程序中的上诉[①]; 特别是查士丁尼
《法学阶梯》沿用、继承了前述的盖尤斯的体例[②], 第一卷是关于人格的
法, 第二卷、第三卷是关于财产的法, 第四卷是关于诉讼的法[③]。通过中

---

① Mitteis (Ludwig)/Wenger (Leopold): Institutionen —Geschichte und System des römischen
　Privatrechts, München und Leipzig, 1923, S. 124 ff.; Murhead (James): Historical Introduction to
　the Private Law of Rome, 3. ed., London, 1916, p. 371 ff. 末松謙證訳註『ユスチニアーヌス帝
　欽定羅馬法学提要 (四版)』帝国学士院 (1924 年)。

② Omne autem jus, quos utimur, vel ad personas pertinet vel ad res vel ad actiones—Inst. 1; 2; 12.

③ 查士丁尼《法学阶梯》的体系如果详记的话如下所示。

　　　第一卷: 一、正义和法律; 二、自然法、万民法和市民法; 三、人身法; 四、生来
　　自由人; 五、被释自由人; 六、哪些人因哪些原因不得被解放; 七、福彼·加尼尼法的
　　废止; 八、受自己权力支配和受他人权力支配的人; 九、家长权; 十、婚姻; 十一、收
　　养; 十二、家长权如何消灭; 十三、监护; 十四、哪些人可在遗嘱中被指定为监护人;
　　十五、宗亲的法定监护; 十六、身份减等; 十七、保护人的法定监护; 十八、家长的法
　　定监护; 十九、信托监护; 二十、根据阿提里法的监护人和根据犹里和提第法的监护
　　人; 二十一、监护人的核准; 二十二、监护关系如何终止; 二十三、保佐人; 二十四、
　　监护人或保佐人提供担保; 二十五、监护人或保佐人的免除; 二十六、受到嫌疑的监护
　　人或保佐人。

　　　第二卷: 一、物的分类; 二、无形体物; 三、地役权; 四、用益权; 五、使用权与居
　　住权; 六、取得时效与长期占用; 七、赠与; 八、哪些人可以让与以及哪些人不能让与;
　　九、通过哪些人取得; 十、订立遗嘱; 十一、军人遗嘱; 十二、哪些人不许可订立遗
　　嘱; 十三、剥夺子女的继承权; 十四、指定继承人; 十五、一般的替补指定; 十六、未
　　成熟者的替补指定; 十七、遗嘱在哪种情况下失效; 十八、不合人情的遗嘱; 十九、继
　　承人的性质和差别; 二十、遗赠; 二十一、遗赠的撤销和转移; 二十二、发尔企弟法;
　　二十三、信托遗产继承; 二十四、特定物的信托遗给; 二十五、遗命书启。

　　　第三卷: 一、无遗嘱的遗产继承; 二、宗亲的法定继承; 三、特图里安元老院决
　　议; 四、奥尔斐特元老院决议; 五、血亲继承; 六、血亲亲等; 七、被释自由人的遗产
　　继承; 八、被释自由人的指定分配; 九、遗产占有; 十、通过自权者收养的财产取得;

世纪末以来罗马法的复兴以及对罗马法的继承，作为近代兴起的各国立法，《普鲁士普通邦法典》《拿破仑法典》等开始对罗马法进行模仿，不得不或多或少地受其影响。这样，市民法的体系在大体上被显示为人法、物法、诉讼法。

另外，原本关于学理上的体系，如后述那样（34），洛伦茨·冯·施泰因从独特的见解出发，认为市民法的体系是：第一卷，私法（das Privatrecht）；第二卷，商法（das Handelsrecht）；第三卷，社团法（das Gesellschaftsrecht）。①

9. 近代民法的体系：胡果、海泽的体系
萨维尼的法律关系的体系　温德沙伊德的体系

近代的市民法特别是近代民法采用的制度体系，与潘德克顿学派特

（接上页注）十一、为保全自由而接受判给遗产的人；十二、废止通过出卖全部财产的财产继承和通过克劳第元老院决议的继承；十三、债务关系；十四、如何以要物方式缔结债务关系；十五、口头产生的债务关系；十六、两人的口约者和承诺者；十七、奴隶的要式口约；十八、要式口约的分类；十九、无效的要式口约；二十、保证人；二十一、书面债务；二十二、诺成的债务关系；二十三、买卖；二十四、租赁；二十五、合伙；二十六、委任；二十七、准契约上的债务关系；二十八、通过哪些人取得债权；二十九、如何消灭债务关系。

第四卷：一、根据侵权行为产生的债务关系；二、对抢劫者的诉权；三、亚奎里法；四、人身损害；五、准侵权行为所产生的债务关系；六、诉权；七、处在他人权力约束下的人所缔结的契约；八、交出加害人之诉；九、四足动物造成的损害；十、可以代替他人出诉的人；十一、诉讼担保；十二、永久性的或附期限的诉权以及转移给继承人或对继承人有效力的诉权；十三、抗辩；十四、答辩；十五、大法官的特别命令；十六、对滥诉者的罚则；十七、审判官的职务；十八、公诉。

① Stein (Lorenz von): Gegenwart und Zukunft der Rechts-und Staatswissenschaft Deutschlands, Stuttgart, 1876, S. 220, 223.

别是胡果、海泽 [①] 以及萨维尼、温德沙伊德 [②] 的学理体系相关联。胡果认为，一般的概念分为：一、人格者的类别——自然人、法人；二、物的类别——自然物、合法财产；三、行为的类别——自然的行为（占有论）、法律行为。[③] 而海泽将其一般理论分为以下七章来构建潘德克顿体系的基础：一、法律渊源；二、权利；三、权利的追及与保全；四、人格者；五、物；六、行为；七、场所及时间上的各种关系。[④]

而萨维尼认为，首先，通过法律关系带来的权利本质，是作为个人意思的独立自由的支配领域而被加以规定的，从这样的立场出发 [⑤]，"意思"第一可以作用于"自身"，第二可以同时作用于外界，即对于有意欲者来说，应该推动向"外部世界"的方向发展，这大概是"意思"对所作用的有关全部对象的最为一般的区分，另外，外界会将"无自由意思的自然"（unfreie Natur）和存在与有意欲者同样自由的人即"他人"区别开来。也就是说，根据萨维尼的观点，作为意思支配的主要对象领域，列举了"自身"、"无自由意思的自然"以及"他人"三个方面。另外，萨维尼率先指出，"人有关自身享有的权利与生俱来，这是只要他生存就不被消灭的原权，无须通过实定法被承认和限定，因而，应该与法律关系相区别，只有'后天的权利'（erworbene Rechte）才与法律关系相关"。从而，

---

① Schwarz (Andreas B.): Zur Entstehung des modernen Pandektensystem, Zeitschrift der Savigny-Stiftung für Rechtsgeschichte, Bd. 42, Weimar, 1921, S. 578 ff.

② Dnistrjanskyj (Stanislaus): Zur Grundlegung des modernen Privatrechts, Jhering Jahrbücher, Bd. 44, Jena, 1930, S. 142 ff.

③ Hugo (Gustav): Lehrbuch der Pandekten oder des heutigen röm. Rechts, 3. Aufl., 1805—zit. v. Schwarz: Zur Enstehung des modernen Pandektensystems, a. a. O. S. 595.

④ Heise (Georg Arnold): Grundriss eines System des gemeinen Civilrechts zum Behuf von Pandekten-Vorlesungen, 1807—zit. v. Schwarz, a. a. O. S. 595 ff.

⑤ Savigny (Friedrich Carl von): System des heutigen römischen Rechts. 1 Bd., Berlin, 1840, S. 331 ff. 末川博『不法行為並に権利濫用の研究』岩波書店（1933 年）153 頁以下。

作为意思支配的可能的对象领域，最终可以考虑"无自由意思的自然"与"他人"两个方面。但根据萨维尼的观点，"无自由意思的自然"只是根据人在特定的空间界限上受到的支配，建立其界限的自然的部分被我们命名为"物"（Sache），这样第一位的权利是"物的权利"（das Recht an einer Sache），其最为纯粹的完全形态被称为"所有权"①。

其次，萨维尼以所谓"他人"为对象的权利说明是错综复杂的，概括而言，他认为，人对自己自身具有的所谓原权，与完全没有人格属性的无自由意思的自然所具有的所有权之间，考虑到了作为具有自由的外界的"他人"，在此之际，"他人"被看成是人的有机整体的一员，作为整体的对象，或者其结果是作为与物同样的被支配的目的物，根据每一个行为来判断亲族关系和债务关系。在亲族关系上，人要通过与大自然的结合，实现对存在的不完整性的补充完善，该补充完善表现在两个方面，一是通过婚姻进行个性的补充完善，二是个人的存在由于受到时间上的限制，这就要求承认各种各样的法律关系。这样对人的不完整性的补充完善关系，即婚姻、父权、亲族的"亲族关系"以及与此相关的法律制度，被命名为《亲族法》②。

萨维尼以所谓"他人"为对象的另外类型的权利，并没有损毁他人的自由，而是将他人带到我们的任意领地而受到支配的关系。此时，如果这种支配是绝对的，就会像罗马的奴隶那样，有关的全部的人被所有权化了，但如果这种支配不是有关他人的全部，而是关于他人的个别行为（Handlung）时，该行为是基于他人的自由意志而服从我们的意思支配，像这样只是有关他人的个别行为的关系，这里被命名为"债务关系"

---

① Savigny (Friedrich Carl von): a. a. O. S. 334-338.

② Savigny (Friedrich Carl von): a. a. O. S. 341-342. 中川善之助「身分法および身分関係の純粋形相」法学協会雑誌 472 巻 2 号（1929 年）8 頁以下。

（Obligation）。[①]

　　从如上所述的立场出发，萨维尼认为，法律关系可以区分为"所有关系""亲族关系"和"债务关系"三种，但首先其中的"债务关系"和"亲族关系"，可以说两者都是以同样的他人为对象，前者是以他人的个别行为为对象，后者是以作为人类有机结合的全体成员为对象。"债务关系"原则上具有发展过程的性质，具有以选择任意的行为为其内容的任意的性质，与之相对，"亲族关系"是继续的关系，根据人的有机性质，带有被规制的必然性，在这一点上两者形成了对照。而"所有关系"与"债务关系"都同样意味着对外界的一部分的扩大，不只是在包含我们的意思支配这一点上具有共同之处，"债务关系"因金钱而受到议论，在这一点上，可以认为最终只能是"金钱所有权"（Geldeigentum）的变态。另外，很多主要的"债务关系"，在以获得所有权或一时享有所有权为目的这一点上，与"所有关系"紧密相关。这样，"所有权"与"债务关系"都具有依靠权利者的力量超越自然存在的界限而向外界扩充的意味，因而，这样的个人力量被扩大的各种关系的总和被称为"财产"（Vermögen），与之相关的法律制度被总称为财产法（Vermögensrecht）。[②]

　　这里对萨维尼的法律关系的体系要约如下。可以成为我们意思支配的对象领域应该区分为三，与这三个对象领域相对应，我们的意思能够支配的范围可以划分为三个同心圆，按照第一是"原本的自己"（Das ursprüngliche Selbst），第二是"在亲族中扩大的自己"（Das in der Familie erweiterte Selbst），第三是"外界"（Die äußere Welt）来排列。其中，第一是作为我们固有意义上的权利来对待的有关原权，第二，我们在此可能的意思支配，只有其中的一部分构成属于法的领域的亲族权，第

[①]　Savigny (Friedrich Carl von): a. a. O. S. 338, 339.

[②]　Savigny (Friedrich Carl von): a. a. O. S. 342 ff.; S. 399, 340.

三, 与此相关的意思支配的全部法律领域, 作为构成应该分为物权
(Sachenrecht) 和债权 (Obligationenrecht) 的财产权, 最终, 确立了亲族
法、物权法、债权法的序列。① 也就是说, 按照萨维尼的体系, 身份法
仍排列在财产法的前面。②

　温德沙伊德在与萨维尼的观点相对照中, 反而将财产关系置于身份
关系之上, 按照他的观点, 所有私法都关涉两重对象, 其排列顺序必须
是, 第一为财产关系, 第二为身份关系。正因如此, 私法分为财产法和
身份法。财产法首先是以对物的法律关系, 其次是以人与人之间的法律
关系(请求权、债权)为对象, 因此财产法必须回答有关死者的财产命运
问题, 关于此, 其总体原则是形成了继承法(Erbrecht)。相应地, 不只
是关于单一的个别内容的权利, 离开了其特殊的内容, 在存在有关作为
自体权利的法的原则的同时, 还存在成为各种权利基础的法的本体, 即
客观意义上的法的原则。此后的原则与具有的私法性质相比, 反而是关
于公法的, 但尽管如此, 在私法的充分完整的叙事中不能不对此加以论
及。有关这样的法以及权利的原则, 要在个别的权利处理之前加以阐述。

---

① Savigny (Friedrich Carl von): a. a. O. S. 344, 345.
② 萨维尼的法的体系的序列, 并没有对错综复杂的关系加以明确, 他立论的前提是对不
　服从成文法支配的"原本的自己"与属于纯粹外界自然的"物"的两极的考虑, 在此之
　间, 根据其意思支配在成文法领域中的对应程度, 或者根据对人性的认识程度来考虑
　序列。在做这样的理解时, 这个序列倒不如被认为是: 原本的自己、亲族法、债权法、
　(奴隶劳役法)、物权法。而萨维尼说明的顺序却是: 原本的自己、所有权、债务关系、
　亲族关系(§53)。但如本文所介绍的那样, 其最后的要约是亲族法、物权法、债权法,
　以下的叙述也是以亲族法(§54;§55)、财产法(§56;§57)为顺。另外, 该体系预定在
　第一卷第四篇以下为物权、债权、亲族权、继承。参见: Savigny (Friedrich Carl): a. a.
　O. Vorläufige Übersicht des ganzen Werks. 另外, 与萨维尼的市民法体系相关联, 滕尼斯
　从完全不同的观点出发, 将体系的两极确定为亲族法和所有权法, 中间为债权法, 这
　是意味深刻的。参见: Tönnies (Ferdinand): Gemeinschaft und Gesellschaft, 6. u. 7. Aufl., Ber-
　lin, 1926, S. 176 ff.

从这样的见解出发，温德沙伊德的法的体系，其序列如下所示：一、法的一般性问题；二、权利的一般性问题；三、物权法；四、债权法；五、亲族法；六、继承法。

按照温德沙伊德的观点，以上序列中，在具有财产法性质的继承法之前排列亲族法，亲族法也与物权法及债权法同样，从有关活的人格的法律关系这一点来看具有了正当性。另外，上述的排列可以将第一点和第二点合并构成总则（allgemeiner Teil）①。

作为制度上的民法体系，比如现行的《德国民法典》，除了使债权法成为债务关系法（Recht der Schuldverhältnisse）并且排在物权法之前以外，其他都依据了温德沙伊德的上述学理体系。关于这一点，门格尔认为，债权篇位于物权篇的上位，与所有权相比债权受到了重视，与所有权人相比商人的利益受到了重视，这是时代的要求，民法典的编纂体例正是时代的产物。②这样说来，我们在温德沙伊德和萨维尼的学理体系上，在身份法和财产法彻底颠倒了地位这一点上，终于可以看到财产关系排除身份关系而出现在法律生活前面，这是具有近代历史性质的一个方面的理论表现吧。

以下，我们先从原本的市民法体系出发，追踪诉讼法领域以及商事私法领域形成和分化的过程，通过进一步思考近代民法体系，探究与一般市民法体系构成相关联的社会法的地位，以接近本书的主题。

---

① Windscheid (Bernhard): Lehrbuch des Pandektenrechts, I. Bd., 9. Aufl., bearbeitet von Kipp, Frankfurt, 1906, S. 70, 71.

② Menger (Anton): Das bürgerliche Recht und die besitzlosen Volksklassen, 5. Aufl., S. 39.

四　诉讼法的分化

10. 诉讼法的体系的地位: 现今的通说　实体私法的辅助
法　古代诉讼法的优越地位　诉讼法的体系分化

关于诉讼法体系的地位，现今的通说认为，有关公法、私法的分类就是排除作为形式法的诉讼法，只以有关实体法而成立。基于这样的立场，诉讼法无疑属于公法。[1]也就是说，现今的诉讼法学者的通说排除了所谓"私法的诉权说"（zivilistische Aktionentheorie），确立了"公法的诉权说"（publizistische Klagrechtstheorie）特别是"权利保护请求权说"（Theorie des Rechtsschutzanspruchs）。[2]诉讼关系是国家司法权发动的，私人在相对于国家的关系上具有请求裁判的权利，因而，诉讼本来是公法上的法律关系，这样作为规范诉讼关系的诉讼法，从其内容以及法律性质来看被认为与私法存在不同。只是，民事诉讼法是规范私人财产权或各种身份关系的有关市民法争讼（bürgerliche Rechtsstreitigkeiten）[3]的国家司法，所以其直接的目的是保护私益，并通过允许私人提出保护请求和给予公平保障，达到确保私权的最终目的，在这一点上其本身是公法，但同时又具有私法的辅助法的意味。

然而，这种通说是最近才形成的。对此，潘德克顿学派的观点是，

---

[1]　Hellwig (Konrad): System des deutschen Zivilprozessrechts, I. Tl., Leipzig, 1912, S. 5 ff.

[2]　Windscheid (Bernhard): Die Actio des römischen Civilrecht, vom Standpunkte des heutigen Rechts, Düsseldorf, 1856.

[3]　Hellwig (Konrad): a. a. O. S. S, 7.

与其说诉讼法是罗马法的源流的继承，倒不如说诉权是一种私权或私权的一种形态，诉讼法构成了私法的一部分。[①] 的确，在罗马法上，不论民事诉讼制度有多么显著的发展，私法与诉讼法的区别还是常常被混同。关于实体法上的权利发生、内容、效力的问题，与诉讼法上在何种条件、何种形式下，应该在诉讼中主张何种效力的问题，还没有被明确区分，或者说"权利是作为诉权被承认"还是"诉权意味着权利"尚未明晰。[②] 追溯以往，在古代法中，如果根据亨利·梅因的观点，大概诉讼法位于法典中的最上位置。比如《十二表法》（Lex Duodecim Tabularum）大体是私法的法典，但其第一表是关于裁判程序、被告传唤、被告缺席理由的辩疏，第二表是关于与法庭有关的案件审理应遵循的程序和规则，其他如日耳曼的《萨利克法典》（Lex Salica）等古代法，大体上也是有关诉讼程序的法律居于法典首位。[③][④] 在古代法典上诉讼法占据首位，根据梅因的观点，这表明法律首先通过具体的诉讼而发生。也就是说，根据实体的权利观念首先产生了对其进行规范的实体法，作为保障该实体权手段的诉权被承认，并不是产生了诉讼法，相反，抽象的权利观念是后来形成的。罗马《十二表法》上的法规顺序，偶然显示出了原始时代诉讼的重要性。后期的罗马法，为了保持比较好的秩序，法的实际执行权渐渐退至背后，在罗马的《法学阶梯》的体系中，诉讼法不占据首位，而是排在最后的第三部分的位置。的确，这一事实证明，服从法律的习惯，现在已经到了不自觉的地步。当然，这也是基于自然法的

---

① Savigny (Friedrich Carl von): System des heutigen römischen Rechts, 5 Bd., Berlin, 1841, S. 3 ff.

② Hellwig (Konrad): a. a. O. S. 4 ff.

③ Main (Henry Sumner): Dissertations on Early Law and Custom, (1. ed., 1883) reprinted London, 1914. p. 367 ff.

④ 《十二表法》接下来的排列顺序是：第三表，执行；第四表，家长权；第五表，继承；第六表，所有、占有、契约法；第七表，房屋、土地的权利；第八表，刑法、侵权行为；第九表，公法；第十表，宗教法；第十一表和第十二表，对前面的补充。

观念对罗马人的支配。[1] 因此，尽管诉讼法占据了《法学阶梯》体系上的第三部分，但这并不意味着诉讼法在罗马法中已经充分获得了独立的体系的地位，从而与其他诸法域相对立。倒不如说，在与实体法没有充分区别的混同存在中，形成了罗马法的体系。而且，从某种意义上来说，诉讼法在法的体系中占有比较重要的地位，可以说这是与实体法同等重视的一个佐证。在近代，诉讼法与是否属于公法还是私法无关，结果，相对于实体法的主法，诉讼法只具有单纯的辅助法的意义，两者形成了鲜明对照。那位应该被称为个人主义、自由主义法律思想的代表人物边沁，对诉讼法在法的体系中的存在意义进行了说明，认为诉讼法是附随法，是与主法相适应的、以有效实施某一主法为目的和任务的辅助法。[2] 在上述表现中，极为明确地显示出诉讼法在近代法的体系中的意义的后退。

诉讼法在法的体系中获得比较独立的体系的地位，可以说源于盖尤斯的三分法。在罗马法体系中，如上所述，特别是对有关债权与诉权还没有明确区分的观念，查士丁尼《法学阶梯》第四卷可以说也将两者混同。债权与诉权分离的观念大致是在拜占庭时期以后产生的。[3] 这样终于在查士丁尼《法学阶梯》的注释中，将债权与诉权进行了分节讲述。[4] 然而，诉讼法在制度上成为独自的法典化对象，是在进入近代法典编纂时代，大概属于 17 世纪以后的事情。即在 17 世纪的法国，让-巴蒂斯特·科尔贝作为路易十四的大法官，在编纂民法典之前，将民事诉讼法

---

[1]　Main (Henry Sumner): ibid. p. 388.

[2]　Bentham (Jeremy): Principles of Judicial Procedure, with the Outline of a Procedure Code (The Works of Jeremy Bentham, published by Bowring VI, II, London, p. 15).

[3]　Binder (Julius): Prozess und Recht, Ein Beitrag zur Lehre vom Rechtsschutzanspruch, Leipzig, 1927, S. 13.

[4]　船田享二『近代訴権法理論形成の史的研究』刀江書院（1930 年）181 頁以下。

与刑法、刑事诉讼法、商法、海事法等一同进行了法典化。[①] 在德国，腓特烈大帝在其青年时代就企望制定全部的诉讼程序法，特别是根据 1748 年的《破产令》（codicis Fridericiani Marchici）草案，试图去除普通法产生的诉讼上的繁琐与拖延。另外，1781 年新诉讼法典以《腓特烈国法大全》（corpus juris Fridericiani）的名义颁布。这些法律都先于《普鲁士普通邦法典》的制定。[②]

11. 私法秩序与诉讼法秩序: 宾德尔的私法与
诉讼法的一元化主张　一元化主张的进取意义

近时，宾德尔从其特殊的观点出发探究罗马法的法源，认为罗马法上的私法秩序与诉讼法秩序不是分属于不同的法的秩序，反而是作为同一个秩序的形成而被同等对待，这是符合事实真相的，进而在理论上他主张私法秩序或系统与诉讼法秩序或系统具有同一性。也就是说，按照他的观点，"所有的权利功能的本质，都应该是从外部强行获得的实权，同时，私权的本质也必须是实权。这个实权，存在于国家权利保护的机构中，因而，对债务人或被告的私权请求权，是与面向国家的权利保护请求权相一致的。这样，权利与权利保护不是基于某种不同的或别样的法律秩序的制度，其原本是同一物，只不过是从不同的见解出发进行的观察。这种理论原本在以前的学说中可以看到，但其本身又有了新的发展，特别是从形式上看也许可以这样理解，不应该与那个古老的萨维尼

---

① Crome (Carl): Allgemeiner Theil der modernen französischen Privatrechtswissenschaft, Mannheim, 1892, S. 8.

② Dernburg (Heinrich): Die allgemeinen Lehren des bürgerlichen Rechts des deutschen Reichs und Preussens, 3. Aufl., Halle a. S., 1906, S. 41.

一派的诉权说混为一谈。总之，这是因为宾德尔对有关私法秩序的本质的见解与萨维尼一派学者的主张完全不同。这些见解认为，私法规范的内容是承认一种权利主体对他人的一定的命令态度，但它并不是私法法规的唯一功能。与之相比，事实上重要的是，私法规范会命令法官以一定的方式进行判决。毕竟，法的本质并不在于每个人在某种特定情况下服从于一定的法律规范，而在于它可以对不遵守者强制执行。"①

　　萨维尼、边沁的观点认为，诉讼法法域可以说是附属于基本的、主导的实体私法法域，是作为服务于此的单一的、从属的法域而被构想的。现在诉讼法学者的通说认为，即使在诉讼法属于公法体系"为了诉讼法而恢复其本质"（dem Prozesse seine Substanz vindiziert）的情况下，现在诉讼法体系的从属性仍未得到充分的超越和克服。也就是说，通说即使将诉讼法构想为公法的场合，也是不言自明的传统的边沁的思考方法的沿用。然而，现实中，就像那种自然权的、个人主义的私权本位的法律意识，基于社会生活特别是经济生活的异常转型，终于开始被怀疑那样，权利特别是私权在法前状态并不是个人所原本具有的，法只是在被认可的范围内才能形成权利，权利只存在于国家的权利保护机构中，从而形成了一种新的法律意识。在与这种状况相关联的时候，我们看到，宾德尔反复强调"为了诉讼法而恢复其本质"，在诉讼法与私法之间，从与过去的私法理论不同的新观点出发，试图架起一座桥梁，提出了诉讼法与私法的一元化见解②，这具有极其深远的意义③。总之，在罗马法传统的思

---

① Binder (Julius): a. a. O. S. 104 ff.

② Binder (Julius): a. a. O. S. 13.

③ 船田教授的《近代诉权法理论形成的历史研究》等论文，对宾德尔主张的罗马法上债权与诉权的一元化见解进行了考证研究，虽然这些见解不一定都值得肯定，但正如教授所认为的那样，不能埋没宾德尔主张的理论价值。船田享二『近代訴権法理論形成の史的研究』刀江書院（1930 年）190 頁。

考方法中，即使肯定了一元主义，可以说，这也无非是将诉讼法吸收到私法意义上的一元主义。但宾德尔的观点是，根据有关私法秩序的根本的理论革新，倒是应该提倡将私法吸收进诉讼法，作为这种意义上的一元主义来理解。在这一点上，我们要考察提炼其理论的进步性质，在诉讼法的体系的意义转换中，在汲取传统的法的经验的同时，对这个时代在此方面的转变加以关注。

五　商事私法的分化

12. 作为职业阶级法的商法的形成：商事习惯法的形成 与商事法院　作为商法形成载体的商人阶级团体

正如黑克提出的问题"为何商法与民法是分开的？"[1] 所显示的那样，我们现在将商法作为民法的特别法，作为从民法的分化来理解其体系的地位。即商法只有极少部分与民法无关，主要都是相同的问题，只不过根据商法可以看到多少有点不同的解决方法。于是通过商法对民法的修正，主要涉及债权法律行为的缔结及其内容，[2] 通常可以理解为，商法大概是民法的特别债权法或交易法的一个特别分支。[3] 但与之相比，商法成为民法的特别法化的法理意义在于，它是着眼于小市民（Kleinbürgertum）或者普通私人（Privatmann）的民法，特别是其债权法[4]，为了商品交换的集团的、类型化的性质[5]，或者为了利益主义、资本主义的精神，要求商事私法或商品交易法的分化。也就是说，如果将近代民法的性质大致表征为早期资本主义精神的法理表现，那么商法就可以理解为是作为其发展形态的高度资本主义精神的法理表现（37）。劳动法或社会法则作为现

---

① Heck (Philipp): Weshalb besteht ein von dem bürgerlichen Rechte gesondertes Handelsprivatrecht? Archiv für zivilistische Praxis, 92. Bd., S. 438 ff.

② Heck (Philipp): a. a. O. S. 442, 443.

③ 田中耕太郎『商法研究（1 巻）』岩波書店（1929 年）105 頁以下。

④ Hedemann (Justus Wilhelm): Einführung in die Rechtswissenschaft, 2. Aufl., Berlin u. Leipzig, 1927, S. 253.

⑤ Heck (Philipp): a. a. O. S. 443, 456.

实中兴起的社会精神的法的表现，常常处于与商法相对立的地位(4)，或者显示出了对商法的反叛 ① 的旨趣。

然而，从商法形成的历史来看，它不一定是近代民法形成后作为其特别法而被分化和形成的，而是在民法形成之前作为传入的市民法体系，即人法、物法、诉讼法的所谓外系而形成的。

公元 5 世纪初，罗马帝国的中心开始向君士坦丁堡转移，查士丁尼大帝也在此间完成了罗马法编纂。但又经过五个世纪，意大利的各个都市在继承了《查士丁尼法典》和其后发展起来的《巴西尔法典》(Basilica) 的同时，也继承了包含在其中的古代商事法规。12 世纪罗马私法的研究开始复苏，这种统一的趋势，特别是在有关商事关系的法律方面，使我们把罗马法的这一部分看作是一种万民法 (ius gentium)，从意大利的各都市向西欧的商业中心地区扩展。但在此期间，可以看到其或者做了修正，或者有了新的发展。就像罗马法典上的商事法规是以古代商人的习惯为基础那样，欧洲商人的习惯也发展出了商事法。这样商事法规的成文法化，一方面是由于商人建立的法院的发展，另一方面是由于这些法院的诉讼废除了繁琐的法律，公平裁决变得迅速而容易。像这样不是根据专业法官，而是根据商人业余法官所适用的习惯，如果在其背后的习惯法则和实践没有被赋予理论的严谨性和体系性，从而存在技术的法则和原理的话，最终是无法形成严谨有序的法理体系的。然而，依据其所提供的理论的严谨性和体系性，在这样的习惯中赋予其技术形式的，正是罗马法的学者和教会法的学者。于是，这样的习惯的创造力根据成文法得到不断发展，伴随着西欧各国商品交易的发展，这里被继承的是这些国家所形成的商事法体系。通

---

① Wertheimer (Ludwig): Entwicklungstendenzen im deutschen Privatrechte, Tübingen, 1928, S. 33. Huvelin (Paul): Histoire de droit commercial, Revue de Synthèse Historique, N°19 (1903) p. 83. ポール・ユヴラン著・小町谷操三訳『商法史』有斐閣 (1930 年) 46 頁。

过使这种习惯与法理技术发展相协调的商人和法学家的合作，构建了我们现代的海事以及商事法典的基础，加之通过解释学派的努力，在市民法以及教会法的技术概念的基础上，创造出了这样的法典。^①

如此商法，通过意大利各都市的商事习惯得以发展，但此时，在商法形成中真正发挥作用的并不是这样的各都市本身，而是商人阶级团体（Kaufmannsstand）。当时，成为各都市的实质组成部分的是经营者的组合或团体，他们把持着自治权和裁判权，他们的团体规约逐渐成文化。当时都市法的内容主要与行政法、诉讼法、刑事法相同，成为其规约内容的也主要是行政法和诉讼法的内容，同时还存在着营业警察的内容，但经过时代的发展，逐渐可以看到许多私法的规定。商人团体的全部规定，适用于成为其团体成员的商人，所以，这样的法规被称为商人法（Kaufmannsrecht），本质上保持了职业阶级法的性质。在商事习惯法的发展中最具重要意义的商人团体的司法，只不过是通过当初具有行政功能的"团体的管理人"（consules mercatorum）在陪审员的协助下进行的。商人团体的裁判管辖当初局限于与团体成员相关的事件，但由于一方面存在团体组合的惩戒事务（forum disziplinare）以及营业警察的事务，另一方面存在团体成员之间的全部私法的各种关系，例如有关不动产关系以及团体成员与其管理人之间的关系等，因此很快酝酿产生了商人团体与都市司法之间的冲突，而为了解决这种冲突，商人团体的裁判管辖依据固有的团体事务以及一定数量以下的团体组合成员对非团体组合成员的关系加以限定。此时，所谓"团体组合事务"（Innungssache）的概念界限，难免不断发生变化，这样最终使客观的"商事"（Handelssache）概念自然而然地得到发展，与商人团体组合的裁判管辖相比朝着商事裁判管辖的方向发展，成为了商

① Holdsworth (William S.): Foreword to Sanborn's Origins of the Early English Maritime and Commercial Law, New York & London, 1930, p. IX. X.

法从职业阶级法向商事特别法转变的基础。[①] 这个商事裁判的诉讼程序的显著特征，首先是程序简化，其次是迅速灵活，再次是裁判与所基于的法的技术相比更考虑公平，最后是不允许辩护人出庭和辩护。[②]

13. 近代商法典的形成：法国的商法典　普鲁士普通邦法典中的商法　德国统一商法典的编纂

　　意大利各都市形成的商事特别法，在近代快速的经济关系转换和货币经济信用交易的发展中，逐渐通过习惯的形成和新的立法被改正，最终增加进来了私法的内容。也就是说，由于航海的发展，咖啡、茶叶、砂糖、棉花等殖民地商品的流入和工业的发达，提高了生产力，增加了商品交易的财物种类和数量，与使用价值相比，明显体现了商品抽象价值的性质。另外，交易的急剧增加，使得仅以金属货币结算难以为继，自然而然地激发了信用交易。[③] 另一方面，票据的使用随着背书制度的确立而日益普及，成为商人的共有物[④]，有价证券被认为是商品交易中的重要物体。另外，有价证券开辟了权利使用的新的渠道，不仅可以实现债权，还可以实现土地物权的证券化。这样，法律关系终于摆脱了其个性，可以看到人们在商品交易中以一般顾客为对象，与未知者建立交易关系的新现象的出现。[⑤] 这样的状况，自然促进了对商事法规新事态应对的改变，促进了综

① Rehme (Paul): Geschichte des Handelsrechtes—Handbuch des gesamten Handelsrechts, herausgeg. v. Ehrenberg. I. Bd., Leipzig, 1913, S. 84–87.

② Sanborn (Frederic Rockwell): Origins of the Early English Maritime and Commercial Law, New York & London, 1930, p. 192.

③ Rehme (Paul): Geschichte des Handelsrechte, a. a. O. S. 178 ff.

④ 毛戸勝元『統一手形法論』有斐閣書房（1914 年 1 版）、（1934 年 2 版）1 頁。

⑤ 田中耕太郎『商法総則概論』有斐閣（1932 年）136 頁。

合性商事立法的制定。于是，在 16 世纪的法国，设立了商事法院，路易十四时期柯尔贝尔（Colbert）著名的重商主义带来了商业的极大繁荣，由曾经规范意大利、西班牙等各都市的狭小商人行会发展起来的商事法，当时遍及为整个国家范围的立法。即，首先在 1673 年制定了《商事条例》（Ordonnance du commerce），接着 1681 年制定了《海事条例》（Ordonnance de la marine）。通过国家之手制定了最初的综合性的商法，这在商法史上是应该特别铭记的划时代的时期。①18 世纪末叶以来，在欧洲各国国民经济生活中，商业的意义越来越重要，国家还特别通过创设统一的法规来干预保护商业。另外，商业的发展令人瞩目，还由于交通体系的发达促进了商业的可靠、迅速和低成本。②这样，大陆各国从 16 世纪到 18 世纪，开始了包括意大利和西班牙各都市发展的商法以及路易十四条例的商事特别法典的编纂。③于是，商法的分化在此被赋予了极为明确的形态。只是在英美国家，尽管在这些方面存在商业的异常繁荣，但除了个别立法以外，商法的形成是委以习惯法的，并没有出现统一的商法典编纂活动。④商法典的编纂，首先是在普鲁士时期，如后述的那样，1794 年的《普鲁士普通邦法典》是集成了私法、国家法、教会法、刑法等的大法典，其第二编第八章包含了海事法、票据法、保险法等全部商法。⑤此商法，相对于农民的农民法和贵族的贵族法，带有了作为都市市民阶级的商人阶级之职业阶级法的性质(16)。继而，法国于 19 世纪初编纂了作为著名的五大法典⑥之

①　Rehme (Paul): a. a. O. S. 183 ff.

②　Rehme (Paul): a. a. O. S. 226 ff.

③　Rehme (Paul): a. a. O. S. 228.

④　Rehme (Paul): a. a. O. S. 228；Heck (Philipp): a. a. O. S. 447.

⑤　Rehme (Paul): a. a. O. S. 228 ff.

⑥　19 世纪初期法国的五大法典 (les cinq codes) 是指 1804 年的《民法典》或称《拿破仑法典》、1806 年的《民事诉讼法典》、1808 年的《刑事诉讼法典》、1810 年的《刑法典》以及这部《商法典》。

一的《商法典》，这的确是划时代的立法。就如《普鲁士普通邦法典》那样，不是作为商人阶级之法的商法，而是作为有关商事内容之特别法的商事法，成为了真正意义上的最初的法典。而且废除了过去重商主义的国家保护，商业利益通过自由的经济活动加以实现，这样的近代观点得到了承认。另外，通过明确无误的规定的形式进行实际适用，这一点也是值得关注的。①

德国深切感受到各州有必要在商法中规定相同的内容，于是在特别法林立、票据法数量达到 59 个②的 1848 年（至 1862 年），作为德国法统一运动的开端，首先公布了作为《德国普通票据条例》（Das Allgemeine Deutsche Wechselordnung）的各州法，其次《德国普通商法典》（Das Allgemeine Deutsche Handelsgesetzbuch）也通过各州立法产生了效力，后来随着德意志帝国的成立（1871 年），票据法同时成为了帝国法。这个《德国普通商法典》以《法国商法典》为范本，包括了商事法、海事法的私法规定，并且更新了法国商法的编类和内容，成为了近代的商法典。随着民法典的颁布，有必要对商法典进行相应的修正，修正后的新《德国商法典》（Das Handelsgesetzbuch für Deutsche Reich）于 1897 年颁布，1900 年与《德国民法典》同时实施。这个商法典在与民法的关系上还存在旧商法上的某种规定，比如，旧商法上有关契约缔结、行为能力的规定委托给民法，合伙、合资公司的规定与民法上组合的规定相联结，等等，只是在具有所谓商事色彩这一点上接近商法的规定。在充分的意义上，作为希望调和民法与商法规定的立法，应该注意到其在制度上确立了作为民法特别法的商法的体系的地位。③而这个法典不包含票据法、支票法、有限责任

① Rehme (Paul): a. a. O. S. 230-232.

② 毛戸勝元『統一手形法論』有斐閣書房（1914 年 1 版）、（1934 年 2 版）3 頁。

③ 田中耕太郎『商法総則概論』有斐閣（1932 年）136 頁以下；竹田省『商法総論』有斐閣（1912 年）53 頁以下。

公司法、保险契约法等各种形式的特别法。另外，商法在市民法体系中的地位，特别在与民法的关联中，应该关注的是 1881 年实施的《瑞士债务法》，它是包含了商事法以及票据法的债务法，随着瑞士 1907 年制定《瑞士民法典》，1911 年将原债务法典作为《瑞士民法典》的第五编与民法典合并。

以前的《德国商法典》，首先作为民法特别法在商法制度上的表征而具有充分的意义。在应该重视市民法体系中的有关商法地位的同时，《瑞士债务法》曾经是停留在外系的商法，但至少在形式上作为民法的一部分应该受到关注。只是，未来如果不能充分调和民法与商法的对立，倒不如使诸如商事买卖、批发等商法的各种关系普遍化，或者使商品滞纳审查通告的义务等也适用于一般的民事交易，结果这被认为由于民事关系明显粉饰了商业色彩而产生了不便。① 因此，包含这个商事立法的债务法的形成，不应该被理解为是民法对商法的系统性吸收，相反，民法中非商人的普通私人的交易法现在压制了商人的交易，而商法的观念流入民法领域，商法最终在市民法体系中确保了其优越的意义，这应该理解为是其在法的体系上的表现。

14. 商法的体系的地位：作为民法特别法的商法
从民法到商法 从交易法的商法到企业法的商法

以上概略考察了商法的形成史，特别是对商法形成发挥重要作用的商人阶级团体，以及促进商法形成的商事特别法院，对社会法特别是劳

---

① Wieland(Karl): Handelsrecht, I. Bd., Das kaufmännische Unternehmen und die Handelsgesellschaften, München u. Leipzig, 1921, S. 40 ff.

动法的形成问题提供了有益的启示。

　　如以上概观所显示的那样，商法可以说是在近代民法成立以前于中世纪的意大利都市，伴随着商人职业分化的确立而最终形成了独自的法域，它在凝聚了当初商人阶级的交易关系的基础上，根据形成的习惯法与商人团体的自主规约，通过自主法的形成，特别是通过特别法院的判例法的形成，最终得以成型。也就是说，在广义的市民法的体系中，商法可以说作为外系获得了独立的地位而被分化出来。但这种分化，在当初只不过是为了被限定的特殊职业阶级者具有了特别法的意义，而对于全部法律生活来说尚未确立其重要意义。另外，由于商法当初包含了许多行政法、诉讼法的成分，所以最终连同营业警察的内容也纳入到私法的内容中。如上所述(13)，从商法的行政法性质向私法性质的转变，特别在进入近代以后，是由于经济发展激发了自由活泼的商事交易活动而产生的，然而，第一次具有了特别法意义的，是相对于《法国民法典》的1807年《法国商法典》。它与《普鲁士普通邦法典》中的商法不同，褪去了全部职业阶级法的色彩。但是，在充分意义上作为民法特别法的商法，其体系地位的确立，反而是1877年成立、与1900年民法典同时生效的新的《德国商法典》。

　　现在所显示的商法在近代市民法中的体系地位，由于需要明确民法的性质，所以还存在不够恰当之处，但如果稍加启发的话，根据《法国商法典》以及《德国商法典》，作为在制度上被确立的民法特别法的商法，其与民法相并立的意义在于，相对于以普通私人为主而着眼于特定物交易的债权交易法，要求根据商事交易法，即以完全自由竞争的商人间营利的、定型的、非个性的交易关系为目标，对其法律关系加以规制。也就是说，其意味着商法具有成为民法特别是债权法的特别法之意义，但民法的债权法是以他人的行为或给付为对象的，其结果是从根本上分为以财产为对象和以他人劳务为对象两个方面。[1]另外，商法之所以被称为债权法的特别法，主要是因为它是关于金钱及其他物或者财产权的给付，只是与民法原则上个别的、一次性的特定财产交易，以及与有关普通私人的缓慢交易关系不同，主要是作为经济人的纯粹追求利润的商人之间，在自由竞争环境里，为了集团的、定型的、非个性的、非特定的、迅速交易的实现，而要求作为特别法被分化出来。[2]

　　然而，近代精神打破了身份关系和封建法的桎梏，它首先要求的是，以私人所有权为中心的作为静态的、物权法的个人主义法理体系的近代民法。因而，在近代民法成立之初，商法作为民法的特别法与民法并存，不只是为了作为特殊职业阶级者的商人的法域，它可以说被压制在民法的背后，尚未在法的体系面前充分展现其姿态。伴随着近代资本主义的发展，为了确保新兴市民阶级的自由的个人所有权，民法体系的重点终于从物权法域向债权法域推移。[3]此时债权法的优越意义在于，首先，通过所有权的社会的或经济的功能转变，作为生产资料所有者的债权人[4]，涉及以雇佣劳动者的劳务为目的的所谓"以劳务给付为对象的债权法"部门；其次，随着资本主义的高度发展，终于增加了商法体系的重要意义，正如在《瑞士债务法》中所看到的那样，产生了民法债权法对商法的吸收，普遍导致了"民法的商化"（Kommerzialisierung des bürgerlichen Rechts）的事态，而这种事态是在近代民法最终完成被赋予的历史的、社会的任务以后形成的。

---

[1]　这种性质不同的财产交易法与劳动交易法两者结合在契约自由的原则下，这一点是近代市民法中债权法域独自存在的意义（33）。

[2]　田中耕太郎『商法研究（1 卷）』岩波書店（1929 年）124 頁以下。

[3]　我妻栄「近代法に於ける債権の優越の地位」法学志林 29 巻（1927 年）1 頁以下。

[4]　Renner (Karl): Die Rechtsinstitute des Privatrechts und ihre soziale Funktion—Ein Beitrag zur Kritik des bürgerlichen Rechts, Tübingen, 1927.

　　近时，与大企业组织的兴起以及资本主义从自由竞争向垄断的发展相关联(36)，在商法学者中可以看到将商法作为"经营法"概念的倾向 [①]，但就有关商法自身体系而言，与成为债务法的特别法而具有意义的交易法部门相比，反而是要以企业组织为重点，或一般来说如田中教授主张的那样 [②]，与"行为法"相比重点要向"组织法"推移。[③] 总之，商法中的行为法依然会继续存在，但商事交易中根据个人的商业营利意愿所经营的领域，由于垄断的发展及大规模化经营，其范围逐渐缩小，它特别在交易所的交易时才被集中，而且，商事交易行为本身也增加了附和契约的强制性质。另一方面，企业也终于带有了半公共性质，企业开始倡导自身的理念(Idee des Unternehmens selbst)，商法中的企业组织法的性质越来越显著，虽然与以前相比，依然要求商法作为民法的特别法与民法并存，但不如说因此显示了其与社会法、经济法相类似的因缘性。

　　这样与现实中商法的体系的地位相关联或相对照，为了理解包含劳动法或经济法的社会法的体系地位，我们必须回顾作为市民法中心的近代民法的形成，思考它的普遍性质。

[①]　Wieland (Karl): a. a. O. S. 42. 竹田省『商法総則』弘文堂(1932 年) 10 頁。

[②]　田中耕太郎『商法研究(1 巻)』岩波書店(1929 年) 128 頁。

[③]　这个关系不同的自由交易法与企业经营法，或者其原理不同的行为法与组织法，结合在追求营利的原则下，形成了一个法域，这一点是市民法体系中商法独立存在的意义 (37，71)。

六　近代市民法的成型

15. 近代社会的形成：希腊的都市国家与社会
罗马的家族与社会　中世纪与德国的团体社会
近代文艺复兴、宗教改革与社会的发端

近代市民法是近代社会或近代市民社会的法，其自身只能是构成近代资本主义社会的一个契机，但同时，作为促进近代资本主义发展或普遍化的意识形态的润滑剂，被认为具有独立存在的意义。因而，我们为了回顾近代市民法的形成，有必要首先回顾近代社会的形成。

一般来说，"社会"获得独立的存在是在进入近代以后，它的确只能是近代世界的产物，是"近代之子"[①]。也就是说，"社会"在希腊也好、在罗马也好，其自身还没有形成独自的原理。

首先对于希腊人来说，在其所谓的"都市国家"（πόλις）中，国家和社会尚未分化，可以说它们为同一物。另外，都市国家的范围不受任何主张与它同权或优越团体的存在之限制。它不容许存在为了道德、宗教的另一种团体，其本身，可以说在产生教会的同时也产生了国家。因而，对于希腊人来说，都市国家的理论是承认国家万能的理论，是寻找国家

[①]　Binder (Julius): Philosophie des Rechts, Berlin, 1925, §22, S. 593 ff.; Hegel (Georg Wilhelm Friedrich): Grundlinien der Philosophie des Rechts (I. Aufl., 1821), herausgeg. v. Lasson (Georg), 2. Aufl., Leipzig, 1921. Zusätze zu §182, S. 334; Hatschek (Julius): Einleitung in das öffentliche Recht, Leipzig, 1926, S. 5 ff.

固有的行动模式的理论。[1]

其次，在罗马，所有贵族与平民之间的抗争，都包含着国家与个人之间应该形成的"社会"特殊形象之可能性，但就社会本身来说还没有这样的观念。也就是说，罗马法就像乌尔比安提出的著名定义那样，只是承认私法上的"个人"(singulii)和国家法上的"罗马国家"(status rei Romanae)，因此"家"(familia)发挥了重要作用，但此时，家族成员并非成为任何私法上的直接对象，而只有所谓的"家父"(pater familias)，即只有语言上的完全意义上的"个人"，才成为私法上的对象。私法上家父的个人意思受到国家法上罗马国家的意志支配，作为两者之间沟通渠道的"社会"尚未出现。[2]

在中世纪，随着进入基督教的共同生活形态(congregatio fidelium)，首先开辟出了与国家相对立的社会的发现"道路"。但结果只不过形成了"天神的国家"(civitas Dei)对"人间的国家"(civitas terrena)的支配，[3] 这不是充分意义上的应该与国家相对照的社会的形成。然而，在中世纪的德国，与基督教无关，在日耳曼的团体生活中发展了所谓的团体主义，[4] 在其中包含了经济要因这一点上，确实成为了近代"社会"的先驱者。但它还没有获得对其重要性的普遍认识。

这样的"社会"，在体现个人价值的近代，受文艺复兴的影响，最先获得了完全充分的合理性。正如布克哈特所说的，"在发现世界的同时发

[1] Barker (Ernest): Greek Political Theory—Plato and his Predecessors, London, 1918, p. 8.

[2] Karlowa (Otto): Römische Rechtsgeschichte, II Bd., I Bd., Staatsrecht und Rechtsquellen, Leipzig, 1885, II Bd. d., I Tl., Privatrecht, Leipzig, 1901.

[3] Unruh (Adalbert von): Dogmenhistorische Untersuchung über den Gegensatz von Staat und Gesellschaft vor Hegel—Abhandlungen der Rechts-und Staatswissenschaftlichen Fakultät der Universität Göttingen, 7 Heft, Leipzig, 1928, S. 4 ff.

[4] Gierke (Otto): Rechtsgeschichte der deutschen Genossenschaft, Berlin, Bd. I–IV, 1868–1913.

现了人类的全部内容"①。也就是说，基于文艺复兴，在人格精神发育和完成的同时，首先具备了"社会"出现的前提条件，随着 13 世纪的结束，先是在意大利发生了无限的人格泛滥，以前对个性施加的束缚现在全都崩溃，无限的个人主义完成了一切分化。② 这样在 14 世纪，意大利建成了许多大学，另外，产生了为后世提供政治议会原型的宗教会议，以及兄弟会和行会等，他们开始调整经济生活。除此以外，还出现了像学者那样聚会的法官（Magisterien），刺激了"社会"的发现。但是，使"社会"形成的决定性的介质，是阿维尼翁与罗马两地的教皇之间以及在教皇与皇帝之间频繁发生的争斗，特别是在宗教会议上，民众自身与双方当事人作为证人被传唤相关联，"公众舆论"（die öffentliche Meinung）的重要意义终于被承认，在这些舆论中存在"社会"形成的端倪。③ 这样，在文艺复兴和宗教改革时代，个人主义首先举行了胜利的庆典。在法的世界中，开始继承罗马法，伴随格劳秀斯的著作《战争与和平法》（三卷），法理学掀开了新时代的一页。④ 18 世纪英国的伦理学是"社会"的社会学概念，亚当·斯密的《国富论》是经济学的、卢梭是政治学的、赫尔德是文化学的"社会"中的学科。

---

① Burkhardt (Jakob): Die Kultur der Renaissance in Italien, II. Aufl., Leipzig, 1869, S. 241. Zu der Entdeckung der Welt fügt die Kultur der Renaissance eine noch grössere Leistung, indem sie zuerst den ganzen, vollen Gehalt des Menschen entdeckt und zu Tage fördert.

② Burkhardt (Jakob): a. a. O. S. 105.

③ Stein (Ludwig): Umriss einer Geschichte der Sozialphilosophie, Die Soziale Frage im Lichte der Philosophie: Vorlesungen über Sozialphilosophie und ihre Geschichte, 2. Aufl., Stuttgart, 1903, S. 210 ff.

④ Grotius (Hugo): De jure belli ac pacis libri tres, in quibus jus naturale et gentium, item juris publici praecipua explicauntur, 1625. 恒藤恭『国際法及び国際問題』弘文堂（1922 年）321 頁以下。

16. 近代国家与近代社会: 重商主义　近代社会的
确立　人权宣言　近代社会与近代市民法

　　然而, 在一方面出现了"社会"的同时, 另一方面专制主义的"近代国家"也得到了发展。在近代, 中世纪的地方都市经济通过生产力的发展和交换经济的普及, 要求从狭小的领域向广阔的地域扩展。也就是说, 在近代国民经济建立的同时, 要求近代国家的统一和强化, 主要是建立以民族为范围的地域国家。而反映这个意识形态并对此加以促进的正是"重商主义"。"重商主义"的经济政策是为了形成民族的国家政策, [①] 通过重商主义, 近代国家与经济关系紧密结合, 可以称为经济国家。所谓重商主义的教义是将财富和货币同等看待, 在与他国的交易中为了获得尽可能多的贵金属, 而应该积极实施一切政策。勃兴的工业成为国家的特别保护目标, 殖民地作为母国的财产受到重视并被争相夺取。对国民经济的关心骤然兴起, 政府自己成为了其代表者, 国家成为培养都市产业的一个"人为的温室"[②]。这样的重商主义与宗教改革同时发生, 在 16、17 世纪得到了颇为广泛的传播。如后述的那样, 具有近代市民法发端意义的《普鲁士普通邦法典》, 包含了这种重商主义思潮的很多内容(20), 而且, 也只有重商主义才促进了近代初期兴起的涉及国家范围的商法的制定(13)。

　　然而, 资本主义的成熟终于不再需要重商主义的国家干预, 这种干

[①]　Schmollor (Gustav): Das Merkantilsystem in seiner historischen Bedeutung, 1893, S. 1 ff.

[②]　Ingram (John Kells): A History of Political Economy, London, enlarged ed. p. 34 ff. States became a sort of artificial hothouses for the rearing of urban industries, p. 36.

预反而成为了一种束缚。以新型市民阶级为主体的近代资本主义，为了其发展而暂时需要国家或政府温床的保育，但随着其成长，反而对这种保育产生了厌恶，只渴望经济活动的自由。而与这样的近代国家相对立，主张自身利害关系，使近代社会或市民社会的关心得到意识形态的反映、拥护和使之普遍化的，是约翰·洛克倡导的"自然法学"（Naturrecht）[1] 和亚当·斯密确立的"政治经济学"（Political Economy）。

这样准备好的近代市民的意识形态，在提出"法律面前人人平等"口号的 1789 年法国大革命中得到了最具体的体现，在《人权宣言》（Déclaration des droits de l'homme et du citoyen）中，确定了其明确的标志，[2] 从而确立了自己作为近代社会或市民社会的独立形象，它与具有自身利益的近代国家严格对立。而与此同时，通过欧洲两个多世纪专制国家的政治活动所形成的重商主义的意识形态方针也就此终结[3]，于是在确立了民主主义、自由主义的同时，在政治上逐渐确立了市民阶级的实权，最终近代国家可以说被近代社会所吸收，成为市民社会的组成部分。

然而，这样的近代市民社会意识形态的法理结晶，只能是所谓的近

---

[1]　"自然法学"一词，带有各种语感的法理学的、国家社会哲学的思想意味。其中，包含了古代自然哲学的形而上学以及中世纪学者的自然法学说，但这里我们指的是近代自然法学，也就是在自然科学的影响下，17、18 世纪繁荣起来的具有固有意义的自然法学。其中，从社会作用出发又分为保守的性质和革新的性质。参见：Kelsen (Hans): Die Philosophischen Grundlagen der Naturrechtslehre und des Rechtspositivismus, Philosophische Vorträge, 1928, S. 37 ff. §20; S. 39, §21。另外，在对待近代国家的态度上，也存在肯定和促进近代统一国家的思想倾向，与对此否定和阻止的思想倾向的相互对立。参见：Unruh (Adalbert von): a. a. O. S. 17。特别是展现出了讴歌君主专制主义和提倡自由主义、民主主义的对立。在此，特别是洛克所称的自然法学，具有后者所指的革新性质，正是在其固有意义上形成了自然法学的主流。参见：恒藤恭『哲学と法律学との交渉』（岩波哲学講座）岩波書店（1933 年）34 頁以下。

[2]　Stein (Ludwig): a. a. O. S. 264 ff.

[3]　Bonar (James): Philosophy and Political Economy in Some of Their Historical Relations, London, (1893) 3. ed., 1922, p. 131.

代市民法，这样，在近代市民意识形态鲜明化的同时，通过所谓罗马法的继承终于实现了对自我的确立。但如后所述，对基于重商主义思潮形成的《普鲁士普通邦法典》以后的继承，是作为最初真正意义上的近代市民法典的《法国民法典》，就像《人权宣言》的私法表达一样(21)。

我们在回顾以下市民法形成和建立之前，作为近代市民社会意识形态最鲜明的理论表现所提供的原型和原态，可以概观洛克的"个人主义自然法思想"与亚当·斯密的"经济自由主义思想"。总之，近代市民法，可以说只不过是将作为实质母体的近代市民的意识形态，纳入到罗马法的法理形式中。

17. 洛克的自然法思想：自然的自由与社会的自由　作为所有权基础的劳动　国家及法律的任务

洛克关于法、所有权以及社会、国家的基本思想，是认为一切法律及国家制度仅在符合自然法要求的范围内，才是具有存在理由的自然法。[①] 即根据洛克的观点，人本来应该是自由独立的，任何人都不得侵害他人的生命、健康、自由和所有权。[②] 但是，人的自然的自由，是在人世间从一切优越权利出发的自由，是不处在任何立法权威下的自由，它只以自然法(the law of nature)作为其法则。于是，社会中的人的自由，是除经人们同意的国家(commonwealth)建立的立法权力以外，不服从其他任何权力之下的自由。也就是说，按照洛克的观点，人不处在社会中

---

① 恒藤恭『法律の生命』岩波書店（1927 年）79 頁以下。

② Locke (John): Two Treatises of Government, Bk. Ⅱ. of Civil Government—The Works of Locke in ten Volumes §6. p. 341.

任何其他人的意志之下，除根据他委托的立法机构的规制以外，具有不受任何法律约束的自由。①

另外，洛克还认为，上帝把这个"世界"赐给了共同的人类，并赋予了人类充分利用这个世界的理性。然而，"世界"即使是万人共有，个人也对自己的生命、身体拥有所有权。对此，他以外的任何人都不持有该权利。这样，他用自己的身体进行劳动，他的劳动产物也都属于其自身。于是，自然物在附加了他的"劳动"之时就成为了他的所有物。总之，"劳动"是无可争议的他个人的所有之物，因而，一旦融入了他的劳动，除他以外的任何人都不拥有权利。在这种情况下，人们可能会认为，如果将已是万人共有的自然物归他所有，除非得到所有其他人的承认，否则他不能取得任何权利。但洛克指出，"假设如果这样的承认是必要的，那么不论上帝给予人类的多么丰富，恐怕人类也已经全都被饿死了"。② 总之，按照洛克的观点，人类生活既然需要劳动和生产资料，就必然要创立私人所有权。③ 劳动是所有权的基础，我们的劳动从自然物的共有状态出发，通过引申发展，其中产生了我们的所有权的基础。④ 洛克的所有权思想，是从封建的身份束缚出发不断追求自由的、个人的所有权，是在近代市民自我责任中获得自我生存的必要的财产，为此应该防卫一切外来的侵害，这是个人主义意识形态的最为露骨的表白。

按照洛克的观点，上帝将这个世界赐予了"勤劳的合理的人类"（好像暗示新兴的市民阶级），但是，劳动在此时是他为了获得所有权的唯一

---

① Locke（John）: Two Treatises of Government, Bk. II. of Civil Government—The Works of Locke in ten Volumes §22. p. 351.

② Locke（John）: ibid., §26, 27, 28, p. 353. ff.

③ Locke（John）: ibid., §35, p. 357.

④ Locke（John）: ibid., §28, p. 354.

"原权"（……labour was to be his title to it）[1]。他又认为，国家只能是人们为了自身的个人利益，即生命、自由、健康及身体安全，以及为了对外界的物，如货币、土地、房屋、家具等的所有权的获得、维持、增进，而组织起来的人们的社会，因而，通过平等法律的公正实施，对所有的人特别是所有臣民，确保使这些物可以正当所有，这是为政者的义务。[2]

这里重要的是，"市民社会"的主要目的是确保如上所述的所有权，然而，市民放弃了自己作为法官、执行官的实权而服从国家的裁定。这样，从自然状态出发，通过相互承认和建立契约，增加了多数人的权威，从而过渡到了国家。[3]

洛克的自然法的内容，大概对于理性的人来说尚可理解，然而，人类在他们自身加以适用时，难免有失偏颇。政治的社会为此准备了共同的中立的法庭，另外还赋予了执行法令的权力。因而，市民社会真正的法，是对自由聪慧的人类的自身利益的引导，而不是对其加以限制。也就是说，法只为服从它的人的一般利益而规定，如果人类在没有法的情况下反而更加幸福的话，法没有存在的必要，自然会绝迹。重要的是，根据洛克的基本思想，法以及制定法的国家，是为了确保所有人的劳动成果而存在，法的目的不是限制和剥夺自由，相反，是为了确保和扩大自由而存在。[4]

---

[1] Locke（John）: Two Treatises of Government, Bk. Il. of Civil Government—The Works of Locke in ten Volumes §34, p. 357.

[2] Locke（John）: A Letter concerning Toleration, being a Translation of the Epistola de Tolerantia—The Works of John Locke in ten Volumes, Vol. VI, p. 10—The commonwealth seems to me to be a society of men constituted only for the procuring, preserving, and advancing their own civil interests.

[3] Locke（John）: Two Treatises of Government, Bk. II, of Civil Government §131. p. 4l4.

[4] Locke（John）: ibid., §57, p. 369.

18. 亚当·斯密的国民经济思想：承认利己主义的思想　亚当·斯密的正义三原则　自然的自由制度　劳动的商品观

亚当·斯密首先在其《国富论》中反对重商主义，认为"一国国民每年的劳动，本来就是供给他们每年消费的全部生活上的必需品和便利品的源泉。这样的必需品和便利品，或者根据劳动的直接生产物而形成，或者用这些生产物由其他国民购买而形成"[1]。可以说这种观点是对重农主义的偏袒。

亚当·斯密一般地主张，承认个人利己的经营活动，通过这种完全自由的活动，自然而然地引导出所谓的"看不见的手"，认为未来社会的富裕和繁荣是可以预见的，就像代表发育期或初期资本主义的最恰当的意识形态一样。也就是说，他认为："每个人改善自己生活境遇的自然努力，如果能够充分保障该努力活动的自由和安全，根据极为有力的原理，他不依赖其他任何帮助，亦能单独地使社会富裕繁荣。不仅如此，不论人为的法律如何拙劣地不断阻碍这种努力活动，他都对此加以排除而坚持贯彻自我。如此说来，这种人为的阻碍，或多或少侵犯了其自然的努力活动的自由，削弱了其努力活动的安全。[2]……因此，对人民来说，法律应该永久地全部委托他们个人考量其自身利益，总之，他们大概比立法者更有能力，更能判断其自身的利益。"[3]

---

[1]　Smith (Adam): An Inquiry into the Nature and Causes of the Wealth of Nations, (I ed., 1776) Cannan's ed., Vol. I., London, 3 ed., p. 1.

[2]　Smith (Adam): ibid., Vol. II ., p. 43.

[3]　Smith (Adam): ibid., Vol. II ., p. 32.

因此，亚当·斯密对所有人为的政策和法律都怀有敌意和反感，但这是对封建的、重商主义的《学徒条例》《谷物条例》等的反感，"面向"所谓自然法的法理，他并不否认其存在的必要，反而期待这样的实定自然法的实现，即该实定自然法是为了确保这种个人自由和成为建立资本主义社会关系基础条件的财产关系和交易关系。也就是说，他所称的"最神圣的正义法则，首先是保护我们邻人的生命和人格的法则，其次是保护邻人的财产和所有物的法则，最后是保护被称为相对人权的法则，即根据与他人的契约保护当属相对人利益的法则"[1]。亚当·斯密这样的观点，极为明确地认识到了为确保个人财产权和契约原则的市民法的必要性。

重要的是，亚当·斯密的根本主张是通过如上所述的正义原则来制约利己思想，但对于社会存在的本质来说，是在每个人的利己思想之下追求利润，因此为了增进社会本身的幸福，国家政策只能对每个人利己的经济活动自由放任。的确，在亚当·斯密时代，作为生产力和资本积累快速发展的结果，英国的各产业深受行会以及国家保护的统治桎梏，由此，也存在要求自由放任和自由竞争的情势。于是，需要洞悉时代发展趋势，对这种资本主义初期意识形态的学理进行整理，而这正是亚当·斯密"自然的自由制度"（the system of natural liberty）[2]思想的体现。另外，采纳庇特等实用政治家的实用政策，对英国超常的经济发展也带来了可能性的贡献。[3]

在亚当·斯密的思想中，与近代市民法性质的关系所应该关注的是，

---

[1] Smith (Adam): The Theory of Moral Sentiments; or An Essay towards an Analysis of the Principles by which Men naturally judge concerning the Conduct and Character, first of their Neighbours, and afterwards of themselves. The Eighth Edition. Vol. 1 London, (I ed.,) p. 208, 209.

[2] Smith (Adam) : Wealth of Nations, Vol. II p. 184, 185.

[3] 崛経夫『経済学史要論（第 1 分册）』弘文堂書房（1931 年）20 頁以下。

他将劳动的结果视为"商品"，认为"每个人自身的劳动作为所有的一种
财产，是其他全部财产的根本性基础，是最神圣不可侵犯的。一个贫穷
者所谓的世袭财产，存在于他的体力和技能之中，在他不侵害邻人，以
正当的方式使用其体力和技能的时候，对他这种行为的妨碍就是对最神
圣财产的明确侵害。这里，在妨碍了一方当事人（劳动者）正当诚信的就
业自由的同时，也妨碍了另一方当事人（资本家）正当诚信的雇佣"[1]。因
此，亚当·斯密论证了近代资本主义最基本和最重要的条件在意识形态
上的必要性和合理性，即劳动力像所有其他商品一样，从身份的束缚中
获得自由，根据债权契约被资本家所雇佣。[2]

我们通过洛克和亚当·斯密看到了其理论所表现的近代市民的意识
形态，但还要进一步对这种实定法的表现进行思考。

19. 罗马法的继承与近代民法的形成：
中世纪、近代的公法与私法的地位转换

如上所述，市民法的概念改变了罗马法上原本的特权阶级法或整个

---

[1] Smith (Adam): ibid., Vol. I p. 123.

[2] 亚当·斯密关于国家与社会的关系的思想在此做了省略，但据说主要由亚当·弗格森承
担了论证。参见：Ferguson (Adam): An Essay on the History of Civil Society—A New Edition,
Basel/Paris, MDCCLXXXIX p. 5, 21, ff. 80. 亚当·弗格森是 18 世纪社会自然主义的完成
者，他认为社会是现实的、具有创造性的，强调相对于个人而言社会具有优越性。斯
密认为弗格森的社会是与国家相对照的社会，从经济自由主义的观点出发加以考察，
国家的观念更加受到轻视。参见：Unruh (Adalbert von): a. a. O. S. 66, 68。另外，根据洛
克、亚当·弗格森、亚当·斯密所展开的国家与社会相对照的问题，特别是市民社会
的概念，经过黑格尔、洛伦茨·冯·施泰因到藤尼斯，发展成为社会学的基本概念
(26. 27)。

法的体系性意义，其所指的是在中世纪末叶，欧洲各国国民以继承罗马的私法为主、以诉讼法以及商事私法的特别法的分化为基础的普通实体私法。所谓的近代民法，正如众所周知的那样，罗马法的继承似乎是在当时的社会情形下，欧洲各国国民为了适应经济发展的阶段，将其作为便利而必要的法的规范体系。他们在古罗马社会特有的社会经济条件下，在发育形成的罗马法体系中发现所需的内容，[1] 将其作为发育期资本主义精神的最为卓越的法理表现，在欧洲各国国民中被继承。

此时罗马法的继承，主要是罗马法中属于"私的权利"（ius privatum）的法律，如在中世纪社会中已经叙述的那样（15），那里还看不到国家与社会相对立或分离的关系，与其说公法和私法在法律生活中还没有充分自觉地被加以区分，倒不如说公法法系占有基本的主导地位。而此时，从日耳曼法或封建法的体系出发，与近代社会的出现和其确立的优越意义相关联，终于使私法法系获得了基本的主导地位，可以说这是向近代法体系的转变。而且，通过继承罗马法而形成的主要法域，与商事私法的法域相关，是以个人自由的所有权法为中轴，包括物权法域以及以自由交易契约法为中心的债权法域，其主要内容是票据法、海商法等。但这原本是罗马法上一个准备不足的部门[2]，所以罗马法的影响主要是为了对中世纪都市的习惯法或自主法的实质内容加以形式化整理，而限于罗马私法的学理的应用上。由此，罗马法的继承，从另一方面来说的话，大概意味着近代民法的形成（28 注）。

通过对罗马法的继承，近代民法或近代市民法的建立，是在欧洲各民族经济发展和近代的自觉意识中逐渐完成的。本来，这并不是突发的事件，但赋予其形式上最为明确划分的，是欧洲各民族的国家统一运动

---

[1]　栗生武夫『中世私法史』弘文堂書房（1932 年）序。

[2]　Modderman (W) Schuz (Karl): Die Rezeption der römischen Rechts, Jena, 1875, S. 64.

的发生，通过其法典编纂运动制定近代民法。作为近代民法的典型，首先不得不列举的是 1794 年《普鲁士普通邦法典》和 1804 年《法国民法典》。但作为展示了完备体系和近代市民法的纯粹类型的民法典，我们反而可以推举作为其主要经典的 1888 年《德国民法典》第一稿草案。

20. 普鲁士普通邦法典：自然法的立法结果
邦法典的一般特征　邦法典的体系

《普鲁士普通邦法典》并不只是民事法的内容，还包含了很多公法的规定，而且如上所述 (13)，在其体系中还包含了"形式"意义上的商法。另外，它还刻印着国家干预的父爱主义 (patriarchalisch vormundschaftlichen Geist)[1]，这一点"实质上"也说明它还不是充分意义上的近代民法。但其以民事法为主要内容，作为近代意识形态的自然法思想的制定法表现[2]，正是在这一点上具有了近代市民法的"开端"的意义。

《普鲁士普通邦法典》的一般特征在于，其立法者的理想是期望"增进近代社会利益和国民财富"，它带着增进人民福祉的热情，以周到完备的法律来应对可能发生的任何法律问题，谋求增进人民福祉，希望给予人们进一步善意的指导。它不只是停留在法典上，同时也是教科书，其中包含了无数经验教训方面的规定。[3] 它还包含了如上所述的近代初期重商主义思潮 (16)。另外，它执着于对"经济弱者的保护"（Fürsorge für

---

[1]　Förrter (Franz)/Eccius (M. E.): Preussisches Privatrecht, I. Bd., 6. Aufl., Berlin, 1892,　S. 20.

[2]　Scherman (Charles Phineas): Roman Law in the Modern World, 2 ed., Vol. I, New York, 1924, p. 136.

[3]　Dernburg (Heinrich): Lehrbuch des preussischen Privatrechts und der Privatrechtsnormen des Reichs, I. Bd., 5. Aufl., Halle a. S., 1894, S. 10 ff. Förster (Franz)/Eccius (M. E.): a. a. S. 21.

die wirtschaftlichen Schwächen），与普通法相比，在更大程度上强化了各种形式的法律行为，特别是有关的重要行为，在当事人之间进行劝告或法院强行干涉[①]。但因此产生了许多基于重商主义理论的干预规定，结果导致了对自由灵活交易的阻碍。这样，在这个时期，自由主义者们将法国的各种法典理想化，对于实行陪审法官制度、公开诉讼制度和口头辩论制度，对于适应越来越占有优势的"市民阶级"的各种要求的交易法，对于废弃阶级的、封建的各种特权的残渣等问题，他们只是憧憬着通过法国法来解决。[②]

《普鲁士普通邦法典》认为，每个人都存在二重关系，即首先是作为个人而存在，其次是作为社会的或政治的团体成员而存在，因而，每个人的地位应该服从于这两方面的法律规制。从这样的根本观点出发，该法分为两个部分，第一部分是关于规制个人的各种权利的法（Rechte des Individuums），第二部分是关于人的各种团体即家族或社会的法（Das Familien-und Sozialrecht）。在此之际，个人成为所有法律规定的中心点，其本来意向是私法或以私法为中心的法典，但其中包含了超越私法界限的很多公法规定。[③]即，第一部分以及第二部分中大约三分之一的内容是关于民事法或民法的，这里，首先按照"人及其权利""物及其权利""行为及其由此产生的诸权利"的顺序排列，大概沿袭了《法学提要》的体系；第二部分中的其余内容，是关于农民阶级法、市民阶级法、贵族阶级法、官吏法、教会法、教育法、国家法、财政法、救护法、刑法等的，其中应该特别关注的是市民阶级法，该法中除了有关手工业

---

① Förster (Franz)/Eccius (M. E.): a. a. O. S. 21.

② Dernburg (Heinrich): Das bürgerliche Recht des deutschen Reichs und Preussens, Halle a. S., 1906, S. 44.

③ Dernburg (Heinrich): Lehrbuch des preussischen Privatrechts, I Bd., 5. Aufl., Halle a. S., 1894, S. 13.

者、行会、工艺者、制造者以及其他都市职业阶级者的各项规定以外，如已经阐述的那样，商法成为了其中的主要内容(13)。此时，"市民阶级"（Bürgerstand）是不属于"农业阶级"（Bauernstand）和"贵族阶级"（Adelstand）的人的称谓，并且在固有意义上的市民，全部被作为都市居民而享有市民权。①

总而言之，《普鲁士普通邦法典》是资本主义经济组织萌芽时期温床式、保育式的立法，它作为近代市民法的开端显示出了一般的特征。

21. 法国民法典：其一般特征　狄骥的个人主义法律制度的四要素　最初的近代市民法　其体系的陈旧性

继《普鲁士普通邦法典》之后，近代的民法典毋庸置疑是《法国民法典》，其一般特征在于，它是最早以民事法律为内容的真正意义上的近代民法典，它在清除大革命时期极端错误的同时，先于其他各种立法实现了近代国家及社会秩序各项原则的成文法化。然后，这些原则逐渐得到了一般性的认可，成为了近代市民法的基本原则。根据"法律面前人人平等""保障人格自由""确保所有权不受侵犯"，以及承认宗教和其他一般教会法等原则，体现了"市民法的独立""废除封地和世袭财产等各项封建制度""废除永久隶属他人的市民封建关系"等方面的意义。②

---

① Preuss. A. L. R. II. Tl. 8 Tit., Vom Bürgerstand l §1. u. §2. Der Mensch wird, in so fern er gewisse Rechte in der bürgerlichen Gesellschaft geniesst, eine Person genannt. (Preuss, A. L. R. I T1. I, § 1) Die bürgerliche Gesellschaft besteht aus mehrern kleinen, durch Natur oder Gesetz, oder durch beide zugleich, verbundenen Gesellschaften und Ständen. (Preuss. A. L. R. I T1. I. §2)

② Crome (Carl): Allgemeiner Teil der modernen französischen Privatrechtswissenschaft, Mannheim, 1892, S. 15 ff.

狄骥在其《拿破仑法典以来私法的普通变迁》中主要着眼于《法国民法典》及《人权宣言》，列举了如下四项个人主义法律制度的构成要素。

①"个人的自由"

该原则被《人权宣言》第2、4条以及第5条所承认，个人主义制度上的自由被定义为，自由是在不伤害他人的情况下做任何事情的权利，以及与此相对，当然的或绝对的不做任何事情的权利。[1][2]

②"所有权不可侵犯原则"

该原则通过《人权宣言》第17条以及《法国民法典》第544条被承认。作为该权利所考虑的个人财产，是个人主义的全部法律制度的基本要素。《拿破仑法典》是一部所有权法典，而劳动法典必须取代它，这的确不是没有理由的。[3]

③"契约、只有契约才能产生法律状态的原则"

《法国民法典》第6条以及第1134条对此做了规定，其意味着只要不存在法律明确规定的例外，两个当事人之间的法律状态，原则上只能根据契约产生，这是个人主义法律制度的逻辑上的归结。新的法律状态，事实上意味着两个当事人的法律行动范围的变更。该变更增强了能动主体，减弱了被动主体。也就是说，每个人的法律行动范围的支持与限度，要根据其本人的意思自治。因而，原则上其范围也只能根据本人的意思方可变更。这样，成为两个当事人权利主体间关系的法律状态，也只能根据两个当事人主体的意思一致而产生。[4]

---

① Duguit (Léon): Les Transformations générales du Droit privé depuis le Code Napoléon, 2. ed., Paris, 1920. p. 30; p. 15 et suiv, p. 20.

② 揭示狄骥的个人主义法律制度的四要素，对第一个"个人的自由"原则的说明，因为与第三个"契约"原则交错和重复，因此通过其他个别之处的说明加以补充。

③ Duguit (Léon): op. cit. p. 31, 14...que le Code Napoléon etait le code de la propriété et qu'il fallait lui substituer le code du travail (p. 32).

④ Duguit (Léon): op. cit., p. 32. 114. 52.

④"个人过失责任原则"

该原则明言于《法国民法典》第 1382 条。任何行为人，实施某种不具权利的行为，由此造成他人损害时，该行为人有对他人的损害加以恢复的义务。在此之际，该行为须超出行为者的权利，即须存在过失。这是个人主义制度下重要的过失责任即主观责任原则，该原则的重要之处在于不承认并且不能承认其他种类的责任原因，这一点具有排他性。[1]

在名著《法国社会运动史》中，洛伦茨·冯·施泰因对《法国民法典》的历史意义做了这样的阐述："法国民法典认为，所有不依存于任何社会差别的权利平等，以及法律上自由人格的基本观念，已经被提升到实定法的组织中。在这种情形下，经济秩序的新的事态与权利平等的观念，现在获得了一个制定法上的体系的地位。在这里，人的法律平等观念在各方面都没有障碍地渗透，它不过是私法领域中社会变革的基础。从这样的观点来看，这种法典化获得了一种新的意义。由此，《法国民法典》与传统的封建法相对照，不单是两个不同的法律形式的差异，还的确意味着是社会发展中不同发展阶段的对照。"[2] 总之，《法国民法典》的特征在于它是《人权宣言》的私法表达，它首先根据《人权宣言》，确保所有法国人的平等人权及市民权（droits civils）[3]，尊重和保障所有权的自由性和确定性[4]，在平等权利受到损害时，通过私人处分来预防未来财产状态的

---

[1]　Duguit (Léon): op. cit., p. 32 et suiv, 137 et suiv.

[2]　Stein (Lorenz von): Geschichte der Sozialen Bewegung in Frankreich von 1789 bis auf unsere Tage, I Bd., 1849 (I. Aufl.) 1921, München, S. 421.

[3]　Code civil, Art. 8, Déclaration des droits de l'homme et du citoyen, Art ler. 廣濱嘉雄訳「人権並びに公民権宣言」法学論叢 25 巻 4 号（1931 年）80 頁以下。

[4]　Code civil, Art. 544. Déclaration, Art. 17. 廣濱嘉雄訳「人権並びに公民権宣言」法学論叢 25 巻 4 号（1931 年）80 頁以下。

不平等性 ① 以及确保私人信用 ②，另外，以更加明确的形式确立了私人自
治的原则。大体上，这是近代市民阶级意识的最直接的法理表现，在这
一点上，《法国民法典》具有近代市民法历史性格中的一个典型意义。当
然，其仍然残存着以强制方式阻碍交易自由发展的各项规定，对自由的
团体组织的抑制还没有摆脱旧的俗套，在这一点上，特别是在其体系构
成上，分为"人、财产和所有权的种种形态，以及取得所有权的种种方
法"，大概是执着于《法学提要》的体系，自身并没有产生适应近代法理
表现的新体系，特别是在缺乏明确区分物权和债权的自觉性这一点上，
还难以认为其自身呈现出了近代市民法的完成形态。

22. 德国民法典第一稿草案：近代市民法的纯粹性
其体系的近代性　门格尔的三项根本原则

作为《法国民法典》之后逐渐形成的近代民法典，应该列举的有诸如
1811 年《奥地利普通民法典》（Allgemeines [bürgerliches] Gesetzbuch für die
gesamten Erbländer der österreichischen Monarchie③）、1863 年《萨克森王国
民法典》（Das bürgerliche Gesetzbuch für das Königreich Sachsen④）以及 1896
年《德国民法典》（Bürgerliches Gesetzbuch für das Deutsche Reich）等等，但

---

① Code civil, Art. 866.

② Zachariä (von Lingenthal): Handbuch des französischen Civilrechts, 5. Aufl., I Bd., Heidelberg, 1875, S. 37. Zachariä/Crome: Handbuch des französischen Civilrechts, 8. Aufl., I Bd., Freiburg, 1894, S. 58 ff.

③ Ofner (Julius): Der soziale Charakter des allgemeinen bürgerlichen Gesetzbuchs 1911—Recht und Gesellschaft: Gesammte Vorträge und Aufsätze herausg. v. Eckstein (Walther), Wien u. Leipzig, 1931, S. 202 ff.

④ Grützmann (Paul): Lehrbuch des Königlich, Sächsischen Privatrechts, Leipzig, 1887.

是，特别基于纯粹把握近代市民法性质的意向，笔者想列举的是《德国民法典》第一稿草案[*]。它原本只是一个草案，形式上没有实施，但它选取整理了丰富的材料，是具有伟大精神的真诚劳作，它坚持材料选用的首尾连贯、透彻完整的原则，赋予了各种材料完整统一的法理严密性，这些都是不惜用任何语言来表达赞美的。[1] 但是，它被批评为对当时刚刚出现的新时代的社会要求充耳不闻[2]，而且属于极端的罗马法体系，不公正地忽视了传统德国法的基本原理[3]。倒不如说，正因为如此，《德国民法典》才得以形成，但附加了考虑新兴无产阶级利益的社会政策的规定，并听取了日耳曼复古主义的要求，在这一点上，最终与根本观点不相容的来历不明的法典相比，《德国民法典》第一稿草案作为这种体系完整的、现代自由主义和个人主义法理的纯粹性体现，对于我们寻求了解近代市民法的一般性质是再合适不过了。

现在，对于《德国民法典》第一稿草案的一般特征，应该特别注意的是其体系的近代性质。即《德国民法典》第一稿草案采用了潘德克顿体系，在一般的市民法体系中，首先是在与身份法或家族法、人格法的对照中，确立了财产法首要的基本地位，以及确立了在近代社会秩序中的法的体系下实现经济关系的重要性，另外，在财产法的领域中还确立了明确划分债权法和物权法的观点，这在"形式上"也充分完善了该法的近代性质。

---

* 1887 年 12 月 27 日送交德国宰相并于 1887 年 1 月 5 日提交德国联邦议院，而 1896 年通过的《德国民法典》是在第三稿草案基础上形成的。——译者

[1] Dernburg (Heinrich): Das bürgerliche Recht des deutschen Reichs und Preussens, 1 Bd., Halle a. S. 1906, p. 7.

[2] Menger (Anton): Das bürgerliche Recht und die besitzlosen Volksklassen, 1. Aufl., Tübingen, 1927.

[3] Gierke (Otto): Der Entwurf eines bürgerlichen Gesetzbuchs und das deutsche Recht, Leipzig, 1889, S. 2 ff.

门格尔列举了《德国民法典》第一稿草案最为重要的三项根本原则：第一，所有的物，除了法律上的例外，都归属具有人格的个人所有——"私人所有权原则"（Prinzip des Privateigentums）；第二，所有的市民，原则上都具有应该被强制履行自我约定、承担由此带有法律效力的物或者行为的给付义务的自由——"契约自由原则"（Prinzip der Vertragsfreiheit）；第三，个人的财产权在其本人死后，如果没有法律上特别的例外规定，可以转移给其本人指定的人或法律上其本人的继承人——"继承权原则"（Prinzip des Erbrechts）。[1] 为了更深入探究《德国民法典》第一稿草案所依据的法理，我们有必要通过第一稿草案说明书的提示，以获得对成型的近代市民法的纯粹性质加以把握的线索。

23. 草案说明书的各项根本原则：享有权利能力原则　权利平等和法律普遍适用原则　法律行为方式自由原则　意思决定原则　自由行使权利原则　契约自由原则　买卖破坏租赁原则　物权法定原则　遗嘱自由原则

《德国民法典》第一稿草案说明书首先定义了"民法"和"市民法"，直言"这是规范作为人格者的私人的法律地位，以及规范人格者的私人相互之间建立的各种关系的总和"。[2] 另外，根据说明书本身所示内容，特别是在其财产法的范围中，如果加以摘要的话，有以下各项重要原则。

---

[1] Menger (Anton): a. a. O. S. 3 ff.

[2] Motive zu dem Entwurfe eines bürgerlichen Gesetzbuches für das deutsche Reich, 1 Bd., 1 amtliche Ausgabe, Berlin u. Leipzig, 1888...

（一）享有权利能力原则

《德国民法典》第一稿草案指出，人不论其个性及意志，享有本来的权利能力，这是理性的、人伦的命令，是根据现实的（当时的）法律意识所要求的，是不言而喻的，《德国民法典》第一稿草案的全部内容证明了这一点。[①]

（二）权利平等和法律普遍适用原则（Grundsätze der Rechtsgleichheit und der Gemeinsamkeit des Rechtes）

《德国民法典》第一稿草案认为，法律上不能容忍对于特定身份和阶级的人的优待或冷遇，从而因为生活上的地位产生不平等，并且通过人的生活地位产生的差别使法律丧失基本意义。即草案的观点在于，为所有的人设立适当的法律，而不是为社会的特别的部分关系设立特别的法律。[②]

（三）法律行为方式自由原则（Grundsatz der Formfreiheit für die Rechtsgeschäfte）

《德国民法典》第一稿草案反对《普鲁士普通邦法典》和《法国民法典》的法律行为方式强制原则，采用了《德国商法典》的法律行为方式自由原则。法律行为方式应该强制还是自由，历来存在法理上的争论，但逐渐转变为自由的方式。反对强制方式的主要根据是强制方式阻碍了交易，现在要求各种交易活动的自由，而交易最终不应该受到掣肘。痛感于强制方式带来的复杂烦琐，不履行成文的规制成为了交易的习惯，而这样

---

① Motive zu dem Entwurfe, I Bd., S. 25.
② Motive zu dem Entwurfe, I Bd., S. 25.

的强制方式，其本来的目的是保障权利的安全，却产生了相反的结果，所有善良和诚信的人，面对不诚实的对方的信用滥用，招致了反而不被保护的结果。草案鉴于这一点，并且考虑到在通常商法典选择自由方式的原则时，如果在一般民事交易中采用了强制方式，商事交易与一般交易的界限划分就会变得错综复杂，最终导致权利安全的缺乏，于是采用了自由方式的原则。[①]

（四）意思决定原则（ Grundsatz des Willensdogmas ）

《德国民法典》第一稿草案认为，法律应该对个人在一定范围内自由订立的法律关系提供可能性保障，并且对法律效力发生的意思加以承认，赋予其法律效力。即它所基于的观点是，正因为有了这样的意思，所以就应该以这个目的来形成法律。在与这样的意思表示存在不一致时，法律必然与表示中包含的虚假意思（Scheinwillen）无关，只应该在表示者的真实意思实现时才发生法律效力。这样的见解就是说，非本意的意思表示无效，根据《普鲁士普通邦法典》和《法国民法典》，采用意思决定原则。[②]

（五）自由行使权利原则（ Grundsatz, dass derjenige, welcher in gesetzmässiger Ausübung seines Rechtes einem Anderen Schaden zufügt, keine Rechtswidrigkeit begehe[③] ）

《德国民法典》第一稿草案认为，权利人在被承认的界限内可以自由行使权利，另外，应该拥有不行使全部或部分权利的自由，这属于权利自身的本质。任何权利的行使都不应受到强迫。权利行使的方法及基准，

---

① 　Motive zu dem Entwurfe, I Bd., S. 178 ff.

② 　Motive zu dem Entwurfe, I Bd., S. 189 ff.

③ 　末川博『民法に於ける特殊問題の研究』弘文堂書房（1925 年）202 頁以下。

要遵从权利内容上的自我规定，权利人要遵从自己拥有的权利的全部内容，根据自己的意愿得以自由行使。[1]

（六）契约自由原则（Prinzip der Vertragsfreiheit）

当然，该草案并没有穷尽所有可能的契约形式，这些契约形式可以考虑用于所有法律行为。在此情况下，由于交易关系的多样性，这样的规定大概没有可能性。也就是说，根据契约自由原则，支配债务关系法上的当事人，限于不违反这样的法律关系和交易关系上一般的特别强制规定，可以根据自己的意愿确定当事人之间的债权效力。[2]

（七）买卖破坏租赁原则（Grundsatz: "Kauf bricht Miete"）

《德国民法典》第一稿草案与其说排除了买卖不破租赁的《普鲁士普通邦法典》和《法国民法典》的理论，不如说直接继承了罗马法，认为买卖原则上破坏租赁。[3]

（八）物权法定原则（Grundsatz: die Beteiligten können nur solche Rechte begründen, deren Begründung das Gesets zulässt）

关于物，不允许当事人设定具有物权性质的任意权利。即支配债权法的契约自由原则，对有关物权法不予适用。倒不如反过来说，当事人只能设定法律上允许设定的权利，这个原则是适当的。由此，物权的数目必然受到限定。[4]

---

[1]　Motive zu dem Entwurfe, I Bd., S. 273 ff.

[2]　Motive zu dem Entwurfe, II Bd., S. 2.

[3]　Motive zu dem Entwurfe, II Bd., S. 380 ff.

[4]　Motive zu dem Entwurfe, III Bd., S. 3.

(九)遗嘱自由原则(Grundsatz der Testierfreiheit)

《德国民法典》第一稿草案认为，限于法律没有其他特别规定，立遗嘱者根据自己的自由独立的行为，可以处分财产[①]，贯彻绝对所有权原则。

以上的大致摘要，是《德国民法典》第一稿草案自身言明的各项原则，但其包含的内容，除了草案自身表示出来的以外，[②]没有阐明的以及自身没有意识到但作为基础的各项基本内容也应该被指出。此外，很难说草案中所述的内容一定是对这些原则真实含义的直接表述，特别是考虑到这些原则的近代和历史意义，但即使我们只概观草案中这些原则所述的内容，也可以清楚地看到近代民法的一般特征。

24. 近代民法典的形成: 19 世纪民法典与 20 世纪民法典 作为 19 世纪民法典类型的日本民法典的性质

总而言之，近代法或近代市民法，首先在《普鲁士普通邦法典》中可以看到其成文法的端绪，但还没有完全舍弃封建的旧习，也没有充分意识到国家与社会的区分，而且注重国家保护的作用，残留了身份阶级法

[①] Motive zu dem Entwurfe, V Bd., S. 7.

[②] 关于个人主观过失责任原则，《德国民法典》第一稿草案说明书没有作为特别的原则加以表示，因此没有揭示。但毋庸赘言，这是近代市民法的重要的根本原则。说明书认为，《德国民法典》第一稿草案所依据的违法行为，是不符合法律行为的损害赔偿意义上的非法行为。参见: Motive zu dem Entwurfe, II Bd., S. 725.《草案》第 704 条规定:"人的故意或过失的违法行为——根据作为或不作为——对他人的损害可以预见或应该预见时，不论是否应该预见损害的范围，根据该行为发生的损害负有对他人的全部赔偿义务。"参见: 末川博『権利侵害論』弘文堂書房(1930 年) 172 頁以下。

的色彩，另外还停留于重商主义的理论，看不到近代精神在充分完整形态上的法理表现。但是，在还没有完全克服传统封建残余的情况下，在法国大革命精神的指导和洗礼中产生的《法国民法典》，作为近代精神最直接的法律表现，具有划时代的意义。《法国民法典》是在近代精神的历史进程中，《人权宣言》在私法上的表现，形成了个人主义、自由主义的近代民法的根本原则，最明确地表明了个人的自由所有权以及私人自治的法理。当然，在积极促进个人经济自由活动的态度上，还不够充分彻底，特别是在法典体系上，沿袭了罗马法的旧套，自身没有制定出适应近代法理的实质的法的体系，在这一点上，作为近代资产阶级法理意识的形式与实质相结合的表现，不如前述的《德国民法典》第一稿草案。也就是说，近代市民法的形成，根据《德国民法典》第一稿草案完成了其全部形态。而且，《法国民法典》这样的近代民法，大致作为"19世纪民法典"，可以说与此后发展和转型的《德国民法典》《瑞士民法典》等"20世纪民法典"形成了鲜明的对照。从某种意义上说，19世纪民法典才是真正的民法或市民法。然而，仅就有关的财产法而言，日本1890年的民法典即使被称为是《德国民法典》第一稿草案的立法化，也应该归属于19世纪的民法典类型，这是毋庸赘言的。[①]

---

① 在这里，《日本民法典》具有19世纪民法的性质，但并不意味着现行的作为19世纪的民法，是纯粹的近代市民法性质的标识。总之，民法典不仅与民法不同，而且可以说在民法典的自身解释上，或者通过与其相关联的习惯法和判例法的形成，招致了所包含的法理意义的转换，已经被赋予了与当初制定时不同的性质。至少现行民法不只包含纯粹的市民法法理，还特别与附带的许多特别法相互协调，包含了应该与市民法法理相对照的社会法法理。

七　近代市民法的性质

25. 作为近代市民社会之法的近代市民法: 近代市民社会的特征与近代市民法存在的意义

如上所述, 近代市民法是近代市民社会的法, 因而, 其一般的性质无非是近代社会或近代市民社会的历史性质的一个方面。但是, 近代社会的特征, 是根据从中世纪身份束缚中解放出来的自由市民的自觉意识形成的, 在这里, 本质上的社会关系, 作为相对立的某种商品所有者的交换或买卖关系而呈现, 即, 它是通过某种财产或商品的卖主和买主之间的关系, 或劳动力商品卖主的劳动者与作为其买主的资本家之间的关系集约而成的社会。由此, 为了形成这样的商品交换关系, 确保作为其基础条件的所有关系及交易关系, 而允许作为权力组织的国家的存在。但此时, 国家必须明确依从于市民社会, 它无非是为了保持市民社会的秩序而存在(17.18)。正如在洛克思想中已经看到的那样, 近代自然法学的所谓自然法, 设想了市民法所要求的理想国家的状态, 而现实国家的状态与该自然法相比也因此受到批评。近代市民法的主要内容是个人所有权法和自由交易契约法, 它们是市民社会中商品交换的法律基础, 这就是近代自然法学者构想的自然法的具体内容。然而, 尽管它在现实和表面上看起来是"国家之法", 但实际上它是"市民社会自身之法", 其毕竟只不过是市民社会的实体的法理表现, 只有在这个意义上, 它才能被视为符合自然法的存在。但在这种情况下, 作为反映市民社会的近代市民法, 在反映市民社会的根本社会关系的同时, 也在意识形态上使这些关系合法化，通过其法律规范所特有的定型化，加速了传统关系的发展（2），并通过其合理的意识形态，为市民社会的社会关系内容的普遍化做出了重要贡献，这种促进作用是不可忽视的。在这样的意义上，近代市民法是构成近代市民社会的一个契机，并保持了"近代市民社会之法"的性质。[①]

对近代社会或市民社会的历史性质作了最好的概念性说明的，是黑格尔的"市民社会"以及滕尼斯的"分立社会"理论。

26. 黑格尔的"市民社会"的概念：市民社会包含的矛盾

根据黑格尔的"市民社会"理论，市民社会常常被认为是国家[②]，但它的建立必须以国家为前提，必须把国家作为先于自己的独立存在，市

[①] 可以认为，在这一点上，作为市民社会之法的市民法与作为国家自体之法的"国家法"是对立的。虽然在制度上产生了公法与私法的体系，但是，近代国家适应从专制主义逐渐向民主主义的转变，这个对立并不意味着是并列的、本质上的对立。这样倒不如说所谓的公法，是作为私法的外壳，只是在依从私法的意义上才被承认，反过来，如果从近代市民的意识形态出发，如洛克思想所显示的那样，在没有伴随公法体系而存在的私法体系之下，假设经济生活是平稳进行的，那就是最理想的社会状态。参见：恒藤恭『法律の生命』岩波書店（1927 年）80 頁以下。也就是说，在近代的自然法思想中，真正成为自然法的，是纯粹表现近代市民社会要求的法，即只不过是指真实意义上的市民法。另外，它是作为实定的国家制定的私法的表象，但此时，近代市民法的实体的自然法原理，作为批评这个实定私法的指导原理而发挥作用，而且作为国家自体之法的国家法或公法，可以说，只要表达了满足市民法所不可欠缺的要求，就可以承认其存在。在近代自然法学中，可以说市民法是自然法的要求，实定私法是市民法的要求，而公法是依从私法而被构想的。

[②] Hegel (Georg Wilhelm Friedrich): Grundlinien der Philosophie des Rechts, Berlin, 1821, herausgeg. v. Lasson, 2. Aufl., Leipzig, 1921, S. 296, Zusatz zu §33.

民社会的形成要晚于国家的形成，也就是说这关系到近代世界的创造。[1]
但是，在市民社会阶段，丧失了原本的人伦性以及实体的统一性，家族
分裂了，每个人作为独立的个体而分别存在，相互的欲求只不过是他们
之间的纽带。[2] 每个人有自己的目的，其他所有的人对他来说都不存在。
然而，每个人如果没有与他人的关系，就无法实现自己的目的，于是，
他人成为了特殊者，是为了达到自己目的的手段。[3] 这样利己的目的在
实现过程中受到普遍制约，于是需要建立各方面具有相互依存关系的体
系。[4] 而且，毕竟市民社会无非是与全体个人利益的所有人相对抗的争
斗场。[5] 这样，市民社会如果持续平稳地顺利发展，其自身就会带来人
口繁殖与产业发展。也就是说，通过他们的欲望使人的联系普遍化，通
过充分满足人的需求，提供生产方式供给手段的普遍化，获得最大利润，
增加财产积累。但另一方面，市民社会又带来了被迫劳动以及劳动阶级
从属性的困境。[6] 因此，市民社会面临着贫民大众的出现[7] 和尽管财产过
剩但仍无法满足需求的复杂矛盾。[8]

　　黑格尔的市民社会的概念，是作为在客观精神辩证发展过程中，与
家族形态相反的形态加以构想的，其毕竟要通过作为综合形态的国家形
态加以扬弃和包含，使市民社会的复杂矛盾得以融解。通过黑格尔的市
民社会与国家相对照的理论启示[9]，滕尼斯从其特有的观点出发，将"共

---

[1]　Hegel (Georg Wilhelm Friedrich): a. a. O. S. 334, Zusatz zu §182.

[2]　Hegel (Georg Wilhelm Friedrich): a. a. O. S. 296, Zusatz zu §33.

[3]　Hegel (Georg Wilhelm Friedrich): a. a. O. S. 334, Zusatz zu §182.

[4]　Hegel (Georg Wilhelm Friedrich): a. a. O. S. 154 ff. §183.

[5]　Hegel (Georg Wilhelm Friedrich): a. a. O. S. 238, §289.

[6]　Hegel (Georg Wilhelm Friedrich): a. a. O. S. 188, §243.

[7]　Hegel (Georg Wilhelm Friedrich): a. a. O. S. 188, §244.

[8]　Hegel (Georg Wilhelm Friedrich): a. a. O. S. 189, §245.

[9]　恒藤恭『社會と意志』内外出版（1924 年）107 頁。

同社会"与"分立社会"相对照，批判地考察了从古代、中世纪社会到近代社会的发展过程，这种发展的确意味着作为社会一种基本定型的"共同社会"的衰败，以及另一种定型的"分立社会"的繁荣。[1] 滕尼斯将近代社会与以前的社会相对照，与追求更深刻的社会经济生活的内涵相比，特别在属于"分立社会"类型的有关近代社会的性质方面，给予了极具启示性的解明。

27. 滕尼斯的"分立社会"的概念：万人成为商人的社会　作为"分立社会"主人的资本家商人"分立社会"包含的矛盾与支配的关系

按照滕尼斯的理论，与其说"分立社会"的形态就像在"共同社会"中一样，彼此都是和平共存的，而非实体上的结合，毋宁说是要构想实体上分离的人的集团。在这里，每个人自我孤立，对所有其他的人都是紧张的关系。无论是谁，如果不是接受他所喜欢的事情和至少均等地反对给付或对价的话，就不会对他人有任何兴趣。[2] 也就是说，根据妥协和自然权结合形成了集中的"分立社会"，在这种结合中，个人的意志和领域被认为是相互独立、不受任何内在影响的每个人的多数的概念，这就是国民经济学试图努力认识其本质和活动的"市民社会"或"交换社会"（"bürgerliche Gesellschaft" od. "Tauschgesellschaft"）。也就是说，如果按照亚当·斯密的表达，意味着"万人皆商人"的状态。因而，在国际或国内的市场和交易所中，原本的商人、公司、商会等相互对立，"分立社会"

---

① 恒藤恭『社會と意志』内外出版（1924 年）105 頁。

② Tönnies (Ferdinand): Gemeinschaft und Gesellschaft, 6. u. 7. Aufl., Berlin, 1926, S. 39, §19.

呈现出将他们凝聚起来的本质。[1]

于是在"分立社会"中，每个人只是追求自我利益，他人在能够促进该自我利益时才肯定其存在，因此，在妥协或协定建立之前或之外，个人对个人的关系，是作为潜在的相反、抗争的概念。这样的话，一切权利和义务，只有在还原为纯粹的财产制约或资产价值的交易以及商业状态下才是妥当的。并且，恰似在这样的状态中，树立了"纯粹私法或分立社会的自然法"的全部理论。[2] 现在，如果我们以作为共同社会生活最高发展阶段结果的"分立社会"为主要过程，观察其经济领域的局限性的话，"分立社会"的发展呈现出由"家族经济"向"商业经济"的转移，并且与此相关联，呈现出"以农业为中心的经济"向"以工业为中心的经济"的转移。在此，商人或资本家出现在了最前面[3]，他们尽可能从完全必然的制约、义务和偏见中摆脱出来，从自然社会的纽带中解放出来，获得自由。[4] 然而，他们通过生产或商业目的的投资，成为不断增加自己"资本"的名副其实的流动货币的收集者，并且他们还成为"分立社会"的本来的主人和命令者，"分立社会"为了他们而存在，竟然成为了他们的"道具"。在"分立社会"中，所有的资本家以外的人，在"分立社会"的结构中，没有能力主张自己的意愿和缔结有效的契约，等同于死亡"道具"，没有法律上的结局。如同作为对立物的"支配"概念在此展开，结果带来了对一般的人类"分立社会"概念本身的否定。总之，在"分立社会"的自然法概念上的所有人，作为具有理性的、权利能力的人，必须具有先验的同等地位。每个人必须享有其本来的力量、自由和私人自治领域，防止对任何无主财产的占有、享用及侵害，可以

---

[1] Tönnies (Ferdinand): a. a. O. S. 51, §25.

[2] Tönnies (Ferdinand): a. a. O. S. 52, §25.

[3] Tönnies (Ferdinand): a. a. O. S. 53 ff., §26.

[4] Tönnies (Ferdinand): a. a. O. S. 56, §27.

使用任何原料、器具，通过自己的劳动生产出为自己所有的物，对任何附加了自己生产活动的物，可以进行买卖，成为约定或契约的目的物。然而，对这种一般的必然能力的承认，是"分立社会"自然的正常的机制[①]，"分立社会"不得不在自身内部建立复杂的"支配"关系，这暴露了其缺陷和不足[②]。

　　滕尼斯的分立社会的构想，着眼于市民社会的后续发展，无论是基于社会科学还是此后学术史的发展，他指出的近代社会的一般性质以及所包含的矛盾，与黑格尔的市民社会理论相比，在理解上有了更大进步。然而，所谓近代市民法在这种意义上是"市民社会"或"分立社会"的法，毕竟可以认为，它不过是资本主义社会意识形态的法理表现。

28. 近代市民社会或资本家社会与近代市民法：罗马法继承的意义　经济关系与意识形态或法律制度的相互制约性

　　如上所述，近代社会通过黑格尔的"市民社会"和滕尼斯的"分立社会"赋予了其性质，这毕竟只是所称的资本主义社会或资本家社会。这样的社会，是根据以下所示社会关系的形成而产生的。即，"经济的"多数劳动者在同一时间、同一场所，在同一资本家的命令下从事同一种类的商品生产，通过生产技术的变革，产生了拥有"社会的"生产资料的少数资本家阶级，与除了劳动力以外一无所有的多数无产劳动阶

[①]　Tönnies (Ferdinand): a. a. O. S. 59 ff., §28.

[②]　Tönnies (Ferdinand): a. a. O. S. 60, §29.

级之间并存和对立的社会关系。为了适应这样的近代市民社会或资本主义社会的经济关系或社会关系，酝酿而成的作为意识形态的社会规范，其在法理上被定型化的内容，形成了所谓的近代市民法。它如上所述，形式上恰如具有古代资本主义特征的罗马社会，通过继承特殊社会经济条件下孕育形成的罗马法(15)，在欧洲诸国国民中实行。然而，罗马法的继承，是经过中世纪末到近代的漫长历史过程而逐渐形成的，它当然不意味着全部其他国家和其他时代的法理一时间都对此加以承载。只是，从中世纪到近代，经济社会的转变极为迅速，因而，如果多少加以比喻的话，它只是毫无余地地将传统法律制度老调重弹。总之，具有中世纪法律特征的日耳曼法，因为其精神与全部近代社会所要求的范式和种类不同，几乎不可能通过当时所迫切要求的废除中世纪传统法，来逐步加以切实的修改完善，以形成作为其自身法理发展和转化的近代新法理。其中最为根本的原因首先在于，中世纪的日耳曼法源于非合理主义的、身份束缚的、封建的性质，换言之，中世纪法与罗马法相比，从法律的发展状况来看反而是退步了。可以说，法律的历史在罗马法时代被中止，直到近代才得以发展，这个法律历史的积极的继续发展，正是对罗马法的继承。因而，罗马法的继承原本就不是单纯的承继，而是意味着在与古代资本主义的对照中，为了适应近代资本主义而进行的选择、修正、精炼和扩充。如此，"形式上"使罗马法的继承成为可能的，原本必须"实质上"归结于近代市民意识形态的整体成熟。

　　只是，罗马法是由罗马人当中所有特殊的法律天才和法官阶层，经过精心淬炼打造成的极为严密、精致、合理的法理体系，因而，近代市民为了应对突发的社会经济的新状况，如果必须创造自己的法理的话，恐怕像这样完善的近代市民法的形成至少是不能如此迅速地成功吧。越是这样推测，罗马法就越成为他们身边的宝贵遗产，这是通过对罗马法的继承所表现出来的（43）①。

　　一般来说，一定的经济关系或社会关系的形成，必然伴随着与之相应的意识形态的酿成，而这样的意识形态，在其经济关系或社会关系中发挥着能动的作用。促使近代社会形成的动因，终究是建立生产力与生产关系，因而，像桑巴特那样将资本主义产生的原因仅仅局限于作为观念物的所谓资本主义精神②，或者如迪尔那样回归资本主义法律制度本身③，都可能顾此失彼④。而且还有人认为，完全不需要意识形态的帮助也可以完成

---

①　罗马法的继承，原本不是对社会经济状况及其内容的继承，但与其说是对规范意识的实体及内容的继承，倒不如说主要是对其法理形式或思考方法的继承。即罗马法的继承，意味着近代市民意识形态自身恰好接受了外在的形式。韦伯认为："人们继承罗马法，承认其为资本主义形成的根据［Below (Georg von): Die Ursachen der Rezeption des rö-mischen Rechts in Deutschland, München u. Berlin, 1905. zit. v. Weber (Max)］，但是，罗马法并不是资本主义形成的直接根据。的确，作为资本主义故乡的英国也没有继承罗马法。另外，近代资本主义特有的全部制度，毋宁说来源于罗马法之外，即来源于中世纪或近代的（地产抵押银行发行的）地产抵押债券、证券、汇兑、商事公司，以及根据其他土地登记和质押证书的不动产抵押权和信托。它要求罗马法的继承要在形式上导入法律观念，这一点具有决定意义。这种形式上的法律，是容易预测的（35），也是资本主义所必要的。"参见：Weber (Max): Wirtschaftsgeschichte, 2. Aufl., München u. Leipzig, 1924, S. 291 ff.。韦伯的上述观点其意义值得重视。总之，如上所述，商法不是罗马法的直接渊源，因此罗马法的影响是一种法理的思考方法（12），但罗马法的继承如上所述主要是有关民法的内容，特别是有关个人主义的所有权和债权法的法理（19）。

②　Sombart (Werner): Der Moderne Kapitalismus-Historisch-Systematische Darstellung des Ge-samteuropäischen Wirtschaftslebens von Seiten Anfängen bis zur Gegenwart, 6. Aufl., I Bd., I Halbb., München u. Leipzig, 1924, S. 328 ff.

③　Diel (Karl): Die rechtliche Grundlagen des Kapitalismus, 1929 (Kieler Vorträge gehalten im wissenschaftlichen Klub des Instituts für Weltwirtschaft und Seeverkehr an der Universität Kiel), herausgeg. v. Harms, Jena, 1929, S. 6 ff.

④　迪尔认为，资本主义生产方式的特色，相对于个人主义的生产方式即生产手段，是建立在私人所有权之上的生产方式，另外，与"经济自由"的制度相结合，其私人所有权不受任何约束而自由活跃地存在。总之，在 18 世纪向 19 世纪推移的时代，对于成为个人主义生产方式基础的生产资料的私人所有权，受到来自各方面的束缚，但由于都市同业组合制度的崩溃，重商主义经济政策的废止，农民和农地的解放，物价以及工

近代资本主义社会那样大规模的广泛的社会经济发展，这些都是偏颇的见解吧。总之，经济关系或社会关系的普遍化与合理化，只有通过意识形态才能实现，因而，使近代资本主义显著发展成为可能的，即使是所谓的资本主义精神，归根结底也不能轻视近代市民法的功能。也就是说，近代社会为了实现其发展，必须有近代市民法，在这一点上的近代市民法，作为充分意义上的近代市民社会或资本主义社会意识形态的法理表现，具有了它的性质和存在根据。

29. 近代市民法的根本原则：理查德·伊利的五项根本制度以及所有权和契约

作为近代市民法的最根本原则，正如普遍指出的那样，首先是"绝对所有权原则"和"契约自由原则"。理查德·伊利在其大作《所有权与契约》中指出，在不考虑以教会和家族为主的各种非经济制度的因素时，最根本的社会秩序或制度可以列举出以下五种：①所有权，②继承，③契约及其诸条件，④财产的诸权利，⑤人的条件和自由。其中，如果首先考虑所有权的话，继承是有关所有权取得的一种形式。也就是说，财产的诸权利，无非是某种特殊形态中的所有权，由此带来了作为第二个根本制度的契约，再加上人的条件和自由，可以合并成三种权利。[1] 在

（接上页注）资的公定制度，利息限制制度的废止等，生产资料的私人所有权得以完全自由活泼地发展，因此，私有财产制度与经济自由制度相结合产生了资本主义生产方式，促使了资本主义的建立。参见：Diel (Karl): a. a. O. S. 7 ff.。另外，关于迪尔的该学说，我妻教授也有简明的介绍和批评。参见：我妻荣『カール・ディール「資本主義の法律的基礎」』法学協会雑誌 53 号（1932 年）1 頁以下。

[1] Ely (Richard): Property and Contract in their Relations to the Distribution of Wealth, Vol. I, New York, 1922, p. 52 ff.

此，理查德·伊利提出了具有支配性的观点，认为美国法院的所谓契约的权利是所有权，形成契约的权利必然包含在财产取得的所有权之中。[①]这样，所有权原则上是根据契约产生的，另外，对决定雇佣条件和收入的买卖关系加以规范的也只能是契约。[②] 总之，可以说，在近代经济关系方面，能够支撑整个社会机构的是由契约关系补充的所有权关系。有观点认为，近代资本主义结构最为基础的是商品生产关系和商品交换关系，就是这个意思。然而，这样的根本原则，与全部附随的各项制度一同在法理上被定型化、体系化，也就是说，它只能是成为近代市民法的体系。狄骥和门格尔已经指出的近代市民法的根本原则（21. 22），以及《德国民法典》第一稿草案说明书所显示的各项原则（23），无非是那些可以适用于此的原则。即，它只能是成为草案说明书的"遗嘱自由原则""物权法定原则""买卖破坏租赁原则"等绝对所有权原则的坚强支柱。另外，"法律行为方式自由原则""意思决定原则"以及其他如"个人过失责任原则"等构成了相契合的"契约自由原则"，它成为了近代市民法基础的"人格自由"，即通过草案说明书的"享有权利能力原则""权利平等和法律普遍适用原则"所形成的基础，构成了近代市民法的宏伟建筑。

30. 作为近代市民法根本原则的所有权原则：所有权的自然权性质　近代所有权的市民阶级本位性质

首先，作为近代市民法根本原则的是有关绝对所有权原则。根据近

---

① Leep v. Ry. Co., 58 Ark. 407 (1894) at p. 415; Mathews v. People, 202 Ill. 389 (1903); Commonwealth v. Perry, 155 Mass. 117 (1891); Frorer v. People, 31, N. E. 395 (1893); Schaver v. Penn, Ry. Co., 71 Feb. 931 (1896); Commonwealth v. Perry, 155 Mass. 117 (1891) cited by Ely's ibid.

② Ely (Richard T.): ibid., p. 53. 54. 55.

代市民法的基本观点，所有权是成文法以前就存在的神圣不可侵犯的权利，根据该权利形成的成文法的民法，比如规定"具有所有权的人在法令的限制内可以完全自由地行使该权利"，此时，"在法令的限制内"只不过具有消极的意义，或如近时的学说，所有权完全没有显示出原本只在法令限制范围内存在的意向。因而，"自由行使权利原则"(19)，在这种最为充分方式的所有权上是有效适用的，像那个以相邻权为中心的"禁止权利滥用法理"，因为是在近代市民法的本来意向中，所以原本就没有重要的意义。倒不如说，它并不是关于应该对所有权进行怎样的限制，反而是要确保在该场合之外的所有权限制不应该被承认。近代市民法的绝对所有权原则应该注意的是，此时的所有权，其存在的真相是为了市民阶级而确保它的绝对性，它不一定意味着对一切所有权的绝对尊重(le respect absolu de toutes les propriétés)。在法国三民议会的上奏书中，贵族和僧侣违背了绝对尊重一切所有权的箴言，暴露了他们支持自己的特权，排挤市民阶级的事实。①

　　总之，近代民法的绝对所有权原则，如果仅限于在法律即实定法认可的范围内具有自由性和绝对性的话，就不能理解它在废除封建束缚的所有制的同时所被期望的意义吧。的确，最初的中世纪封建所有权的特征，主要是以土地为对象，在这里，国王的领地权和私人的所有权是结合在一起的，它意味着在对物进行支配的同时对人的支配，②当然，课税和地租完全没有分开，所有权关系最终意味着支配服从的身份关系，财产关系被身份关系压制在身后。于是，近代社会与其他任何事情相比首先希望的是从身份束缚中解放出来，实现真正自由的个人所有权，这就

---

① Jaurés (Jean): Histoire Socialiste de la Révolution Francaise, Édition Mathiez TL, Tome Ier, La Constituante, Paris, 1922. p. 186 et suiv.

② Commons (John R.): Legal Foundation of Capitalism, New York, 1924, p. 214 ff. Property and sovereignty were one, since both were but dominion over things and persons (p. 214).

意味着要废除封建的所有权和所有关系。即，意味着对压制经济活动的自由、阻碍资本主义发展的一切不合理的恣意限制的抛弃。然而，如果通过实定法也能对所有权施加任何限制的话，那么习惯法附带的传统的封建束缚也不得不被承认吧。但是，反过来恰如在近代社会，为了实现资本主义成长时期的要求，不服从如此人为约束的完全自由的所有权，显示出了作为那个自然权的所有权思想。也就是说，构成近代市民意识形态最尖锐的法理学说，如果按照自然法学者所主张的那样(17)，所有权是伴随人类的产生而享有的一种自然权，其原本就是完满的。而对这种所有权加以成文法上的限制，不过是一种必要的"恶"，以保障这种所有权在现实社会生活中充分发挥其本来的功能，预防可能产生的冲突。

其次，如果近代民法意义上的所有权意味着对每个人完全平等的所有权加以确保的话，那么，为了无产阶级所充分享有的所有权也必须确保吧。这样，一方面，它从近代所有权中，将为了封建所有制的发展而构想的历史意义消灭了；另一方面，作为资本主义发展的前提，少数的生产资料所有者与多数的无产劳动者并存的事态也不得不成立吧。然而，近代所有权法的完成与这个社会和经济功能的现实归宿，如黑格尔极为直接的论示那样(26)，在生产迅速发展的同时，加剧了财富积累的少数资本家与多数被迫劳动的无产阶级和贫民大众的对立，导致了将来历史性事件的发生。近代所有权，至少在现实作用下，与其说并不存在于单纯的对万民所有权的确保，毋宁说它证明了滕尼斯的所谓"分立社会"，是为了确保原本的主人和发号施令的资本家(27)，也就是为了确保市民阶级的绝对所有权。

总之，与任何事物相比，近代社会所希望的首先是必须使资本主义生产成为可能，为了对此加以促进，要求自由的个人绝对所有权。在对曾经的封建身份束缚加以抛弃的同时，还对所有人为的限制加以废除。近代市民法中为何没有对所有权积极限制意义上的社会法的经济法，从这一点上也许能够容易理解吧。

如上所述，近代市民法对所有权的所谓限制，没有任何本质上的积极意义，但在这种绝对所有权的自然法的构想中，最终也不得不承认某种限制，因此，通过法理的形式，当初只有例外的消极意义的对所有权的限制本身就能够界定所有权的内容，可以说其中包含了终于向积极意义转变的机缘，正是在值得注意的这一点上，可以认为孕育了从市民法上的所有权法向社会法上的所有权法预备转化的因素(69)。

而近代民法的所有权法一开始就承认真正意义上的个人自由所有权，而不是日耳曼的组合、团体或身份的所有权。即使其初衷主要是为了市民阶级，但通过确保万民所有权的表现形式，最终对近代初期社会生产力的发展做出了贡献，因此，它被视为正当化。与之相关联，应该关注的是，这产生了所有权的社会化以及社会贡献和义务连带的理念。

31. 作为近代市民法根本原则的契约自由原则：契约自由原则的本意　契约自由原则与公序良俗法理

与绝对所有权原则相协调，构成近代市民法基础的所谓私人自治原则，特别是契约自由原则，是指在民事生活关系中，当事人在自己的意愿下，通过自由合意得以形成的法律关系，国家表明了应该根据其内容，对形成的该法律关系予以尊重的立场。在这方面，近时经常有学说认为，契约自由原则要求双方当事人应在平等基础上参与法律关系的形成，因此，当实力关系存在差异时，似乎只有制约强者才能满足该原则的要求。然而这种主张，至少在近代民法当初显示的本来意向上，是对契约自由原则本意的曲解。相反，契约自由原则的本意在于，当涉及当事人之间的法律关系形成以及以何种比例形成时，法律应完全由当事人的实力关系决定，国家或实定法不应积极干涉法律的形成或修改。这正是近代自然法学所表达的契约自由原则的本义。

正因如此，近时，作为对契约自由原则的制约而强调所谓"公序良俗的法理"，这至少在近代市民法当初的本意中，不应该具有任何积极的意义。毋宁说它只是通过排除极为例外的非道义行为，以"更加"充分地保障契约自由原则的普遍有效性。因为，在资本主义发育期，体现社会正义本身意义上的契约自由原则，在理论上与公序良俗发生矛盾，这本来就是不可想象的。

总之，近代的契约自由原则，正是通过与所有权原则的协调，保证和促进了处于发育期的近代资本主义的显著发展。然而，如果契约自由原则只是存在于原本实力关系对等的两个当事人之间，允许他们通过合意形成法律关系的话，那么通过这样的契约形式建立的无数劳动雇佣关系，在确实严格的法律保障下，导致了近代惊人的生产增值和资本积累，这样的历史事实就无法得到充分解释。不论怎么说，认为拥有生产资料的有产资本家作为雇主，与除了劳动力以外一无所有、在雇主指示下只能选择对契约内容附和性介入的劳动者之间具有对等的实力关系，归根结底，这对于任何一个近代法官来说都是不能相信的。因此，如果契约自由原则从当初开始，只不过是在平等实力关系下对当事人的私人自治进行法律承认的话，那么导致近代资本主义建立和发展的无数劳动雇佣契约，就应当全部宣布为无效。恰恰相反的是，似乎契约自由原则并不像最近所说的那样，可以保证当事人之间形成平等的法律关系，反而，实际上不平等的双方当事人所决定的内容，只要是缔结了契约，就从缔结前存在的不平等关系中完全抽象出来，这好像更加证明了，对以当事人自由合意为基础决定的契约内容，国家承诺为双方的履行提供保证。因为，否认近代初期资本主义勃兴过程中作为生产力发展原动力的劳动契约的缔结，就是否认社会发展本身，从某种意义上说就是违背社会正义本身。然而，劳动契约具有不自由的性质，它既是所有者之间，即原则上实力关系对等的财产的买主和卖主之间，以货币财产或所有权的给付为目的的契约，又是这种本来不自由、不平等的人之间的劳务契约。一方面，摆脱了这种身份阶级束缚的意思自由，形成了两个当事人之间的契约关系；另一方面，劳务也从封建的身份束缚中被自由地解放出来。因为是在这个意义上，它被当作一种商品，而且由于两者在形式上的法理相似性，因此可以说，它是通过将这两种类型的关系合并为一种债务关系来构想的。相反，当时的社会规范意识，也就是在近代初期，并没有认识到区分这两者的必要性，而是认为它们的等同性是不容置疑的。正是在这一点上，我们可以发现，近代法为何在其发展过程中没有随之产生社会法的劳动法的真实根据。

倒不如说，近代初期的劳动者认为，他们的劳务是自己可以自由处分的财物，这是其自身所希望的。总之，在中世纪的封建压迫下，他们的劳动不是为自己所有，他们在身份束缚中受到物理性捆绑，可以说他们无非是别人的东西。因而，对于近代人来说，如亚当·斯密所言，"劳动是劳动者得以自由处分的自身的财产和商品"。此时，被视为财产和商品的劳动能力，是近代人引以为傲的。即，作为近代劳动者的财产及自由的劳动力[1]，通过近代市民法根本原则的契约自由原则，使近代资本主义的发展成为可能。

于是，我们正是根据近代市民法上相提并论的商品买卖关系与劳务买卖关系，通过发挥其自身的特殊性，一方面使商法分化，即，使商法作为民法中债权法的特别法而形成了分立，另一方面，以劳务契约为对象要求孕育新的劳动法分化的胚胎，这在近代市民法的契约自由的本意中可见一斑。

---

[1]　Commons (John R.): ibid., p. 283 ff.

32. 近代市民法的市民阶级本位性：
拉德布鲁赫关于市民自由的学说

近代民法，如《德国民法典》第一稿草案说明书所明示的那样，是在权利平等和法律普遍适用原则中确立的，以废除特权阶级和排除职业阶级法的影响为意向，而且，此时废除特权和排除阶级法的影响，是对中世纪贵族、僧侣等拥有的特权的废止，以及对封建阶级法的影响的排除，因而，它具有为了新兴市民阶级所属成员的平等的意义，而对于除此之外的人来说，则意味着新的意义上的特权的设定。也就是说，近代民法是市民阶级本位的民法，在这个意义上，多少有了罗马法上市民阶级的法的意味，但结果，无论是近代市民法还是市民阶级的法，其意味着首先是具有了作为市民阶级本位的法的性质吧（93）。

拉德布鲁赫认为，民法即使在阶级的意义上也是市民阶级成员的法，它是市民自由的时代精神的体现，其表明的市民法的性质可以列举出"契约自由""所有权自由""遗嘱自由"三个方面。按照拉德布鲁赫的观点，"法律形式上平等和自由的市民阶级思想，形成了市民财产法的基本思想。即，市民法不承认地主、手工业者、工厂主、企业主、劳动者、雇主等，只是承认单一的权利主体和单一的人格者。但将这些人格者视为完全自由的人，每个人仅就其自由决定承担的义务而承担义务。这样，法律的全部世界是根据自由意思而相互承担义务的即由自由契约构成的一大组织，它可以说应该将全部商品作为唯一的大市场来把握。即财产法的根本观念一方面是契约自由，另一方面是可以任意处分自己所有物的自由，也就是说，是生前的所有权自由和有关死后的遗嘱自由。"[1] 于是，"近代对自由的要求，是从新兴市民阶级的利益和实力出发的，而且他们所意味的自由，与其说不只是为了他们自身的自由，毋宁说是为了万人的自由，正因如此，他们才获得了这个'自由的权利'。由于这个原因，资产阶级所要求的同样的自由，也可以作为与其相对抗的无产阶级的团结的自由，同时又作为对抗本来为资产阶级利益服务的市民阶级成员的手段，在这些方面发挥着作用。"[2] 另外，"在个人主义的法律制度下，所有权自由原则与契约自由原则相契合，表现为对于社会的权势者来说是专制的自由，对于社会的弱势者来说是对专制的服从"，"近代市民法的人格者的概念，是平等的概念，在那里一切差别被无视。即，不论有产者、无产者、工厂主、劳动者、企业主或雇主，都作为同样的人格者而被平等视之"。[3]

也就是说，正如拉德布鲁赫所指出的那样，近代民法是市民阶级成员的法，大致被赋予了作为市民阶级的法的性质，但如后述那样（92.93），从法的本质具有阶级性的观点出发，市民法并非只是意味着全部市民阶级的法。总之，像拉德布鲁赫所认为的那样，与其说非市民阶级成员也存在通过市民法保护他们利益的契机，毋宁说在一般的法的本性上，只有永远将包容任何对立者的共同形态或共同社会作为其终极担当，才能成为良法。这无非显示出，在充分完整的语义上，仅为市民阶级的法毕竟还不能称为法。但是，从法律主要着眼于人的定型化的观点出发，近代市民法无非是作为着眼于标志型、理想型的近代市民所构想的法，而被赋予了人格。

[1] Radbruch (Gustav): Einführung in die Rechtswissenschaft, 7. u. 8. Aufl., Leipzig, 1929, S. 81 ff.

[2] Radbruch (Gustav): Klassenrecht und Rechtsidee, Zeitschrift für Soziales Recht, 1 Jahrg., Num. 2, 1929, S. 76.

[3] Radbruch (Gustav): Vom individualistischen zum sozialen Recht—Hanseatische Rechts-und Gerichts-Zeitschrift, 13. Jg., 8/9. Heft, 1930, S. 460. 橋本文雄訳『ラードブルフ「個人法より社會法へ」』法学志林 32 巻 12 号，43 頁。Radbruch (Gustav): Rechtsphilosophie, 3. Aufl., Leipzig, 1932, S. 128.

33. 近代民法体系的意义：财产法与身份法分立的意义
债权法与物权法对立的意义　债权法领域包含的矛盾

　　近代市民法的体系，分为财产法与身份法，在此赋予了财产法基本的主导地位，此后财产法领域又进一步分为债权法和物权法两个领域。

　　首先，在体系上分为财产法和身份法的意义在于，使近代社会经济关系的指导地位被体系化，但其法理意义毋宁说使统治支配中世纪的身份法受到了家族法范围的局限，据此可以认为，正是在有必要自由发挥近代法理作用的财产法中，存在着积极主动的活跃的意愿吧。

　　其次，在法的体系中将债权法与物权法相对立，这种明确划分的形式，采用了《萨克森王国民法典》当时提倡的学理体系。但此后的市民法体系不仅限于学理上的意义，还获得了对深入构成的法理加以支配的制度体系上的意义。而且，即使如《法国民法典》那样没有充分认识到这一体系，通过其制定以后的发展，不论形式上的法典体系如何，在其法理构成上，都确立了将两者加以区分的观点。

　　总之，中世纪的封建法还没有区分物权法和债权法，但根据中世纪的有关既有学说（30），认为物的所有权或物权，同时包含了对人的劳务的支配权，两者还没有分别成为法的对象。近代法，首先将物的支配的所有权从封建的、身份的混杂中纯化出来，在这种情况下，必然只能构想以人的劳务支配为内容的另外的法律关系，这样就只能产生所谓的债权关系。也就是说，中世纪在对物的支配的同时包含了对人的劳动力的支配，这是作为单一的特有的封建占有关系而被构想的，但近代人与要求自由的绝对所有权相关联，自然而然地要求债权法法域的分化，产生了物权法法域与债权法法域的对立。

　　因而，此时的近代市民法的体系，区分了债权法和物权法，前者是对人的权利，后者是对物的权利，概念不同，不应该只根据单一的理论加以理解。倒不如说，近代市民法分为物权法和债权法，这是市民阶级的必然理想，所有权不可侵犯和契约自由这两个要求，正是在符合他们意向的形态中确立了其存在。总之，所有权不可侵犯和契约自由，本来一方是强制、支配，另一方是自由、任意，是完全不同的意向。因而，如果在财产法的全部领域中贯彻契约自由的原理的话，像在其他方面他们所期待的那样，所有权不可侵犯以及绝对所有权的理念就不应该贯彻；同时在财产法的全部领域，根据绝对所有权原理如果被定型化，他们所期待的活动的自由就不得不受到阻碍。近代市民法在其体系上以债权法和物权法的区分为根本志向，可能受到了这种事态的影响。[①] 另外，近代市民法，对债权法中包含的本来性质不同的以财产给付为目的的单一交易法，与以成为人格的劳务给付为目的的劳务契约法不加区分，其法理意义在于预示了与契约自由原则的关联意义(31)，而我们正是在这一点上发现了现代市民法体系中劳动法必然分化的根源。

　　那么，近代法上民法与商法的体系分立的意义在于什么呢？也就是说，民法上的债权法为何允许作为特别交易法的商法特别法的存在呢？或者说近代法为何在其体系中必须存在商法呢？关于这一点，我们在洛伦茨·冯·施泰因的市民法的学理体系中，可以看到极具启示的论述。

[①]　物权法中的所谓物权法定原则，是以确保绝对所有权原则为重点的。总之，得以自由决定物权的内容时，它实质上是因为在限制物权的形式上，限制所有权的全部方法都被放宽了。

　　中川教授认为，关于债权法与物权法的对立，看上去是采用了原理不同的契约自由原则与物权法定原则，是行为型与制度型的对照，这是趣味深刻的论说。参见：中川善之助「身分法の統體的性質に就て」菊井維大編『加藤先生還暦祝賀論文集』有斐閣（1922 年）565 頁。

34. 洛伦茨·冯·施泰因关于市民法体系的学说：
市民社会的民法　商法　市民的社团法　商法
体系分立的意义与经济价值　劳动法的分化

如上所述(8)，对有关市民社会特别是近代社会的普遍性质加以深入洞察的洛伦茨·冯·施泰因，从独特的见解出发，将市民法的体系分为"市民社会的民法""商法"和"市民的社团法"三部分。此时，他所构想的市民法的体系，不是源于制度上特别是法典上的观念，市民法毕竟是资本形成的法规体系，市民法的所有法律概念都必然是永久的经济概念。在此根本观点上，根据市民法形成的主要动因，他将市民法分为本质上不同的上述三个领域，[1] 即从成为市民法各种关系根源的经济关系特殊性出发，进行市民法体系的学理构想。洛伦茨·冯·施泰因提出的有关市民法体系的学说，敏锐地洞察到了市民法体系中商法与劳动法的关联问题，这一点对社会法的地位问题给予了很多启示。

根据他的观点，市民法形成的第一要因是个别的独立的人格，自己相对于其他的个人，作为其意志的对象被加以确立，因此在这里，人格还仅为单一的人格者，所有也仅为单一的财产，市民法以该人格者和财产为契机而成立，并且通过个人自由意志的交易活动而产生的法律，只能是成为市民法第一部门的"民法"。另外，市民法实体和人格的资本形成生活(das kapitalbildende Leben der Persönlichkeit)的第二个要因是"商"(Handel)，这里所称的"商"是价值以及价值生活，它从各种财产中分

---

[1] Stein (Lorenz von): Gegenwart und Zukunft der Rechts-und Staatswissenschaft Deutschlands, Stuttgart, 1876, S. 222.

离出来，出现了由该价值支配一般经济生活和个人生活的令人惊异的事实。这样，出现了由资本产生企业，由商人（Handelspersönlichkeit）代替人格者的现象，其组织代替了劳动，信用代替了借贷，汇兑代替了支付，这样的全新的经济概念产生了，形成了为了商人人格的各种经济关系的法律，即"商法"。市民法形成的第三个要因是资本形成的统一体。市民社会中的统一体并不是根据事实的本来状态形成的，而是根据个人的独立意志，为了资本形成的目的而组成的。因而，每个人即使在这个统一体之中，也依然作为独立的个人确保其经济上的自我目的。根据这样的统一体即"社团"（Gesellschaft）所产生的经济生活，形成了社团法（Gesellschaftsrecht）[1]。

上述洛伦茨·冯·施泰因关于市民法体系的见解，本来是有关学理上的体系构想(7.8)，然而，它追溯制度体系的形成、触及法典分化根源的经济基础、探究市民法体系的真相，这应该引起关注。

按照洛伦茨·冯·施泰因的观点，希腊法也好，罗马法也好，还没有将商法独立，对成为商法基础的有关交换价值的理解尚有欠缺，因此，商法要确立完整的体系，要求通过19世纪市民社会的决定性支配权加以实现。[2] 所以，为了明确商法在法的体系中的地位，特别是与民法的关系，我们就必须深入理解国民经济的基础。总之，以往的法理学者没有充分理解商法的体系的地位，因为他们不知道一般的法是以国民经济的概念为基础的。[3] 也许是作为"物"的以各个"财产"为对象的民法，对经济发展的意向完全没有关心吧。因而，如果应该通过所有权的发展实现生活的发展的话，就必须出现形成新法的全新"要因"，这个"要因"无非

---

[1]　Stein (Lorenz von): a. a. O. S. 222 ff.

[2]　Stein (Lorenz von): a. a. O. S. 250 ff.

[3]　Stein (Lorenz von): a. a. O. S. 250 ff.

是"价值"。"价值"首先包含了全部"物"的内在要素，限于此它属于物权法。然而，可以说"价值"是"物"的"灵魂"，因此它不带有任何外在的界限，它从自体的"物"中被分离，处于与个别的"物"无关的增减状态中。这样，"价值"成为财产生活的无限发展的可能动力，[①]通过培育从每一个"物"中游离的维持独自生活的"价值"，形成了自己的法，这个民法，就是物的自由的个人所有与各种契机相结合的法律系统。而自身独自的经济现象根据"价值"形成的法律生活被我们命名为"商法"，这是形成这个要素的精神上的商法概念的构想。这样，商法并没有在民法中作为市民法的第二部门明确加以呈现，但总之，在商法的目的中，如果没有价值的发展，那么市民社会的理念要充分达到更高层次是完全不可能实现的。然而，与其说商法并不是停止了民法，毋宁说，它只是相对于民法作为民法的第二领域与之并立。因此，民法和商法的界限是，只要涉及个人的物以及个人的人格之间的关系，就是民法的范围，与此相反，一旦涉及一般事物或交易对象的给付的交换价值，就是商法的领域了。[②]这个交换价值相对于财产具有独自的动力，它通过独自的现象，除了自己的财产以外，作为狭义的"资本"或"货币资本"而形成。这个货币资本与个别经济中的所有权不同，它作为经济生活的目的，成为财产生活的全部活动的制约要因。换言之，一旦货币资本独立，就会支配全部经济生活。这样，货币就从财产中分离出来，劳动已经不再指向与其个性价值的关系，而是指向其"能力"，指向带来货币资本的"货币"，而资本的形成现在已经不是财产的形成，而是"货币资本的形成"。与此同时，我们称之为"资本与劳动的分离"的过程已经完成，劳动必须为利润生成的资本服务。货币资本的所有与获得，成为对劳动的支配，货币作为经

---

① Stein (Lorenz von): a. a. O. S. 252 ff.

② Stein (Lorenz von): a. a. O. S. 254.

济的支配要因，指向具有人格的劳动。这样，一方是原本统一的资本形成，根据交换价值分为资本和劳动两个部分，他把另一方作为自己的手段，或者不得不作为自己的手段。另外，成为这两者的终极目的和支配原理的资本，由资本的秩序和分配，成为了经济支配的秩序和分配。如此一来，从应该完全平等的市民社会的最高原理出发，在与交换价值以及货币资本的关系上，产生了"事实上的不平等"。资本与劳动的区别不仅是概念上的，还是经济上的。从经济上来说，我们所称的资本阶级与劳动阶级，是社会的两大对立阶级，由此引起了经济生活中的各种严重后果，带来了社会斗争。[1] 市民社会中资本与劳动的如此对立，必须通过法的形成来发挥作用，这样，所谓商法的第二部分，就形成了自我独立的"劳动法"（das selbständige Arbeitsrecht）。因而，这个劳动法与其说已经不只是为了资本的法，毋宁说是与资本及其力量相对立的法，它在本质上成为了与资本形成法或市民法不同的独自法域。[2]

对于商法和劳动法在市民法的体系中如何自我分化，洛伦茨·冯·施泰因通过深入探究作为法律关系根源的经济关系，演绎了极具启发性的理论。以下我们将根据这些启示，特别是在与近代市民法法理转变过程的关联中，着眼于近代社会此后的发展和转变对法的体系的影响，探讨现代法中债权法特别是商法独立存在的优势，以及与形成的社会法法理和社会法法域之间的关系，以接近本书的主题。

---

[1]　Stein (Lorenz von): a. a. O. S. 256.

[2]　Stein (Lorenz von): a. a. O. S. 257.

八　近代市民法的转变

35. 初期资本主义时代与高度资本主义时代: 桑巴特、韦伯的资本主义的特征　韦伯所谓合理的可预计性法律

　　如上所述(25), 近代市民法是适应近代市民社会历史发展阶段的法律规范体系的总称。它一方面为资本家社会或资本主义社会的形成提供了恰如其分的法律条件; 另一方面, 通过资本主义社会的发展, 确立和完成了自己的体系。然而, 资本家社会或资本主义社会, 特别是如上所述的市民社会, 无非是在经济层面的称呼。即, 它特别以经济的契机作为主导和根源, 制约、支配全部的社会构成和社会意识形态, 换句话说, 经济层面成为走在社会生活更前面的发展阶段, 它表明了近代社会或市民社会的历史性质。一般来说, 资本主义社会的特征是存在不同原理之下的两个群体或阶级, 即一方是生产资料的所有者, 同时又是经济的支配者, 可以说是经济的主体者; 另一方是一无所有的劳动者, 可以说成为了经济的目的。他们形成了通过市场被结合与协调的、根据营利原则以及经济合理主义被支配的经济往来组织。① 然而, 全部的生产资料作为自由的所有(freies Eigentum), 被自主的、私人的营利企业所占有, 存在从不合理交易的束缚中解放出来的自由市场(Marktfreiheit), 存在通过机械化技术(mechanisierte Technik)以及生产产品的原值预算, 使资本的

① Sombart (Werner): Der Moderne Kapitalismus, 5. Aufl., 1 Bd., 1 Heft, München u. Leipzig, 1924, S. 319.

合理计算成为可能条件的自由劳动（fiere Arbeit）。也就是说，不仅在法律上可以自由出卖自己的劳动力，而且在经济上也不得不出卖自己的劳动力，换言之，存在着形式上是根据自由意志，事实上被饥饿的皮鞭驱使不得不出卖劳动力的劳动者。[1] 在这样的各种普遍性前提下，近代资本主义得以产生和发展，因此，它不应该缺乏以个人的、自由所有权法以及自由交易契约法为主要内容的近代市民法的体系，这正是其必然的结果。也就是说，作为资本主义发展不可或缺的前提是，必须有"使合理计算成为可能的法律"（rationales d. h. berechenbares Recht）或者"像机器一样可被预测的法律"（ein Recht, das sich ähnlich berechnen lässt wie eine Maschine）[2]。

　　资本主义社会更加普遍的、根本的意识形态和时代精神，是"为了追求利润的欲望"和"以自我为目的的营利精神"。[3] 而这种所谓资本主义精神，可以说在整个资本主义时代都是推动力。但是，我们在资本主义精神与社会一般规范意义的关系上，应该注重将初期资本主义时代与高度资本主义时代相互对照。换言之，初期资本主义时代的特点是，资本主义精神得到了社会普遍的、最具包容性和支配性的规范意识的支持，资本主义精神与社会规范意识紧密结合，从而促进和引导了资本主义的发展。为了形成普遍的规范意识，如马克斯·韦伯指出的那样，新教教义提供的宗教的、伦理的规范意识发挥了极为重要的作用[4]，但作为一种法律规范意识，就像近代市民法的法理体系，正是其实定法的表现。因此，个人的绝对所有权以及自由交易的契约法理，被认为是整个社会最

---

[1]　Weber (Max): Wirtschaftsgeschichte, 2. Aufl., 1924, München u. Leipzig, S. 239 ff.

[2]　Weber (Max): a. a. O. S. 240.

[3]　Sombart (Werner): a. a. O. S. 320; S. 293.

[4]　Weber (Max): Die protestantische Ethik und Geist des Kapitalismus, Archiv f. Sozialw., Bd. XX, XXI, 1904–1905.

具包容性和支配性的规范意识的不偏不倚的真实体现。也就是说，为了资本主义发展所形成的必要的经济原理，作为对自我目的的营利追求，在当时的社会中，不仅限于宗教的、伦理的"神圣"和"善良"，还恰恰符合法律的"正义"，受到了绝对支持。在近代，特别是初期资本主义社会，所有权以及契约自由的法理，通过与其他法理中的各项原理相协调而构成，该市民法法理的体系不受任何实质性制约，正是在其纯粹的类型中具有了适当的内容。基于这样的事实，最终，社会经济发展的趋势，无非是在全部社会意识形态的形成中给予其支配力，形成了初期资本主义时代性质的标志。

然而，资本主义在此后得到了不同寻常的高度发展，必然促进作为初期资本主义精神的法理表现的近代市民法的转变，它对未来法律生活的显著改变不能置之不顾。关于民法，可以说重点是从物权法向债权法的转变，是从 19 世纪民法向 20 世纪民法的转变。在市民法的体系中，显示了从具有指导地位的民法向商法的推移，不久又引发了劳动法以及经济法或社会法的形成。①

---

① 关于资本主义的本质，存在许多对立的学说，在此，概示了桑巴特和韦伯的学说，但是，例如约翰·霍布森认为，资本主义是通过获得原料和机器而积累和占有资本的雇主或雇主集团，是为了形成利润和计算财富增值的大规模的企业组织，作为这样的本质条件，他例举了五种，即，积累的财富，劳动阶级的存在，产业方式的进步，大规模的有效市场的存在，以及资本家精神。参见：Hobson（John A.）: The Evolution of Modern Capitalism—A Study of Machine Production, new ed., London & Felling-on Tyne, 1916, p. 1. 2 。

其他学说参照：Below (Georg von): Probleme der Wirtschaftsgeschichte, 1920, S. 400 ff. Diel (Karl): Die rechtliche Grundlagen des Kapitalismus, Jena, 1929, S. 4 ff.。

与对资本主义的本质存在不同见解相关联，关于资本主义的起源也是一样，存在许多不同的学说。如众所周知的那样，桑巴特将资本主义划分为初期资本主义、高度资本主义以及后期资本主义（Frühkapitalismus, Hochkapitalismus, Spätkapitalismus）三个时代或阶段。按照他的观点，初期资本主义的产生时期是 1203 年，高度资本主义时代是从 1760 年到 1914 年〔Sombart (Werner): Das Wirtschaftsleben im Zeitalter des Hochkapitalismus, 1 Halbb., München u. Leipzig, 1927, XI. Derselbe: Prinzipielle Eigenart des modernen

36. 高度资本主义的各项标志特征：
从自由竞争到垄断　股份公司、银行、
交易所的功能　企业的集中倾向与金融资本

所谓资本主义的高度化，首先与全部经济过程的"物化"（die allgemeine Versachlichung der wirtschaftlichen Vorgänge）紧密关联，但表现出来的是作为经济生活的完全"商化"（die vollendene Kommerzialisierung des Wirtschaftslebens）。也就是说，卖主与顾客的关系，是在大规模的小商业中，作为不与任何人格相接触的自动买卖交易而被"物化"。另外，销售商被规格化，全部本质上的契约条件，根据被定期交易那样的商业习惯上的定型化而被"物化"。企业管理现在通过建立非人格的物的股份

（接上页注）Kapitalismus, Grundriss der Sozialökonomik, IV Abt. I Tl., Tübingen, 1925, S. 24 ff.]，在 18 世纪中叶铲除了资本主义发展的所有障碍 [Sombart (Werner): Der Moderne Kapitalismus, Bd., I. S. 327-335]。此外，布伦塔诺在商业、货币贷款以及战争组织（十字军）中寻求资本主义的特征，由此认为资本主义起源于 13、14、15 世纪 [Brentano (Lujo): Die Anfänge des modernen Kapitalismus, Der wirtschaftende Mensch in der Geschichte, 1923, S. 258 ff.]。约翰·霍布森则重视作为资本主义起源的工业革命 [Hobson (John A.): ibid., p. 27]。另外，迪尔在法律制度的变迁中寻求资本主义的特征，由此提出资本主义的成立标志是法国（大革命）的 1789 年、德国承认营业自由的 1810 年、英国废除《学徒条例》的 1814 年的独特见解 [Diel (Karl): a. a. O. S. 8]。笔者着眼于法律状态的变迁，从本书的立场出发，认为与资本主义的本质或起源本身的问题无关，在沿用桑巴特的用语的同时，借鉴历史学家大致预见的 16 世纪为近代初期的观点，将资本主义大致分为三个时期，即：近代资本主义初期是从 16 世纪到 19 世纪初，此间完成了罗马法的继承和法典编纂；高度资本主义时期是从 19 世纪中叶大约到世界大战前；此后进入转折时期。这样的三个区分，极为重视理念型的民法优先、商法优先以及社会法的建立。当然，高度资本主义时期与转折时期如今还没有详细划分，因此，商法优先与社会法的形成还多少有些交错。

公司和其他企业来进行，其人格性被抽象了。甚至在企业主与劳动者之间的关系上也已经看不到任何人格上的协议，而是根据被定型化的规则加以联结。另外，其信用关系也已经不是通过相互知情者之间的人格约定，而是根据客观的规定和被定型化了的形式而产生。然而，这样的经济关系的"物化"，使全部的债权债务关系被"客观化"，任何时候，对此加以占有的新债权人都能够介入该信用关系，特别是通过实行"有价证券"制度使之成为可能。在这里，作为更为重要的有价证券，可以列举出票据、股票、银行券、公债、公司债券、质押证券等。

其次，所谓经济生活的"商化"倾向，是面向全部经济过程的商品交易的消解，或是作为商品交易的关联或从属被表现出来。可以说，这意味着对作为高度资本主义全部贸易中枢机构的"交易所"（die "Börse" als das Zentralorgan alles hochkapitalistischen Handels）之下的全部经济过程的从属。即，与其说是信用关系，毋宁说是一般的债权关系的"物化"，根据其有价证券形态的"客观化"或"动产化"，承担国民经济的交易所化（Verbörsianisierung der Volkswirtschaft）①。

也就是说，伴随着资本主义的高度发展，它开始从自由竞争向其对立面的垄断主义转变。总之，资本主义的生产目的是利润，是尽可能获得"更多"利润，可以说这是资本主义的本能。但是，一方面，通过技术进步使资本向"更加"高级的有机构成发展，占有"更多"的固定资本，这样自然阻碍了自由竞争的作用发挥；另一方面，产业资本与银行资本的关系紧密化，他们厌恶自由竞争造成的损失，有意识地想要废除自由竞争。②

---

① Sombart (Werner): Prinzipielle Eigenart des modernen Kapitalismus, a. a. O. S. 25 ff.

② Hilferding (Rudolf): Das Finanzkapital, Eine Studie über die jüngste Entwicklung des Kapitalismus, Wien, 1927, S. 375 ff.

　　为了促进这样的资本主义的高度发展，首先应该关注的是"股份公司制度"。股份公司组织一般采用的方式有：英国 1862 年的方式；法国 1807 年修改《商法》的许可制度，1867 年采用"设立准则制度"；德国普鲁士先是修改 1843 年的"许可制度"，1870 年又采用"准则制度"，不久后"准则制度"在德国全面普及。股份公司伴随着资本主义的成长，终于成为了资本主义的中轴。特别是根据股份的让渡性、责任的有限性、经营的客观性，通过追求纯粹利润的全面合理化，实现了资本主义社会精神的典型化和凝聚化。然而，通过股份公司的形式，资本家为了通过占有过半数的股份资本来支配企业，强化了向大资本家名下的企业和资本的集中，排除了小企业的竞争。"总之，股份公司是资本主义经济秩序为了集中开拓其发展道路而具备的最为尖锐、明确、优秀的武器。它从生产的增值到或多或少被除外的少量分散财产，产生了一个大的总资本的结合。然而，首先它具有所持股份的让渡性和继承性；其次，与其说它远远超过了其他企业形态，不如说它基本上完全从企业的人的要素中解放出来，具有了永久持续性；再次，从被结合的资本出发为了期待得到配股的限度，对可以处分的资本具有异常的吸引力（Attraktionskraft auf verfügbare Kapitalien）。这样的话，股份公司与其他任何企业形态相比，可以通过增资来满足其增加的信用需要和扩张需要。"[1]

　　因此，作为促进股份公司活动和发展的高度资本主义的中枢机构无非是"交易所"。交易所的功能首先是在各种货币和支票的交换中发挥作用，但不久就成为了股份公司的所谓"拟制资本"（fiktives Kapital）市场。总之，有价证券的流通是所有权的转移，但它并不意味着财产转移而只是所有权的名义上的流通。另外，在这种情况下的资本主义的所有权，

---

[1]　Riesser: Zur Entwicklungsgeschichte der deutschen Grossbanken, 1905, S. 152. zit. u. Hilferding a. a. O. S. 139.

是不与使用价值具有任何直接关系而形成的。这样的所有权的流通市场本身，无非是交易所，于是，所有权的集中过程是与产业的集中过程相独立而在交易所进行的。然而，交易所的交易惯例是，最为广泛的利用信用和限制风险，并且要使最为敏捷迅速的交易成为可能。另外，交易所交易的目的物不论是支票还是股票，都是相互平等、可以代替的，只不过具有量上的不同而已。而且，该交易的缔结迅速敏捷，是一种不要式的交易缔结。[①]

与股份公司、交易所同样促进近代资本主义发展的还有"银行"。银行首先在英国发展，1844 年英国公布了《皮尔银行条例》，接着逐渐在其他大陆国家发展。这种发展从单一的支付媒介到具有集中非活动资本和转化活动资本的功能，这样，银行终于通过向产业融资，导致了对产业支配的状况。通过银行资本向产业资本的侵入，产生了"金融资本"（Finanzkapital）。

于是，银行与交易所促进了企业的集中，而企业的集中又促进了银行自身的集中，这样的相互竞争，促进了大企业化和大经营化，产生了"卡特尔""托拉斯""康采恩"，初期资本主义时代的自由竞争原理终于被垄断所取代，资本主义的崭新面貌呈现在了眼前。

37. 作为高度资本主义法的商法：民法的商法化　商法的自主性与追求利润原则　商法从交易法到企业法

像这样适应资本主义初期发展阶段的近代市民法，伴随着资本主义的高度发展，原本只是作为局部的、为了商人这一特殊职业阶级成员的

---

① Hilferding (Rudolf): a. a. O. S. 148 ff.

特别法的商法，终于在市民法的体系中占据了主导地位，民法在其背后加以推动，或者明显地向"民法的商法化"的未来民法法理转变。总之，商法可以说是被"合法化"了的"经营活动"和"机制体系"，它无非是资本主义精神最直接、露骨的规范化的表现。正如恒藤教授所明确指出的那样，"大概作为个人的自主生存所被要求和承认的条件而被给予的所有权，事实上不得不必然归结为营利经济的形成，因而，伴随着营利经济的一切经济现象，作为合法现象的发生也成为了不可避免的社会命运，即财产法作为附属的法域必须与商法相伴，但正是商法，根据'更加'明确、'更加'自觉的精准的盘算，极为露骨地追求一切私人利益，也就是说，作为有关'私益的法'的私法本质，在商法的领域中表现得最为明显"[①]。然而，商法在资本主义高度发展阶段为何走在了法律生活或法的体系的最前面，通过对商法内容的反省就容易理解了。也就是说，商法的主要内容是由资本主义经营活动的一切必要的、便利的机构所形成的，包括作为资本主义精神最为纯粹的承担者的"股份公司"和其他"营利公司"的法律，以及为了实现利润而将利润形态固定的"票据"和其他"商业证券"或"有价证券"的法律，还包括其他纯粹营利的交易或商业活动的各机构的行为。于是，正是作为高度资本主义最为显著标识的有关票据、股份公司、银行、交易所等的《票据法》《股份公司法》《银行法》《交易所法》等，通过相互协调，可以说构成了作为"高度资本主义法"的全部商法体系。

正如洛伦茨·冯·施泰因明确指出的那样，在市民法体系中民法与商法对立的意义在于，前者是物的自由的个人所有权及其各种契约的法律系统，后者是游离于每一个物之外，从事独自生活的交换价值的法（34）。换言之，民法是关于被固定的财产及其所有权者的法，商法是关

---

① 恒藤恭『法律の生命』岩波書店（1927 年）88 頁、87 頁。

于流通财产及其从事流通者的法，大致可以说，前者主要适用于"不动产"，后者主要适用于"动产"。^①另外，在初期资本主义时代，个人的自由和意愿得到尊重，所有权的绝对性具有重要意义，因而，商法还在民法的背后居于附属的、依附的地位，只具有特别法的意义。但高度分工和自由竞争的激化，以及根据作为其必然转化形态的垄断的发展，在资本主义的发展或高度化的同时，商法终于取得了胜利，法理向尊重本意的意思法定原则的"表示主义"转化^②，有时甚至宁可无视所有权的绝对性，从而确立了促进流通和"交易安全"的法理。这样，伴随着资本主义的高度发展，民法终于开始后退，仅仅被局限于"家族身份法"范围的独自领域。总之，商法领域具有了侵入民法领域而自行扩大的可能性，也就是说，增加了流通财产对不流通财产的侵入，被认为最不适合流通的财产，如土地所有权，也随着登记公信力的确立而动产化^③。作为不动产法的民法，也逐渐影响到商法的各制度，或者破产的商业手续也通过对非商人的涉及，在民事上的社团中采用了商事公司的形式，等等^④，逐渐可以看到民法的商法化^⑤。如已经在《瑞士债务法》中看到的那样，民法和商法的合并也成为了可能。然而，这个民法的商法化现象，是商法对民

---

①　Huvelin (Paul): Histoire de droit commercial, op. cit., p. 79. ポール・ユヴラン著・小町谷操三訳『商法史』有斐閣（1930 年）38 頁。

②　栗生武夫「意思欠缺の抗辯の制限——意思表示法の発達史」法学論叢 23 巻 1 号 43 頁以下。

③　Leist (Alexander): Privatrecht und Kapitalismus im 19. Jahrhundert, Eine rechtsgeschichtliche Voruntersuchung, Tübingen, 1911. 我妻栄「近代法に於ける債権の優越的地位」法学志林（1927 年）29 巻 2 頁以下。

④　Huvelin (Paul): op. cit., p. et suiv. ポール・ユヴラン著・小町谷操三訳『商法史』有斐閣（1930 年）39 頁以下。

⑤　Riesser (Jakob): Der Einfluss handelsrechtlicher Ideen auf den Entwurf eines bürgerlichen Gesetzbuches für das deutsche Reich, 1894 ; Heymann: Die Beziehung des Handelsrechts zum Zivilrecht, 1932.

法取得的胜利，意味着商法原理征服了整个私法。[1]

如上所述(14)，商法首先作为民法债权法的特别法的分化，虽然在民法中保持其存在，但伴随着资本主义的高度发展，商法终于取得了胜利，获得了相对于民法的优越地位。也就是说，从商法的民法债权法开始的分化，首先是以财产交易和劳务交易的统一体为对象，并从这一观点出发构想债权法的交易法的法理，它不适合商法的集团定型交易或非特定的迅速交易关系的规律，自然要求特别的法域的分立。然而，随着资本主义的高度发展，有价证券、股份公司、银行等在社会经济中的意义变得重要，以及交易关系中自由竞争的逐渐丧失，商法的重要性从交易法的层面向组织法的层面转移。然而，商法自主性的实质基础，可以说是其法律关系的营利性色彩[2]，即"追求利润的原则"是贯穿于商法的原理。因而，在商法上所谓行为法与组织法的对立，其结果是组织法也不可避免地建立在追求利润的原则之上，这一点反映了其特征。也就是说，初看上去原理相悖的两个法系，通过在追求利润原则下的合体，形成了单一的商法法域。商法包含了具有社会性的企业法或组织法，同时其中又不包含社会法的经济法，这是由于统括商法全部法域的追求利润原则的影响所造成的。

据此，"禁止不正当竞争原则"成为了商法法域的内在原理，与其说其没有任何积极的意义，毋宁说它只不过意味着谋求对例外的病理现象的消除，以确保最终无障碍地实现对普遍利润的追求。

然而，上述的从行为法到组织法的重点转移，成为资本主义高度发展阶段的商法的特征，预示了商法与社会化经济法的关系，如后述那样

---

[1] 田中耕太郎『「民法の商化」と商法の自主性』法学協会編『法学協会五十周年記念論文集（第2部）』法学協会（1933年）423頁。

[2] 同上书，第447頁。

(68)，正是基于这样的状况，学者们之间对市民法体系的思考与关联认识，是试图在经济法中构想商法 [1]。

38. 资本主义的半公共性质组织的经济化：
桑巴特资本主义经济制度的形态变化
从自由的个人秩序到统制的法律秩序

资本主义如此高度化发展，一方面在从自由竞争到垄断的发展过程中形成了少数人的统治，使人们终于不再期待作为自由法理体系的市民法得到全部规范意识的支持；另一方面，特别是基于在社会经济组织中处于不利境地的无产者或劳动者的阶级自觉，以及由于资本主义的高度发展暴露了其弊端，使曾经全面支持资本主义发育期和鼎盛期的社会一般规范意识最终丧失了，因此，作为资本主义社会之法的市民法，与社会现实的规范意识之间，终于缺乏了紧密的结合，将来不得不通过超越和修正市民法法理来形成规范意识，使市民法法理在未来发生转变。

关于这样的资本主义转变或后期资本主义的特征，桑巴特在 1928 年苏黎世"社会政策学会"所作的演讲中认为，资本主义的转变是从三个方向进行的，即首先是资本主义经济制度的地域传播；其次是老牌资本主义国家的资本主义经济制度相对于其他经济制度的关系转移或支配意义的变化；第三是资本主义经济制度自身结构的形态变化。必须从这三个

---

[1] Nussbaum (Arthur): Die Auflösung des Handelsrechtsbegriffs, in Zeitschrift für das gesamte Handelsrecht und Konkursrecht, 76 Bd., Stuttgart, 1915, S. 325 ff.

方面进行观察。①

首先，关于第一点即资本主义经济制度的地域传播。桑巴特在谈及亚洲、非洲新兴资本主义的同时，认为未来资本主义将不断进行技术改良，经济过程的合理化进程是毋庸置疑的，然而，未来的劳动生产率也不会像过去一个世纪那样急速增长。总之，桑巴特悲观地认为，财物加工、流通、商业中技术和组织化的进步，只不过具有次要的意义，劳动生产率本质上根据原始生产的生产效率加以规定，并且它没有显示出应该进一步提升的前景。②

其次，关于第二点即老牌资本主义国家的资本主义经济制度本身受到改变的问题。在这种改变中，其外在形态与内在形态相区别。从外在形态来看，第一个特征可以列举出资本和经营的集中，"卡特尔"和"康采恩"的形成，更大规模的个别企业的联合，等等。向外转换的另一个特征是，我们在新的封建制度下，即根据资本与劳动力使用人，生产者与消费者，大经营与小经营，大股东与小股东，可以认为他们以各种方式被带入一个庞大的、从属性的组织中。与此同时，"权钱支配"（Plutokratie）和"金融政治"（Finanzokratie）得到了发展。经济以及由此产生的资本，即以"金融资本"为名的大资本支配着世界，德国的政治家可以说像做体操那样舞蹈起来，所有的欲望都是要最完全地实现资本主义的理念。于是，许多观察者认为资本主义不但没有到达末期，反而是站在了高度资本主义的入口处。但是，桑巴特认为，现实的老牌资本主义在经济意愿或"主观精神"、秩序、过程即技术的形成等三个方面，显示

---

① Sombart (Werner): Die Wandlungen des Kapitalismus—Vortrag, gehalten auf der Tagung des Vereins für Sozialpolitik zu Zürich am 13. September 1928, Weltwirtschaftliches Archiv—Zeitschrift des Instituts für Weltwirtschaft und Seeverkehr an der Universität Kiel, herausgeg. v. Harms 28 Bd., Jena, 1928 II, S. 244 ff.

② Sombart (Werner): a. a. O. S. 245 ff.

出了内在结构的转变。[①]

一是，经济意愿或主观精神在现实中发生本质转变。所谓的资本主义精神表现为，非合理主义与合理主义、投机与计算、企业精神与市民精神之间极其强烈的紧张关系。然而现在这种紧张关系终于显示出了缓和的迹象。总之，出现了资本主义精神的"极度合理化的浸透"（Durchrationalisierung），这样的被完全合理化的精神，已经不是什么资本主义的精神了，这种转变现在已经一个个地被列举出来。[②]

二是，秩序成为经济制度的第二个组成部分。与资本主义相适应的秩序，特别是法律秩序，是"自由的个人主义的秩序"（die freie individualistische Ordnung）。不论过去还是现在，这都是一个适当的原理。即，最近帝国法院判决认为"德国民法典是与其制定时的状况相适应的个人主义原理的确立"，这是正确的。然而，这样的自由的法律秩序，现在在概念上正在向"被约束的法律秩序"（eine gebundene Rechtsordnung）转变。它一方面意味着具有国家性质的约束，另一方面意味着自律的约束。

也就是说，企业主终于通过经营、"卡特尔"以及其他官僚化（Bürokratisierung）组织，建立了自主自律的约束体系。另外，货币市场中也在进行同样的自律的约束。[③] 而且，企业主在此情况下建立的约束，是作为国家的约束而被体现的。我们想逐渐将其范围扩大到劳动者保护、劳动者保险、价格统制等方面。比如根据德国的《卡特尔条例》，国家的经济大臣具有对"卡特尔"所决定的价格提出抗议的权利。再有，我

---

① Sombart (Werner): a. a. O. S. 248, 249.

② Sombart (Werner): a. a. O. S. 249.

③ Singer (Kurt): Prolegomena zu einer Theorie des Geldmarktes-Schmollers Jahrbuch für Gesetzgebung, Verwaltung und Volkswirtschaft im deutschen Reiche, 52. Jg. München u. Leipzig, 1928, 1 Halbb. herausgeg. v. Arthur Spiethoff, S. 1. ff.

们从劳动者一侧出发，通过工厂委员会、劳动组合、团体协约*等看到了对企业主的约束。劳动关系终于具有了官吏关系的性质，而工薪劳动者在其活动受到超过个人规定而被管制方面，也变得越来越具有官吏性。劳动工资也根据外部经济和外部市场的契机 (nach außer wirtschaftlichen, außer marktmässigen Momenten)，就像官吏的俸禄那样被决定。随着标准生活工资理念的引入，工资的决定方式形成了与以往不同的官吏关系。另外，即使失业也能继续获得失业金，如果残疾、衰老的话，也能像官吏那样领取养老金。然而，当企业家和劳动者以工作伙伴关系的形式 (Werksgemeinschaft) 联合起来从事共同活动时，就会实现最强有力的劳动关系约束形式。

三是，伴随着这样的经济意愿和秩序的转变，可以看到经济过程也在发生转变。即，全部的经济过程相对于以前的自然过程，如今表现出了人为的干预体系。曾经的动态组织被静态组织所代替。根据供需关系决定商品价格、劳动工资、利润的旧的"市场机制"被废弃，取而代之的是不考虑市场的景气状况而根据"卡特尔"的价格、劳动工资、利润等进行的规制，或不考虑经常自然生成的合理主义而表现为通过国家或公共团体进行干预的规制。与此相关联，旧的高度资本主义特有的显示上升或下降节奏的"景气扩张"(Expansionskonjunktur) 被排除。也就是说，高度资本主义通过景气升降及转换带来了繁荣，但如今在合理化的统制的干涉下，未来将不会期待只有在高度资本主义时代才特有的景气形态。甚至在另一方面，资本积累的减少、技术进步的迟缓以及人口增长的减退，显示出了经济发展过程趋缓的倾向。[1]

再次，关于第三点即资本主义经济制度自身结构的形态变化，如

---

* 即集体合同，下同。——译者

[1] Sombart (Werner): Die Wandlungen des Kapitalismus, a. a. O. S. 250, 251, 252.

果说到有关资本主义制度的支配转化的话，与马克思·韦伯的社会一元主义（Sozial-Monismus）相对，桑巴特站在社会多元主义（ein sozialer Pluralismus）的立场，认为社会的发展并不是通过一种经济制度将其他制度驱除出去的方法，反而是在该经济制度中可以看到其他制度的存在，可以说经济的发展是作为"融合"（Fuge）而实现的。这样，未来经济的发展也可以认为是通过与资本主义其他经济制度的并存来实现的。也就是说，全部的"前"资本主义的经济制度（die vorkapitalistischen Wirtschaftssysteme），如今不只是残留了手工业、农业等，该经济制度的重要性并未减弱。与此同时，"后"资本主义的各项制度（die nachkapitalistischen Systeme），如共同组合的经济制度、国家以及公共团体企业、公私混合企业等被全部加以明确展示。而这些后资本主义制度越来越增加了其重要性。总之，正是存在着这样"融合"的意愿，因此在其背后，严格存在着寻求这种强大社会经济生活的各种实际势力。也就是说，贫困的消费者与工薪劳动阶级，正在将他们的利益寄托在后资本主义制度上。然而他们的实际势力在未来不会减少，所以这种后资本主义制度不可能衰退。相反，它在将来不只是存在越来越广泛的"融合"意愿，而且还会越来越多地实现自己的目标。①

这样桑巴特对有关资本主义的转变以及后资本主义的各种标志进行了论述。总之，根据他的观点，资本主义的组织是"纯粹官僚的形式主义管理"（ein rein bureaukratischer Verwaltungsschematismus），在增加了内部约束的同时，还从外部逐渐开始了共同社会所要求的统制，半公共性质的组织通过代替自由企业，体现了对其进行的一种约束。进而在企业内部，工薪劳动者阶级的势力逐渐增大，适应资本主义的经济专制主义形式向立宪主义性质的组织转变，总之，共同经济或共同主

---

① Sombart (Werner): a. a. O. S. 253, 254, 255.

义的原理在向资本主义经济渗透。[①] 这样，资本主义终于丧失了其优势
（Vorherrschaft），逐渐受到更多的公共权力的制约与干涉，可以说其"自
然主义的存在志向"（seine rein naturalistische Daseinsweise）逐渐通过更多
的"规范的理念"（normative Ideen）被加以贯彻。[②]

这样，市民社会或资本主义社会的变形，不能不给原本的法律生活
带来重要影响。然而，法律生活的变形只不过意味着市民法的转变。

39. 20 世纪民法中市民法转变的具体表现： 德国民法典 苏俄民法典的特征

从一般性质来看，与《法国民法典》、《德国民法典》第一稿草案等 19
世纪民法相对照，20 世纪民法典的代表可以列举出 1900 年开始施行的
《德国民法典》（Bürgerliches Gesetzbuch vom 18. August 1896）、1907 年制
定的《瑞士民法典》（Schweizerisches Zivilgesetzbuch vom 10. Dezember 1907
u. Schweizerisches Obligationenrecht vom 30. März 1911）以及 1923 年施行的
《苏俄民法典》等。而我们之前对作为 19 世纪纯粹民法典类型的《德国民
法典》第一稿草案进行了呈现，基于与此相同的意愿，在这里作为 20 世
纪纯粹民法典的类型可以选择《瑞士民法典》吧。

关于《德国民法典》在 20 世纪民法典中的性质，虽然已经有相关的
学说，但以一个例子来说明的话，《法国民法典》自始至终只是保护所有
权，还没有自觉认识到雇佣契约或劳动契约的重要性，它承认有关不动

---

① Sombart (Werner): Prinzipielle Eigenart des modernen Kapitalismus, a. a. O. S. 26.

② Sombart (Werner): Das Wirtschaftsleben im Zeitalter des Hochkapitalismus, II Halbb., 1927, S. 1012 ff.

产买卖可因误解而解除，而对于与无产阶级利害关系最多的契约特别是劳动契约所产生的许多误解却没有任何考虑，尽管设立了很多有关租赁的规定，但关于劳动契约方面的规定极为匮乏，只存有两条，而且其中的第 1781 条还是关于举证责任的，规定了雇主与雇员之间极不公正平等的举证责任。[1] 并且，还没有自觉意识到雇佣契约的特殊性，将作为劳役的租赁与物的租赁相提并论，这样的构想没有脱离陈习旧套。另外，《德国民法典》第一稿草案也完全立足于雇主本位的观点，仅存有 8 个条款，根据这些规定无法解决雇佣关系上任何重要的争论问题，结果，在实力关系上成为强者的雇主，其专横恣意的行为被法律所容忍或被正当化。但是，《德国民法典》大概是受到门格尔等人对草案稿的批判所带来的刺激[2]，对有关劳动者保护作了一些积极的规定，不仅仅是加倍保护的规定，还自觉明确地从劳动契约的继续性之性质出发，设立了有关解约告知的详细规定（§620fg）。另外对于其他雇主来说规定了一些义务，比如在维持基本生活的继续的雇佣关系下，对劳动者患病时的救护义务，以及雇主对劳动者提供保健设施的义务（§617），禁止以契约为由预定废除和限制这些义务（§618），等等，增加了很多保护劳动者的规定。[3] 另外《德国民法典》相对于《德国民法典》第一稿草案的自由行使权利原则，确立了普遍的"禁止权利滥用原则"（§226）。[4]

　　与近代市民法或 19 世纪民法典形成最为显著对照的是《苏俄民法

---

[1] Pic (Paul): Traité Élémentaire de Législation Industrielle—Les Lois Ouvrières, 6. éd., Paris, 1931, p. 604, §879.

[2] Menger (Anton): Das bürgerliche Recht und die besitzlosen Volksklassen, 5. Aufl., Tübingen, 1927, S. 160 ff.

[3] Stammler (Rudolf): Die Bedeutung des deutschen bürgerlichen Gesetzbuches für den Fortschritt der Kultur, Halle a. S., 1900, S. 23 ff. Oertmann (Paul): Die volkswirtschaftliche Bedeutung des bürgerlichen Gesetzbuches für das deutsche Reich, Frankfurt a. M., 1900, S. 64 ff.

[4] 末川博『不法行為並びに権利濫用の研究』岩波書店（1933 年）358 頁以下。

典》。然而,《苏俄民法典》这一名称虽然被视为市民法,但已经不是作为市民阶级本位法的市民法了,倒不如说在本质属性上超越了市民法。总之,《苏俄民法典》与传统市民法的原则完全相反,可以说昭示了以劳动阶级为本位的原则,这是因为,它无外乎是 1918 年 1 月《被剥削劳动人民权利宣言》的表达,这应该与《法国民法典》形成对比,后者是《人权宣言》的制定法的表达。然而,《苏俄民法典》是在采取新经济政策的基础上颁布的,就其法理表达本身而言,在某种意义上,它仍然拥有市民法的一般特征,因为它限制了极端的理想主义观点,比如"拒绝保护违反社会和经济目的而行使私权的原则"(第 1 条),"否认超过一定限度的继承权的原则"(第 416 条)等等,这应该被理解为包含了市民法法理转变的内容。[1]

关于《苏俄民法典》,还应该注意的是其体系的特殊性。也就是说,在形式上按照传统的编纂体例,以总则、物权、债权、继承的顺序排列,但如其第 3 条所明示的那样,它不包括与农业关系、因劳动雇佣而产生的关系以及家族关系等相关的立法。在这里,亲族法以及其他作为市民法上的雇佣契约所呈现出的事例是,规定的有关劳动契约以及土地的所有权、用益权、处分权的法律行为的各项规范,是建立在与市民法本质不同的原理之上的,因此不适合作为民法典的成分。[2]另外,民法典在其债权编中包含了公司、保险等商法规定,其他值得特别关注的是,实现了有关国营"托拉斯""辛迪加"等所谓经济法的特别法化。

---

[1] 末川博『ソヴィエトロジヤの民法と労働法』改造社(1926 年)23 頁以下。

[2] マゲロワスキー編纂,山之内一郎・北村純雄訳『ソヴェート法論 第 2 巻 婚姻および親族法・経済法』希望閣(1931 年)43 頁以下。

40. 作为 20 世纪民法典型的瑞士民法典：其雇佣契约 规定的进步性质 人格性及共同社会观念的强调

《瑞士民法典》于 1907 年 12 月 10 日颁布，1912 年实施。但如上所述，其不论是在"形式上"意味着将商法包含在债务法中，还是在"实质上"包含了法理观念的进步性质，值得注意的是，它是 20 世纪民法的典型，代表了近代市民法的真正转变。也就是说，以人格法、家族法、继承法、物权法四篇构成的 1907 年法，与对 1881 年旧《债务法》进行修改的 1911 年新《债务法》合并，构成了全部市民法的体系。这个所谓的旧《债务法》是根据《婚姻法》（1874 年）制定的，目的是在以前各州之间划分的民事立法方面部分确立联邦立法权。在这里，已经更早地着眼于民事交易与商事交易的相互影响，《债务法》与《商法》合为一体。这的确是在更为进步的形式上，并且是在完全适应现代法律生活所要求的方法上进行的构建。此后，通过联邦立法权的扩充，对一般的私法典加以立案，《债务法》也做了修改，1911 年公布了新《债务法》。《债务法》修改的重点主要是使其适应 1907 年的《瑞士民法典》，但最引人注目的是增加了有关雇佣契约的详细规定 [1]，这是对上述《德国民法典》的雇佣契约规定的进一步发展，它将已有的成为劳动法重要内容的一些进步规定编入其中，如劳动就业等条例（Arbeits-oder Hausordnung §321）、团体协约（Gesamtarbeitsvertrag §322fg.）、典型劳动契约条款（Normalarbeitsverträge §321）、对贫困劳动者的工资提前支付义务（Vorschuss）（§334）、雇主

---

[1] Tuhr (Andreas von): Allgemeiner Teil des schweizerischen Obligationenrechts, 1 Halbb. Tübingen, 1924, S. 1ff.

预防危险义务（§339）、工资抵偿借贷的限制（§240）、解约告知期限（Kündigungsfristen §347fg.）等。这样的话，这些规定中包含的法理已经超越了传统的市民法法理，据此，预示着超越市民法体系而分化或形成独自的法域或法系的趋势。这样，我们可以认为，洛伦茨·冯·施泰因所指出的市民法体系的分化，恰如在瑞士《债务法》中，一方面是在债务法中吸收商法，换言之是在商法中消解债务法，或者是市民法体系的重点向商法转移，另一方面，是劳动法与民法或市民法体系的分化等，在某种程度上已经找到了其制度上的实证吧。

另外，与瑞士市民法这样的传统市民法相对照，最应该关注的是这里采纳了人格性以及共同社会的观念。即，为了尊重第三人以及共同社会的利益，要抑制个人对私人利益的追求，较之其他所有立法，人格性的观念在该法中得到了体现。另外，强调保持公共利益即公共社会的观念，特别是在这个法典中可以看到增加了许多公法的规定。[1] 采用了共同形态（Gemeinderschaft）、农地继承权（bäuerliches Erbrecht）、相邻权、水利权等现代农业法的原则，从产业政策的观点出发，限制子女的遗产份额和债权继承人的地位，制定了不动产交易以及抵押等有关规定。另外，从社会政策的观点出发，还制定了建筑法，形成了保护人格的婚姻法，以及制定了儿童和私生子保护等规定。[2]

除此之外，《瑞士民法典》还确立了"禁止权利滥用原则"（§2），自觉对有关所有权加以限制（§641.§667ff.），承认对雇佣契约上规定的广泛的契约自由的限制（OR. 21），以期保护社会经济弱者（insb. §27 II）。但其中最应该加以重视的特征是，它明确认识到了法典带有的缺陷性

---

[1]　Egger (A.): Das Schweizerische Zivilgesetzbuch vom 10. Dezember 1907, Allgemeine Einleitung, 2. Aufl., Zürich, 1928, S. 33.

[2]　Egger (A.): a. a. O. S. 33.

（Lückenhaftigkeit），并自觉对此进行规制。即，首先在对习惯法、判例法等制定法以外的法源的有效适用性加以确证之外（§1），规定法官应该根据诚实信用（Treu und Glauben）原则决定法律关系的内容（§2），它还采用了一些非技术性概念、非决定性的弹性表达方式或所谓的"白地规定"（Blankettnormen）①，这些最终应该委托给法官的公平裁量（§4）。这与《法国民法典》否认判例法的形成（Code civil, Titre préliminaire Art. 5），以及《德国民法典》第一稿草案否认习惯法的自主效力的观点（Entwurfe Art. 2），形成了极为鲜明的对照，它意味着对成文法万能主义或法典独断的自我完结性的部分放弃或让步，而这正是近代市民法所依据的基本原则之一。

41. 近代市民法上各项原则的根本转变：从尊重本意、意思法定原则向尊重意思表示、交易安全的法理转变　从自由人本位的法理向商人或商人社团本位的法理转变　从自由行使权利原则向禁止权利滥用法理转变　从契约自由原则向限制契约自由的法理转变　从债权的租赁权向限制所有权的转变　从遗嘱自由向遗嘱限制的转变　从债权人本位向债务人保护的转变　从个人过失责任的法理向无过失赔偿责任的转变　强调公序良俗与诚实信用原则　市民法转变的形态

以上对 20 世纪民法典中已经实现了的近代市民法的转变进行了概述，但近代市民法的转变，毋宁说鲜明地显示出了根据判例法的形成和

① Egger (A.): a. a. O. S. 28.

特别法的制定，而对传统市民法的法理原则所做的超越或修正，通过诸学者对私法发展变迁的论述，具有了重要的法史演变的意义。^① 也就是说，从上述的尊重本意、意思法定原则向尊重意思表示和交易安全的法理转变，或者只是从自由人本位的法理向商人或商人社团本位的法理转变，从自由行使权利原则向禁止权利滥用法理转变，从契约自由原则向限制契约自由的法理转变，从买卖破坏租赁原则向买卖不破租赁的法理转变（与债权的租赁权相比向"时间上受到限制的所有权"的转变），从遗嘱自由原则向遗嘱限制的法理转变，或者，从债权人本位的原则向债务人保护的法理转变、从个人过失责任的法理向无过失赔偿责任的法理转变，又或者，强调公序良俗和诚实信用的诸原则，等等，这些都构成了近代市民法的各项原则在未来的全面转变。

在近代市民法各项原则的转变过程中，应该特别注意的是，这些原则的转变，如已经预示的那样（30.31），或者比如说从绝对所有权原则向限制所有权的法理转变，从契约自由原则向限制契约自由的法理转变那样，作为对所有权制度以及契约自由制度的自身反省，所有权只有被法律所承认才能在法律范围内存在，由此，被限制的所有权是其本质的形态，或者，与两个当事人在被视为对等的实力关系下有效适用契约自由原则相比，在产生实力关系强弱差距时，为了保护弱者而需抑制强者，等等，作为市民法法理内容的纯粹化，这样的各种原则的转变被不断实现。又或者，比如说近代市民法强调公序良俗法理、禁止权利滥用法理，与其说这具有从属的或辅助的意义，倒不如说，反而在确保市民法原理

---

① Duguit (Léon): Les Transformations générales du Droit privé depuis le Code Napoléon, 1912. 2. ed., Paris, 1920. Hedemann (Wilhelm): Die Fortschritte des Zivilrechts im XIX. Jahrhundert, I T1., 1910. II T1., 1930. Capitant (Henri): Les Transformations du droit civil français depuis cinquante ans. Lenhoff (Arthur): Wandlungen des Privatrechts, Zeitschrift f. Soziales Recht, 3. Jg. N. 3, 1931, S. 135 ff.

的有效贯彻实施中，应该通过提高各种法理的主导地位，实现其作用发挥。另外，如上所示，以前只是具有从属的辅助意义的商法，获得了体系上的主导地位，或者在法律生活中走到了作为辅助法的诉讼法的前面(11)。又或者，近代社会最终只不过成为了市民法或私法的外壳，可以说，就像为了确保私法功能的发挥而使公法的规定有所发展那样，其无非是全部市民法在体系上转变的表现。像这样在市民法法理转变过程中看到的特有形态，源于作为抽象的、形式规范的法律的普遍性质，但在这样的转变过程中，一定程度上，作为对这种同一原则的转义或根据体系上的意义的交替，市民法在形式上呈现和保持了同一性的外观，因而，市民法的显著转变是不容忽视的。总之，法律在成为形式上的抽象规范的同时，特别要充分肯定其成为经验的、历史的规范的本质，应该懂得，只有基于这样的自觉，我们才能充分追寻法律发展的足迹。

九 古代、中世纪与社会法

42. 罗马时代与罗马法：古代资本主义与奴隶制度

关于社会法的发展，在中世纪以前并没有积极的意义。但到了罗马时代，已经显示了资本主义一定程度的发展，因而，可以想象在某种程度上已经具有了培育社会法的社会条件。另外，说到中世纪的日耳曼法，近代市民法正是在与日耳曼法相对照的过程中，确立了自己的法理，所以在某种意义上，可以想象得到再次出现与市民法相对照而形成具有社会法性质的内容。因此，回顾社会法的发展，暂且面向古代、中世纪的法律状态，不会被认为是毫无意义的吧。

罗马建国后不久就进入了农业经济时代，随着国家权力的增大，家族取代了氏族，在家长的支配下拥有了以前氏族的共有土地。氏族的消灭和家族的发展给经济发展带来了显著影响，家族作为自给自足的经济体，由于剩余产品较少，自然而然地产生了在家族之间进行生活资料交换的必要，这样就出现了交换经济与货币。进而，受公元前 3 世纪迦太基战争的影响，古代资本主义开始萌芽，特别是罗马国对所征服的各国进行掠夺，要求它们缴纳贡赋。于是，一方面，在罗马人的保护下，商业急速发展，导致了货币的集中，结果使货币购买力下降，中产阶级逐渐衰落；另一方面，为了向国家提供各种贡赋和由于军费开支，促进了大资本的集中，可以看到通过大资本带来的产业发展。这样罗马的古代法不能适应如此急速发展的复杂的商业交易的实际，导致了使法律发生重大变化的各种经济条件的产生。

最为鼎盛时期的罗马的经济状态，与近代资本主义时代相对照，具有作为古代资本主义时代的特征和性质。[1] 当然，经济和技术的发展，还没有达到形成近代产业革命那样的近代机械水平，因而，其发展程度基本还处于幼稚阶段，但它主要显示了通过奴隶所带来的生产力的显著提高。这样，都市经济发展中的制造业者，终于开始从根据订单生产到面向市场生产，连中南半岛都已经可以看到通商所产生的惊人的商业发展。由于物资生产主要通过奴隶劳动进行，因而，通过战争在使奴隶增加的同时也使生产得到了高速增长，为使财富积累成为可能而促进财富的集中，通过越来越多的大资本和大生产带来了财富的增值。通过奴隶的生产力带来的经济的异常发展，以及通过战争征服而开拓世界市场，产生了令人瞩目的古代资本主义时代。与这样的经济社会发展阶段相适应，可以看到罗马法体系的完成，仿佛近代市民法时代那样的法律状态出现在了眼前。那个著名的查士丁尼大帝的罗马法典的编纂，是在较晚的罗马末期，但罗马法的实体，是作为适应这个罗马资本主义的鼎盛期而被培育成型的，法典的编纂反而可以说是在已经丧失了这样的经济条件的时代被复兴的。

在公元 2 世纪左右，高速的经济发展状态使个人主义开始盛行，自古以来的家族的结合关系终于出现了松散。与此同时，国家权力的增大导致了专制主义，雇工以及奴隶所生产的过剩产品积压滞销，生产萎缩，购买力下降，这样经济危机的各项指标暴露和激化，导致了社会的普遍贫困。[2] 由于货币价值的明显下降，货币经济开始发生动摇，并走向了衰败的命运。为了防止货币贬值，政府采取了限制商品和劳

[1]　Weber (Max): Wirtschaftsgeschichte—Abriss der Universalen Sozial-und Wirtschaftsgeschichte, 2. Aufl., 1924, München u. Leipzig, S. 287 ff.

[2]　船田享二『羅馬法』刀江書院（1930 年）39 頁以下。

动力价格，抑制物价飞涨，对违反货币固定市场价格进行交易者施以死刑等措施。然而，所有人为的政策都未能奏效，还导致了商业交易的封闭、工业的衰退、信用的丧失，出现了再次向物物交换时代逆转的状况。这样，在4世纪末，佃户被固定在领地上成为了农奴，工匠成为了管理委员会（collegium）的奴仆。市民的职业受到限制，专制的特权可以世袭，违背特权意志的人将被处以刑罚。由于个人只能通过自给自足维持其生活，以及存在损害工商业的严苛税制和奴隶的劳动生产率低下，破坏了生产与消费的均衡，带来了极度的经济低迷，失业者和贫民在罗马拜占庭集聚，增加了国家的救贫费用，各种财政困难纷至沓来。这样，一时极为繁荣强盛的罗马古代资本主义衰弱了，不久，都市也在西部崩溃了，在5世纪又完全返回到了昔日家族经济的时代。因而，与个人的自由相比，人们反而更倾向于保全自身安全而从属于权门势家或团体之下，罗马已经回到了它的起源时代，现在才开始向中世纪回溯。

43. 罗马法上不存在社会法：对自由劳动的蔑视　罗马法的性质与社会法

繁荣昌盛的罗马为何衰亡了呢？可以列举出各种原因，但如果从经济关系方面加以论及的话，是因为抑制了奴隶对全部生产力的创造吧。奴隶在这里被作为物来对待，但可以说，奴隶同时承担了近代资本主义时代的机械和劳动者的双重作用。罗马通过不断征服邻国，使奴隶的供给源源不断，罗马的资本主义开放出了鲜艳的花朵。但是，由于奴隶的供给渠道逐渐封闭，奴隶的劳动生产率低下，而且奴隶最终不是机械而是劳动者，要求人的自由与被视为物之间的矛盾使奴隶制度不能维持，奴隶制度在成为罗马经济基础的同时，也带来了古代资本主义衰败的结果。

如上所述，罗马的生产劳动主要是由奴隶提供的，奴隶被等同于物，奴隶的租赁与家畜的租赁一样被认为是物的租赁，因此，在法律上，为他人提供奴隶劳动以获取工资的契约标的物是奴隶本人，而劳动被视为他作为奴隶这个物的成果。因此，即使后来允许自由人签订契约提供自己的劳动力以获取工资，但在法律上，他们仍然被视为奴隶劳动，被视为物的租赁。而当一个自由人租赁自己的劳务时，契约标的物不是人本身而是劳务本身，因此被称为劳务租赁（locatio conductio operarum）。然而，这种租赁的目的，可以说仅限于像奴隶劳动这样的令人唾弃的不自由的劳动。①

在这样的罗马时代，不尊重自由劳动，反而实行地位低下的奴隶的劳动政策，它不是通过劳动来行使权利，反而可以认为是一种劳役，这样在各种职业中强制进行劳动，从事这些劳动的人被称为工匠奴隶。因此，对有关工匠以及被雇者的物质或精神的条件，原本就没有试图做任何考虑。劳动者成为了奴隶，所以是雇主的物，因而，他们被雇主残酷使用，而雇主几乎不受任何惩罚。如果罗马的为政者尊重劳动，不是单纯强制劳动，而是认识到不损害个人的自由，有必要通过社会法的保护立法去改善农村和都市劳动者的条件的话，就会阻止罗马资本主义的如此衰退或停滞吧。但是，衰败的命运还是降临了，罗马拜占庭的社会也好，皇帝也好，当局者也好，没有深入探究古代资本主义如此灭亡的原因，只是固执地一味采用这些奴隶劳动政策，结果加快了灭亡的命运。②

① Gierke (Otto von): Die Wurzeln des Dienstvertrages—Festschrift für Heinrich Brunner, Zum fünfzigjährigen Doktorjubiläum am 8. April 1914, München. u. Leipzig, 1914, S. 39. 末川博「雇傭契約発展の史的考察」法学論叢 5 巻 5 号（1921 年）72 頁以下。

② Pic (Paul): Traité Élémentaire de Législation Industrielle-Les Lois Ouvrièes, 6 éd, Paris, 1931.

罗马法一般被认为是意思自治的法，是个人本位的法，换句话说，是自由意志不受任何约束的完全独立的人格者的法。在那里，所有的权利因人格者的愿望而被给予，所有的义务也只因其容忍和承诺而被赋予。这是一部仿佛为作为世界都市的罗马的市民而制定的法，成为古代资本主义的纯粹的法理表现。而且，罗马法还根据罗马特有的法官阶级的发展和成文法源的优越地位，完成了极为严密精致的法理技术。[①] 因此，近代资本主义没有必要烦劳自己制定法理体系，而是通过继承罗马法作为自己近代市民法的基础，所以，它在这样的罗马法的性质中受到约束。而所谓的社会法，无非是在与受到罗马法性质限制的近代市民法相对照的过程中，显示了自己的法理体系，所以，在罗马法中不能找到社会法的内容，这是不言自明的。但我们看到，在罗马法末期已经有了形成社会法或劳动保护法的必要的社会经济条件，然而当时的为政者也好，社会也好，还没有这样的意识，这样一来，显示了法理的惊人发展的古代罗马法，不久便将其地位让与了中世纪日耳曼法，其身影从法律史上的一页中自行消失了，这样的事态有必要加以特别记载吧。

44. 中世纪法：日耳曼部族法　伙伴忠实法

代替罗马人成为中世纪世界主人的日耳曼人，在公元前已经与罗马帝国发生了冲突，而他们的居住地是在欧洲的森林地带和河流旁边，作为半定居的农业部族从事谷物栽培。由于其经营方式是极为粗放的换地

---

① 橋本文雄「習慣法の法源性」東北大学法文学部編『法学論集：十周年記念』岩波書店（1934 年）51 頁以下。

栽培方式，加之自然灾害的影响，日耳曼人被迫南下寻求新的土地。在
4世纪罗马帝国被分裂为东、西帝国以后，西罗马帝国遭受日耳曼人的
入侵而灭亡，建立了日耳曼人的王国。东罗马帝国幸运地没有成为日耳
曼人的主要侵略对象，直到十字军到来之前保留了其命脉。

　　中世纪的法律状态相对于古罗马时代，具有了作为日耳曼法的时代
特征。当然，并不是在大约十个世纪中一直处于同样的法律状态，从5
世纪到9世纪为部族法时代，10世纪到12世纪为封建法时代，13世纪
到15世纪为都市法时代，这样的划分是恰当的[①]，它们呈现出了相当不
同的形态。

　　所谓部族法时代是日耳曼人驱逐罗马文明、建设自己国家的动荡时
代，经济生活尚不稳定。如上所述(42)，在罗马末期，出现了奴隶经济
衰退而转向农奴经济的特征。所谓的农奴制度，是对被视为物的奴隶，
在回收了其半数人格的同时，又通过在新的土地上使其承受束缚而形成。
这样，在农村，耕作土地的人是领主的部下，或者有的人作为比较自由
的自耕农而劳作，但其中的大部分人都是农奴。在都市，完全回到了昔
日的家族经济时代，一旦发生危险，立即集聚于城堡避难，人们隶属于
世俗的或宗教的领主，只顾自身安全而抛弃了个人的所谓自由。因而，
在部族法时代原本就看不到社会法的法理。但是，这个时代的法律状况
终于在所建立的封建法中成型了，我们在封地法以及行会法的形态中看
到了与社会法相类似的法型。部族法把这种法理模糊地体现在重视同伙
之间的忠实和互助的时代规范意识中，即在伙伴忠实法中孕育了这样的
法理胚胎。[②]

---

① 栗生武夫『中世私法史』弘文堂書房(1932年) 2 頁以下。

② 同上书，第16页。

45. 封建法: 封地法　庄园法　寺院领地法
中世纪封建法的特征　对主人的忠勤与随从者
保护法　拉德布鲁赫的封地法与社会法的相似性
基尔克的作为雇佣契约起源的忠勤誓约

在罗马的旧领地上建设新王国的日耳曼各国王, 按照军功给臣下封地(Benefizium), 臣下命令农民劳作和进贡。普通人也是一样, 他们不堪忍受交通的困难、旅途的不安以及饥饿、疾病、战祸的灾难, 自己提供劳务或者进贡自己的土地或农产品, 以求得领主或其陪臣的保护。

这样, 领主越来越强化了其专制权力, 激化了身份阶级的对立, 建立了中世纪的封建关系。领主、公侯将集中的广大土地, 作为对军功的报答, 以限制所有权的形式恩惠给家臣, 于是这种恩惠关系成为特有的封建身份关系的基础, 家臣被领主所束缚。也就是说, 家臣负有忠勤义务, 在服从领主战时命令以及其他勤务的同时, 享有恩惠的土地, 逐渐将自身委以领主自由使用, 终生服从于忠勤义务之下。起初, 家臣死亡时, 封地归还领主, 后来家臣的继承人通过与前主人建立同样的忠勤关系, 形成了世袭, 封建法的性质终于确立了。被恩惠了封地的家臣又以相似的条件将封地恩惠给陪臣, 进而下级也建立了同样的分封关系, 直至农奴。

除了领主以外, 贵族与平民之间也建立了几乎同样的关系, 另外, 寺院也通过赐予、寄托、捐赠的结果, 作为大的所有者建立了同样的关系。这样, 封地、庄园、寺院领地等形成了各自的《封地法》《庄园法》《寺院领地法》, 可以看到形成了几乎同样的封建法的形态。

东罗马帝国或拜占庭的国王, 在将古罗马传统继承到近代市民社会的过程中, 充当了居间人的角色, 在建立封建社会关系方面与其他人并无太大差别。在那里，通商贸易的利润催生了大地主，农民因为土地不足和贫困，向大地主要求成为佃农或农奴，大地主不经营自己的土地，而将土地分配给农民，命令他们劳作并向其征税。除了成为贵族、官员、军事指挥官的大地主以外，寺院领地也占据了很大一部分土地，并形成了类似的关系。

中世纪封建法的普遍特征是"忠勤主人""保护从者"的法律，其内容是对支配服从的规范。身份关系是法律的集结点，全部的法律关系是以身份为基点被发现的。近代市民法的特征，是以契约为本位的法，是以财产为本位的法。另外，相对于被称为对等关系的法，它是身份本位的法，人格本位的法，并且是统制和支配关系的法。在这个意义上，我们可以推测出，在中世纪封建法中能够发现与市民法相对照的社会法的原型吧。例如拉德布鲁赫认为，现实的社会法相对于权利来说同时还具有义务，在这一点上，显示了与中世纪《封地法》（Lehenrecht）相似的结构。也就是说，在《封地法》中权利应该作为劳务的实质性基础而被恩惠，原本在此之际，它并不是作为劳务的手段而被赋予权利，反而该劳务的意义在于，它是以权利为基础的劳务本身所形成的一种特权（Vorrecht）。[1] 只是，中世纪的封建法与社会法的相似性没有被过多重视。总之，虽然中世纪封建法是人格本位的法，但也是原本不自由的法，是被土地所束缚的法，它原本与"保护从者"相比，对主人的忠勤与服从是第一义的，而且尽管与罗马法相比产生得更晚，但它的形成实质上并没有受到罗马法的充分洗礼，是具有不合理习俗的习惯法，[2] 说到底，没能

---

[1] Radbruch (Gustav): Vom individualistischen zum sozialen Recht, Hanseatische Rechts-und Gerichts-Zeitschrift 13. Jg., 8./9. Heft, 1930, S. 462. 橋本文雄訳『ラードブルフ「個人法より社會法へ」』法学志林 32 巻 12 号。

[2] 橋本文雄「習慣法の法源性」東北大学法文学部編『法学論集：十周年記念』岩波書店（1934 年）51 頁以下。

保持罗马法那样的严谨性和明确性。换言之，中世纪封建法在法律史的发展过程中虽然次于罗马法而出现，但实质上，其反而只是"前"罗马法的没有发育成熟的法理。这意味着，社会法在与近代市民法相对照的意义上，是无需与罗马法相提并论的。①

① 基尔克在中世纪德国的主仆关系中寻求现代雇佣契约的起源，根据他的理论，德国法上的雇佣契约毋宁说起源于身份法，在其第一阶段，实际上可以看到相关当事人之间基于主从关系缔结的"忠勤誓约"（Der Treudienstvertrag）。这个忠勤誓约是一种不丧失人格、以为主人勤劳服务为内容的契约，因为作为臣民没有被剥夺自由，所以与奴隶不同。然而这个契约是相对的誓约，主人与臣民双方发生了权利义务关系。当然，它不是身份法契约上的债务契约。该誓约通过书面或口头的形式加以缔结，这是其明显的特征。也就是说，臣民在主人的权力下，跪下身来伸手表明自己提供劳动力时，主人作为回应，也伸出手来表明在他的保护下接受了该臣民，进而，作为继续的给予报酬的证明，如果赠送了礼物，臣民要按照惯例，遵从一定的礼仪受领。依据这样的形式，忠勤誓约的本质内容是建立一个纽带，将人作为人而继续束缚，在这一点上与身份法上的契约相似。根据该誓约，当事人被置于主人与臣民的身份法的关系之下，臣属权（Munt）被授予了主人，主人在据此得到了命令权及惩戒权的同时，应当承担保护和代表的责任，对于臣民所负有的继续的服从和劳动的义务，主人取得了保护和代表的权利。此时，主从双方应该有各自的权利和义务，这样就产生了从身份的法律地位中溢出的效果。实际上，这里成为中心概念的无非是"信义"，双方都应该遵守信义上的义务，即臣民对于主人该做的和不该做的事情根据臣民应该遵守的义务来决定，主人对臣民应该如何行动也取决于主人应该遵守的信义。

德国继承了罗马法以后，采用了劳动力租赁的观点。它是在与物的租赁的比较论述中加以构想的，因为它源于奴隶的租赁，所以只承认所谓不自由的劳务，而不能以高级的自由人的劳务为对象。原本罗马人的观念是通过自由精神的劳务获得报酬，倒不如说这是应该做的事情，所以即使后来因为劳务而接受谢礼成为了普遍现象，谢礼的约定也不被认为具有严格的法律约束力。另外，作为劳务租赁的雇佣，只限于诺成契约的纯粹债务法上的效力，完全没有涉及身份法，这个观点得到了继承，普通法的学说中也对此加以采纳，但它只是德国固有法律的单纯、表面的粉饰而已。在国民各阶级之间广泛且深入进行的，成为其生活关系基础的德国固有的雇佣契约的有关制度，没有被罗马法所破坏。从日耳曼的忠勤誓约到如今的雇佣契约，这个过程可以说是漫长的，如果回顾其发展轨迹的话，我们不得不承认其在法律史上具有深刻的联结意义。罗马法的劳务租赁，是从奴隶租赁中派生出来的，它给接受报酬的自由劳动的提供带来了不自由的刻板印象，但雇佣契约是从忠勤誓约传来的接受报酬的高品位的劳务提

46. 都市法与商人行会法: 近代市民法及商法的原型

到了中世纪末期, 欧洲各都市蓬勃兴盛, 封建时代的都市在领主、寺院的领地上产生了奖励商业的有利政策, 这增加了领主们的税收, 他们在那里采取吸引移民的政策, 建立了这样的制度, 比如废除了移居都市的非自由人特别是农奴与前主人之间的关系, 或者不论在城市生活一年还是生活一天的人, 如果在此期间任何人没有对他们主张权利, 就承认他们的自由, 为此还减轻了都市居民的军事上的义务。由此, 产生了"城市空气使人自由"(Stadtluft macht frei)的名言。

都市的主要成员是所谓的公民(Bürger), 由都市的土地所有者、手工业者、商人所组成。即, 都市以手工业者生产为中心, 它主要是由被

(接上页注)供, 结果不自由的劳动也被划到了自由劳动的范畴。罗马法上作为租赁的类推, 把劳务看作是可以供他人使用的物, 把雇佣契约作为纯粹的财产法上的交换行为来构成。但忠诚关系的原型被看作是一种不能脱离人格的劳动的发展, 雇佣契约不仅仅限于纯粹的财产法上的行为, 还具有身份法的内容而作为特种债权契约被构成。称为"劳务租赁"的罗马法的观念, 虽然没有包含任何超越个人主义的契约范围的要素, 但雇佣契约从忠勤誓约中继承了应该作为社会的、国家的秩序基础的社会法的功能。参见: Gierke (Otto von): a. a. O. S. 37 ff.。末川博「雇傭契約発展の史的考察」法学論叢5卷5号(1921年) 72頁以下。

关于雇佣契约的起源, 基尔克的见解对于理解现代法的雇佣契约, 做出了极具启示的贡献。但如上所述(31), 近代法首先关心的是从封建的身份束缚中贯彻完全自由的契约自由原则和平等法理, 法国民法等在雇佣契约的构想上, 不要求以服从身份支配的中世纪法为范本, 反而采用了罗马法上纯粹的债务法的观点, 这应该在与近代法的根本志向相关联中加以理解。这样的雇佣契约的观点没有受到近代法精神的充分洗礼, 但是, 以中世纪法为基础, 最终只能招致法史的逆转。也就是说, 现代法中社会法的雇佣契约, "更加"严密的劳动行为的法理不是"前"市民法的, 而是在充分完全的意义上, 需要在"后"市民法中被确实把握。

解放的农奴、行旅人、自由手工业者构成。手工业首先为了订单而面向市场生产，产生了零售商、批发商，都市也就成为了商业中心。另外，随着都市经济实力的强化，都市的主要成员要求从领主的支配中获得自由，或者从领主那里购买自由，或者要求承认自主权。

这样，产生了作为都市主要构成者的商人所结成的商人行会（gild merchant; Kaufmannsgilden），它先是以互助和法律保护为目的，但进一步发展为以协定有关贩售及价格、为成员获取商业上的特权为目的。行会有长老和评议会，行会的经营或行会成员间的争诉，由其特别法院进行裁判。这样就形成了一种习惯法的、自主法的《行会法》或《商人阶级团体法》，它成为了商人法典的原型(12)。

47. 手工业者行会法：行会法与社会法的相似性 作为劳动组合起源的行会及工匠团体

另一方面，相对于商人行会，都市的手工业者建立了他们的行会（Craftgild=Zunft）。该行会当初无疑也是互助团体，但是，它以统管手工业生产和贩售渠道为目的，相当自由地承认新成员的加入，最终为了其成员而形成了以垄断手工业生产和贩售渠道为目的的组织。

手工业生产是通过简单的工具，由作业场的主管师傅与工匠和学徒进行，但为了成为行会的成员，为了成为师傅，他们被要求具有许多条件。这些人是都市的市民权的享有者，作为工匠和学徒要经过一定时期的技术训练，通过一定的技能合格考试，还要被征收一定的入会费。另外，还限制行会成员如果不购买前会员的股票就不能入会，这样使在工作场所劳动的工匠、学徒的数量受到了限制。更有甚者，为了防止师傅之间的竞争，设立了复杂的技术上的规定，禁止一切创意，限制重要生产工具和原料的数量，还对停工、最长劳动时间、禁止深夜劳动等做了规定。另外，为了防止师傅以高薪抢夺他人的工匠，还限定了工匠的最高工薪。

随着行会垄断性质的增加，带来了工匠不一定能晋升为师傅的问题，自然产生了工匠与师傅之间的利害对立。另外，领主们认为与工匠相比保护师傅的利益对自己更有利，于是设立了严格的罚则以禁止工匠结成劳动组合，虽然最终工匠组合以秘密结社的形式，建立了主要以共济为目的的团体，然而，工匠组合逐渐以保障薪资为目的，终于在师傅和工匠中间发生了争议，这样，工匠组合成为了与行会相对立的组织。中世纪的工匠组合在法国和德国极为发达。[1][2]

---

[1] Pic (Paul): op. cit., N. 106. p. 61. Schanz (Georg): Zur Geschichte der deutschen Gesellenverbände, Leipzig, 1874.

[2] 关于中世纪的手工业行会与现时的劳动组合具有怎样的关系，以此问题为中心在布伦塔诺教授和韦伯夫妇之间有过著名的争论。

　　布伦塔诺教授基于劳动组合是行会后裔的观点，认为特别是在英国，促使劳动组合出现的原因要归于伊丽莎白废除了《学徒条例》。在《学徒条例》实行时，劳动者的地位在长期雇佣期限中是安定的，没有失业之忧，尽管经济不景气，但按照应该给予雇员一定工资的明文规定，工资不仅由治安法官来决定，而且通过限制学徒数量来防止过度竞争和工资下降，所以，《学徒条例》最终成为了劳动保护法，而《学徒条例》的空洞化促进了劳动组合的产生。相对于《学徒条例》的空洞化，师傅也好，工匠也好，他们的利益是一致的，师傅也成为了团体的成员，共同要求议会厉行该条例。但这个团体在保护罢工劳动者方面缺乏师傅与工匠的利益一致性，下议院对劳动者的主张没有好感，因此继续实行《学徒条例》的主张归于失败。参见：Brentano (Lujo): On the History and Development of Guilds and the Origin of Trade-Unions, London, 1870, pp. 101-114。

　　以这种作为旧习惯制度的伊丽莎白《学徒条例》为中心，雇主与工匠之间的斗争以雇主方胜利而告终，手工业行会以来的旧制度全部被破坏。受到打击最大的是工匠，他们结束了向议会的诉求，根据以前的法律找到了一份职业，所以，有了与所有权同样的权利。然而，有的主张认为，伊丽莎白《学徒条例》的废止所造成的损害，与依法保护的所有者的土地或财产的被剥夺是同样的，由于向议会请愿的失败，于是只能建立自助的职工组合。参见：Brentano (Lujo): ibid., S. 127。

如已经看到的那样，在中世纪行会的规制下，存在着限制劳动时间、禁止深夜劳动以及休息日和工资数额等规定，这与现时社会法上的劳动保护法的规定相类似，从劳动保护法的起源中可以看到其与师傅和工匠、学徒之间的保护关系的类似性。但是，这样的保护关系是中世纪的身份关系，不是现在那种在承认个人人格基础上保护请求和义务的法律关系。另外，行会的各种各样的限制规定，如上所述，倒不如说是为了保障师傅的垄断地位而设立的，并非以保护工匠、学徒为目的。因此，将行会的保护法规定与现时社会法上的劳动保护法相提并论是不正确的。

（接上页注）而韦伯夫妇认为，成为行会中心的是师傅阶层，他们以拥有资本和购买生产资料为生，工匠不掌握任何实际权力。与之相反，近代的劳动组合，不能自行组织生产，不是以购买生产资料为生的企业主，反而是雇主之下的工资劳动者的组合，以雇主不加入其中为特征。资本家和劳动者成为了对立的社会阶级，即代替社会纵向（关系）而成为社会横向（关系）的是行会与劳动组合的根本对立。参见：Webb (Sidney & Beatrice): The History of Trade Unionism: (revised ed., extended to 1920). London, 1920, p. 17。

布伦塔诺特别认为，英国手工业行会的目的是自由的手工业者面对旧市民的压迫，作为社会的弱者谋求维持其地位，在这一点上，强调与劳动组合的目的的一致性。特别是在英国中世纪没有看到永久的工匠组合的结成，所以没有特别指出工匠组合是现在劳动组合的起源。而韦伯的主张强调，手工业行会归根到底是雇主的团体，至少是包含雇主在内的工匠团体，而劳动组合是劳动者的团体，作为一个社会阶级，他们的利益明显对立。特别是在工匠组合方面，英国的劳动组合始于18世纪，没有形成永久性的工匠组合。因此，如果未来的研究发现，工匠反抗雇主的临时团体变成了具有类似性质的永久组合，那么劳动组合的历史就必须追溯到14、15世纪，但直到现在，传统的研究表明，在中世纪没有反抗雇主的永久独立的工匠组合。参见：Webb (Sidney & Beatrice): ibid., p. 3 ff.。

布伦塔诺也认为，如果在手工业行会时代英国的工匠组合存在于这个大陆上的话，劳动组合就毫无疑问会起源于这个团体。参见：Brentano (Lujo): ibid., p. 133。

因此，从结果上看，两者的学说没有多少差异，但从明确劳动组合的特征这一点上看，中世纪行会除了表现出相似的性质以外，并没有积极显示出两者之间的关联意义。倒不如说，行会崩溃的原因无非是促进了其后劳动组合的产生。

48. 古代罗马法与中世纪日耳曼法的对照：
中世纪日耳曼法与近代市民法的对照

　　以上概述了中世纪日耳曼法的发展，它在都市的商人阶级法或都市的新兴市民法中，发挥着对近代商法以及近代市民法的联结和保障作用。这样，不仅是《部族法》，还通过《封地法》《庄园法》《寺院领地法》《行会法》等，成为了团体约束的法和不自由的法。在这些法律中，我们发现了一些原型，这些原型让我们想起了现时的社会法，当然，这些原型并不具有应该与市民法相对照的现时的社会法的性质，可以说它只是似是而非。

　　古代罗马法与中世纪日耳曼法的对照，尽管在表象上是一方为个人自由的法，与另一方为团体约束的法的对照，但实质上，日耳曼法的产生并没有将罗马法作为与自己相对照的充分自觉。日耳曼法在时序上继于罗马法之后，不但没有充分摄取罗马法的积极意义，反而在内容上只不过带有前罗马法的性质。在中世纪末叶，日耳曼法在形式上继承了罗马法，结果却不得不再次将自己的地位让与罗马法，其原因是，在法理上，可以说这样的日耳曼法的法理根植于前罗马法的性质之中吧。中世纪日耳曼法与近代市民法的对照，可以说存在自觉修正日耳曼法未能自行实现的与罗马法的对照性问题。总之，日耳曼法如果已经充分认识到与罗马法的对照性而成立的话，通过继承罗马法反而不得不将自己的地位让与前任者罗马法，就不能自圆其说，而后继者近代法充分继承了日耳曼法自身的积极意义，因此取得了成功。然而，如此又成为中世纪日耳曼法与近代市民法的对照性的单一表现形式的原因。总之，近代市民法在其形成之际，急切地仰慕和追求在日耳曼法中完全丧失了的古罗马法，由于只是专注于对罗马法的纯粹的继承，因此没有顾及对全部日耳曼法的积极意义的评价。原本近代资本主义为了其产生和发展所要求的法理，是废弃日耳曼法的身份束缚性，这在一味促进自由经济活动的罗马法的合理主义、自由主义、个人主义的法理中得以体现。

但近代资本主义社会在其结构复杂性和高度发展性之中，终究不应该与古代罗马资本主义等同视之。生产技术具有鲜明的近代特征，通过大机械的发明不仅取得了生产的巨大发展，还使建立罗马资本主义的主要生产力——只不过被默认为一种物的奴隶，成为近代资本主义的劳动者，他们既是要求身份自由的人格者，更是有组织的劳动阶级。通过交通的发展和文化状态的接近，经济领域的空前扩大或世界市场化，导致了一种不加管制最终就难以收拾的无秩序局面。它进一步阉割了自由竞争的生产效能，本身就建立了一个垄断性的不自由的规则。罗马法为单纯的低端的资本主义产生和发展做出了贡献，而在上述近代资本主义的复杂性和高端性中，仅仅将罗马法作为再生的市民法，就暴露了其规范社会生活能力的局限性。在这样的状况下，只能促使作为新法理的社会法的登场。

十　社会法的萌芽

49. 社会法发展的时代划分：第一时代的萌芽期
第二时代的发育期　第三时代的形成期
英国劳动保护法的继承

　　的确如上所述（45.47），社会法的历史比较短暂，在中世纪的日耳曼法特别是其中的封地法、行会法中，虽然可以发现与社会法相似的法理，但本质上，社会法无非是因为近代市民社会或资本主义的建立，而被赋予了其产生和发展基础的新的法理。也就是说，19 世纪初始，在最早产生资本主义经济的英国，作为工厂劳动者保护法，特别是儿童、女性劳动者保护法，显示了其端倪。这个在英国产生的可以说作为社会法萌芽的工厂劳动者保护法或工厂法，伴随着资本主义的发展，不久便波及普鲁士以及其他的德意志联邦、法国、瑞士、奥地利、俄罗斯、斯堪的纳维亚、荷兰、比利时等大陆国家，还波及了美国、澳大利亚、南非、印度、日本等。总之，从对于人类文化的重要性来看，这意味着对英国劳动法的长期继承的过程[1]，其意义不亚于对有关所有权法及债权法的罗马法的继承。

　　此后，从 19 世纪后半期开始，特别是德国的社会政策立法运动，促进了社会法的显著形成。但是，社会法被认为在充分意义上的建立，倒

---

[1]　Bauer (Stephan): Arbeiterschutzgesetzgebung-Handwörterbuch d. Staatsw., 4. Aufl., 1923, I Bd., S. 403.

不如说大概属于战后的事。的确，在资本主义时代的初期或发育期，虽说可以谈及社会法的萌芽，但这是一个资本主义在社会整体规范意识支持下迈进的时代，因而，在这个时代成为支配和主导的法系是市民法，社会法被压制于其后，尚未作为独自的法域自我显现。在资本主义的完成期，或者随着高度资本主义时代的发展，由于资本主义的稳固确立和利润增大，充实了其负担能力，终于可以看到社会政策立法的发展，但社会法作为独立法域或法系的体系性地位尚未确立。

总之，社会法超越和克服了这种恩惠的、外力的性质，通过充分享受严密精致的市民法法理的洗礼，确保了自身的法理性质，特别是通过劳动阶级的组织化，在阶级的规范意识的强力支持下，确实把握社会自主法的性质，这充分意味着社会法开始形成了。也就是说，社会法无非是在近代市民法转变的过程中，在与市民法法理的对照中，开始显示出了自己的新的法理。就整体而言，倒不如说它是世界大战的产物，它终于在现实中确立了在法律生活或法的体系中的重要性。换言之，成为社会法萌芽的劳动保护法，无非是在与市民法理的充分对照中，经过自我整理，形成了技术化、严密化的现代新法理。

从这个意义上来说，关于社会法的发展，我们以"1848 年"和"1914年"为界①，可以划分为具有社会史意义的三个时代。首先，社会法作为工厂劳动者保护法或工厂法，可以看到其端绪是以英国的工厂法（Factory law）为代表，从 19 世纪初期到中期为"第一时代"的"萌芽期"；其次，在世界大战前，特别是通过德国社会政策的立法运动，社会法逐渐发育，以德国的《社会保险法》为代表，此为"第二时代"的"发育期"；再次，通过世界大战导致的经济生活的异常改变，以及劳动组合运动的发展，可以看到社会法体系的形成，其以劳动法和经济法为代表，此为

---

① Lederer (Max): Grundriss des Österreichischen Sozialrechtes, Wien, 1929, S. 16 ff. §3.

"第三时代"的"形成期"。① 在这样的大致划分下，与上述近代市民法的成型及转变相关，主要以各个时代或社会法各部门领先发展的各国为焦点，对社会法进行考察。

50. 社会法称谓的变迁：工厂劳动者保护法或工厂法 劳动者保护法　劳动者法　被雇者法或被雇者保护法 社会立法或社会政策立法　劳动法　经济法　社会法

"社会法"（Sozialrecht, soziales Recht；droit social；social legislation）之称谓并非是从社会法发展之初就被确立的。倒不如说，它是学者在现时中对一个范围的法域或一定的法系所附加的称谓，另外，它也并不一定出于制度上的命名。如果予以概示的话，成为社会法发展端绪的有关工厂劳动者保护法，首先使用的称谓是"工厂法"或"工厂立法"，此后，扩展到与工厂劳动者同样的经营劳动者的立法，特别是德国在 19 世纪末期，

---

① 　关于社会法或劳动法的发展，马克斯·莱德雷分为四个时期：一、1848 年以前；二、1848—1885 年；三、1885—1914 年；四、1914 年以后（Lederer: a. a. O.）。

阿尔弗雷德·胡克分为三个时期：一、世界大战以前；二、战时的劳动立法状况；三、1914 年以后劳动法的发展。参见：Hueck (Alfred)/Nipperdey (H. C.): Lehrbuch des Arbeitsrechts, I. Bd., 2. Aufl., 1928, Mannheim/Berlin/Leipzig, S. 7 ff. §2, 3, 4, 5。

瓦尔特·卡斯克尔也分为三个时期：一、俾斯麦时代；二、威廉时代；三、新国家时代。参见：Kaskel (Walter)/Dersch (Hermann): Arbeitsrecht, 4. Aufl., Berlin, 1932, S. 5 ff.。

保罗·皮克则分为古代、封建时代、王权时代、现代四个时期，现代又以 1848 年为界分为两个阶段，劳动法的真正发展是在其最后的时代，按以下依序加以叙述。即：一、古代产业劳动时代；二、封建时代；三、王权时代，16—18 世纪末；四、废除行会制度后的产业劳动；五、国际劳动规制 [Pic (Paul): Traité Élémentaire de Législation Indus-trielle-Les lois ouvrières 6. éd., Paris, 1931, p. 48 §70, p. 46 ff. §69] ；六、大战与战后；七、工会运动；八、国际劳动立法。参见：Scelle (G.): Précis Élémentaire de Législation Industri-elle, Paris, 1927, p. 10 ff.。

设立了社会保险制度，以及立法者从保护作为经济弱者的劳动者的社会政策观点出发，制定了被称为"劳动者保护法"的全部法律。进而，通过1891年"产业条例"的修改，劳动者保护法明显与劳动契约法相区分，产生了劳动契约法、劳动者保护法、劳动者保险法的三个领域，包含这样三个领域内容的新的"劳动者法"（Arbeiterrecht）的名称产生了。然而，1911年"社会保险法"修改的结果，使社会保险扩展到以前的劳动者以外的被雇者（Angestellte），产生了劳动者与被雇者的区别，"劳动法"这一名称变得过于狭窄，"被雇者法"（Arbeitnehmersrecht）、"被雇者保护法"（Arbeitnehmerschutzrecht）的名称应运而生。另外，"劳动者保险法"被称为"社会保险法"。包含了上述内容的"社会立法"或"社会政策立法"（soziale od. Sozialpolitische Gesetzgebung）的称谓也被使用。特别是在世界大战前，劳动组合等在社会法的形成中发挥了重要作用，除了以往的国家社会政策立法以外，团体协约、经营协议等劳动者团体自主立法的重要意义得到了认可，社会立法或社会政策立法的用语，在一个方面以新的称谓"劳动法"（Arbeitsrecht）作为其全部法域的称呼，于是在制度上也被视为采用了这一称谓。[1] 相应地，其正好也一并成为了特别是世界大战中异常的经济生活转变和国家经济统制的机缘，它超越了传统的市民法法理，劳动法和与其进取志向相一致的"社会化的经济法"或"经济法"的问题出现在法律生活面前，包含劳动法或与劳动法相并立的"经济法"（Wirtschaftsrecht）的称谓产生了，作为超越一般传统市民法法理的新法理体系的指称，这样的新法域或新法系的根本志向是社会的或团体主义的精神，特别是在学者们之间终于看到了对"社会法"这一新概念的提倡。

---

[1]　Jacobi (Erwin): Grundlehren des Arbeitsrechts, Leipzig, 1927, S. 34 ff.

51. 作为最初工厂法的英国童工保护立法：
1802 年法　1833 年法　1847 年法

　　如上所述，在古老的行会组织中，可以看到对工薪以及劳动时间的个别规定，但在这些规定中并没有任何社会保护的考虑，反而是期望保护行会内部的竞争，因而，它原本并不是如今所称的社会法(47)。只是，货币经济已经很快侵入到了矿山业，在海运方面也是同样，已经在 17、18 世纪看到了与如今的工薪劳动相类似的劳动关系，因而，建立了可以视为社会机制的矿工共济基金制度。但在当时，一般还不存在如今意义上的劳动者，即没有作为他们的共同体意识的阶级，没有作为努力改善其社会地位的阶级上的劳动者。18 世纪末期，在实行近代机械化的同时，发生了产业革命，开启了真正的崭新时代。代替以往的经济方式，产业资本主义开始排除过去的全部束缚，打破残存的各种形式，产生了促进自由贸易的曼彻斯特学派的自由观念，从根本上改变了劳动方式，通过分工和机械化出现了大规模经营。这样，在急速发展的各个都市和产业地带兴起了新的工厂，劳动者被成群地充实到工厂中，与其说不问男女老少，倒不如说女工和儿童作为廉价的劳动力更受欢迎。但是，这些劳动者在极为恶劣的劳动条件和贫弱的缺乏营养的状况下工作，酿成了极其令人忧虑的安全卫生和人道上的问题。在经济学者主张自由放任以及被雇者与雇主之间契约自由的时期，人们甚至可以看到契约自由这样的东西已经不存在了。反对干预劳动时间的学者菲利普·凯也对当时的状态作了描述："当发动机运转时，人们不得不工作。男人、女人和儿童，被钢铁和蒸汽束缚在一起。他们像动物机器，被牢牢捆绑在没有疼痛、没有疲劳的钢铁机器上。"①

在这种状况的激化下，最早完成产业革命的英国，已在 1767 年通过乔纳斯·汉韦法案（Jonas Hanway's Act）对解决儿童保护问题进行了尝试。1768 年 J. 哈格里夫斯在诺丁汉开办了一家设有机械装置（珍妮机）的纺纱作坊，1785 年卡特莱特发明了水力织布机，于是出现了很多工厂和工厂劳动者。当时曼彻斯特及其附近的工厂，儿童劳动时间为 12 小时到 15 小时，劳动条件极不卫生。特别是 1784 年和 1796 年纺织工业地区疾病流行，以此为契机，英国于 1802 年颁布了最初的《学徒健康与道德法》[Sir Robert Peel's Health and Morals of Apprentices Act (42 Geo. III. c. 73)]。该法可以说是最初的工厂法，纺织工厂及其他工厂学徒的劳动时间被限制在 12 小时以下，两年后又禁止学徒在晚上 9 点以后从事夜间劳动，雇主还负有对学徒进行初等教育的义务。其他工厂被要求具有卫生保健设备，违反规定者将被处以罚金。②接着，1833 年诞生的《工厂法》禁止雇佣 9 岁以下儿童，9 岁至 13 岁儿童的周劳动时间不超过 48 小时，13 岁至 18 岁儿童的周劳动时间不超过 68 小时，还对工厂监督官（factory inspectors）的任命进行了规定。此外，还规定了休息日和设立了工厂监督官制度。这成为 19 世纪前半叶大陆各国及美国制定的工厂立法的典范，不论这样的对贫困者的保护立法如何，作为现代社会法的开端，其在社会法的发展上应该受到关注。进而，根据萨德勒提出的著名的《十小时工作日法案》（Sadler's Ten Hours Bill），1847 年通过了《十小时工作日法》（The Ten Hours Act）。③

①　Kay (Philip): Moral and Physical Conditions of the Operatives Employed in the Cotton Manufacture in Manchester, 1832, p. 24, cited by Hutschins' A History of Factory Legislation. London, 1911, p. 50.

②　Hutschins (B. L.)/Harrison (A.): A History of Factory Legislation, 2. ed, London, 1911, p. 16.

③　Hutschins (B. L.)/Harrison (A.): ibid., p. 43 ff.

52. 法国、德国的工厂法：法国 1841 年法　普鲁士 1839 年童工保护法　1845 年普鲁士一般产业条例 巴伐利亚、奥地利的工厂法　萌芽期的社会法

　　法国基于《人权宣言》所示的尊重个人自由的志向，排除了对于劳动自由的一切障碍，打破了中世纪的组合制度（régime corporatif）（loi des 2-17 mars 1791），承认所有劳动者根据自己的意愿在家庭或职场为他人自由劳动的权利。然而，基于个人意愿的自由竞争，无论对生产力的发展做出了怎样伟大的贡献，劳动者的结社自由反而被认为是对个人自由的束缚，根据著名的《夏普利埃法》（loi des 14-17 juin 1791, loi Le Chapelier）被禁止。当时，在矿山存在有关取缔结社自由的法律（L. 21 avril 1810），但与其说尚不存在从保护劳动者的观点出发的规定，倒不如说法律相对于劳动者来说，明确优待雇主一方，提高了雇主在劳动审判所（les Conseils de prud'hommes）的优势。[①] 然而，在继英国之后开始了产业革命（1815 年）的法国，终于出现了近代工厂，产生了大规模的劳动阶级，导致了生产过剩和工资下降，儿童有时从凌晨 5 点开始劳动，使用女工劳动也特别盛行，因此可以说劳动者没有家庭生活，劳动时间从 16、17 个小时甚至延长到 24 小时，夜间劳动成为普遍现象。工资也极为低下，1800 年到 1840 年劳动者的工资基本上都在生活费以下，而且很难申请到补充生活的救济费。另外，传染病的发生，给劳动阶级带来了灭顶之灾。[②] 在这样的情势催生下，法国七月革命政府时代的首次议会就提

---

① Pic (Paul): op. cit., p. 71 ff. §140, 141,143.

② Scelle (G.): op. cit., pp. 30 ff.—"il n'y a plus de famille ouverière. La durée de la journée de travail se prolonge jusqu'a seize ou dix-sept heures, quelquefois pendant."

出，根据大工业和资本主义的发展，缺乏劳动者保护法的弊害越来越明显，决定模仿英国制定劳动者保护法，遂于 1841 年制定了《制造业工厂雇佣童工劳动法》(L. 22 mars 1841, sur le travail des enfants employés dans les manufactures, usines et ateliers)。该法规定禁止 8 岁以下儿童在工厂劳动，这是最初的劳动保护立法，然而，由于缺乏严格的监督，在公布的翌日就发生了公然违反该法的事件。但在法国，自由放任主义终于式微，在有关劳动立法中承认国家的干预，这样的开端应该引起关注。[①]

随着法国 1791 年废除组合制度、宣告营业自由以及 1807 年承认土地自由使用，德国也开始承认农民及贵族从事市民营业的权利(Edikt über den erleichterten Besitz und freien Gebrauch des Grundeigentums vom 9/x 1807 §2.)。进入 19 世纪，德国终于通过产业的发展承认了普通州法以及其他规定的缺陷，1839 年模仿英国在普鲁士工厂实行有关儿童保护的《普鲁士工厂矿山条例》，禁止 9 岁以下儿童劳动，16 岁以下少年每日限定 10 小时劳动并禁止夜班和周日劳动。[②] 然而，这个最初的普鲁士童工保护立法的制定机缘是，1838 年征兵司令官莱茵兰·威斯托弗伦呈给国王一份报告，称该地区由于劳动时间过长，如果不尽快采取措施加以限制，就会带来征兵的困难。[③] 但不论怎样，以此为契机，可以看到德国于 1845 年进一步颁布了《普鲁士一般产业条例》(Allgemeine Preußische Gewerbeordnung)。

即使在巴伐利亚，稍晚些时候也看到了同样的规定。1842 年奥地利关于儿童的工厂劳动规定，禁止 9 岁以下儿童劳动，12 岁以下儿童劳动

[①] Capitant (Henri)/Cuche (Paul): Précis de Législation Industrielle, deuxième éd., Paris, 1930, p. 14 ff.

[②] Landmann: Arbeiterschutzgesetzgebung in Deutschland, Handwörterbuch. d. Staatsw., 2. Aufl., IV Bd., 1898, S. 476 ff.

[③] Tyszka (Carl von): Die Sozialisierung des Wirtschaftsleben, 2. Aufl., Jena, S. 7.

时间限制在每日 12 小时以下，16 岁以下的少年限定在 13 小时以下，另外，禁止夜间劳动。①

这样，社会法最早是从英国儿童劳动保护立法发端而来，后逐渐被其他国家所继承。但是，通过这样微弱的、狭窄的保护立法，只能防止其极端的弊害，并且，资本主义发育期的社会普遍规范意识，反而更重视促进自由的经济活动，致力于摆脱阻碍其发展的传统束缚，而与此相悖的劳动者保护问题，还没有作为普遍关心的事情加以考虑。这样，各种弊害的"核心因素"不但依然存续，而且还在扩大。令人惊异的是，这些劳动保护立法虽然促进了多数的无产劳动阶级的形成，而且尽管劳动者有建立劳动契约的自由，但劳动者反而因此全部沦落到贫穷的境地。总之，他们已经成为劳动力供给过剩的结果，作为事实上的弱者不得不服从雇主的指令，也就是说，他们要么甘于极为低下的工资，要么处于迫不得已的饥饿境地。这是因为他们没有能力就劳动契约的内容作出任何有效的决定，就好像上述市民法上所谓契约自由原则的本意在劳动契约中的适用那样(31)，而且这种市民法的自由的要求，拒绝了试图通过合作以改善他们劳动条件的劳动者的团结自由，因为它阻碍了自由交易和经济活动。在这种情况下，社会法在成立的第一时代就开始等待下一时代的发展。总之，在这个时代，社会法只不过终于找到了其产生的机缘，看到了隐约的萌芽。也就是说，在这个时代，社会法原本就被隐藏在市民法的决定性优势背后，而不是在法律生活面前自行崭露头角。

---

① Steinbach: Arbeiterschutzgesetzgebung in Öesterreich, Handwörterbuch d. Staatsw., a. a. O. S. 521 ff.

十一　社会法的发育

53. 法国 1848 年以后的劳动立法：1848 年积极的劳动保护法令　法令的倒退　1874 年女性劳动者保护立法

　　然而，1848 年开始的从旧的专制主义时代向未来立宪国家转变的政治运动，给劳动问题和社会法带来了新的发展。积极进取的社会思想家层出不穷，鼓舞了劳动运动和无产阶级运动。在法国，1848 年临时政府的初期行动指导原则是社会改良思想，随之出现了一系列积极的劳动立法。其中最为重要的是，在半个世纪以前的社会背景下，最先规定了成年男子劳动法制定原则的《1848 年 3 月 2 日法》（décret du 2 mars 1848）。另外，为了使劳动者的实力与雇主平等，法国颁布了《1848 年 5 月 27 日劳动审判所法》，以及建立各种职业团体和协同组合的《1848 年 2 月 29 日结社自由法》。此外还颁布了《外包雇佣契约及收费职业介绍所废止法》等等。但这些劳动保护立法最终并没有充分发挥预期效果。总之，对于在没有精心准备情况下的有关劳动权的宣言、设立国家职业介绍所和外包雇佣契约等命令，还缺乏能够有效适用的明确严密的立法。对于成年男子来说，劳动法制定的原则只限于适用在使用动力机械或永不熄火的工厂以及雇佣 20 人以上劳动者的制造业，其劳动时间延长到 12 个小时，结果，雇主通过采用轮班制的方式随时可以开工。而且，如此和缓的保护规定也由于监督官的缺乏而导致不被适用的结果。另外，由于第二帝国时代的反动，《结社禁止法》死灰复燃，《1852 年收费职业介绍所的规定》《1853 年劳动审判所法》（loi du 1ᵉʳ mars 1853 sur les conseils de prud'hommes) 以及《1854 年职工手册法》(loi du 22 juin 1854 sur les livrets d'ouvrier) 等法律的颁布表现出了这种后退。但是，1848 年一度被传播的劳动保护或社会改良的思潮，并不会根据这些反动的立法而熄灭其火焰，政府最终也不能对此无视，不久便废止了《刑法》第 414、415 条，制定了《承认劳动者及雇主的团结权和同盟罢工权的 1864 年法》(loi du 25 mars 1864) 和《支持设立协同组合的 1867 年法》(loi du 24 juillet 1867)。到了第三共和国时代，1874 年法国开启了劳动者保护立法的划时代的社会法的制定 (loi du 19 mai 1874)。该法律确保对未成年劳动者的有效保护，禁止女性从事井下劳动，最先迈出了女性劳动者保护法的第一步，特别是建立了监督制度，创设了实施劳动法的主要机构，以 1874 年法律为出发点，法国劳动立法逐渐得以完成。[1]

54. 英国劳动组合法的成立: 1871 年劳动组合法 1875 年共谋罪及财产保护法 塔甫河谷案判决与 1906 年劳动争议法 奥斯本案判决与 1913 年 劳动组合法 澳大利亚最低工资法的发展

在英国，"普通法"上的劳动组合只不过是一种契约，1855 年希尔顿诉埃克斯利 (Hilton v. Eckersley) 案的判决认为，劳动组合规约中关于应该强制参加同盟罢工的规定，是对营业自由的不当限制而构成违法。另外，劳动组合具有直接妨碍生产经营自由的倾向，所以在普通法上是违法的，或者构成犯罪 (Crompton)。而要求同盟罢工的结果限制了这种

---

[1] Pic (Paul): Traité Élémentaire de Législation Industrielle—Les lois ouvrières, sixième éd., Paris, 1931, p. 77 ff. §149 ff.

营业契约，构成了所谓的共谋（conspiracy），应该受到惩罚。这样就导致了劳动者的团结在法律上完全不被承认的结果，但尽管如此，经济上的需求还是引发了制定特别法的必要。英国已经在 1860 年代打开了俄罗斯和中国的市场，终于成为了世界市场的霸主，资本主义取得了最为辉煌的发展。这样资本家才有余地考虑劳动者的利益或利益程度，为了确保产业和平，不能拒绝一定程度的让步。于是在这个时代，英国的劳动组合由棉纺织工人率先抛弃了宪章运动和欧文主义，确立了所谓的商业组合原则。1871 年制定了最初的、著名的《劳动组合法》[The Trade Union Act. 1871 (35 Vic. c. 31)]，规定劳动组合的目的即使限制了劳动组合成员的营业自由，作为契约当事人的劳动组合成员也不因共谋罪或其他理由受到刑事追诉。[1] 接着，1875 年制定实施了《共谋罪及财产保护法》[The Conspiracy and Protection of Property Act, 1875(39 Vic. c. 86)]，规定在雇主与劳动者之间，以引起劳动争议或使之继续进行劳动争议为目的实施某种行为，或为他人进行劳动争议而达成的两人以上的合意或共谋（combination），如果一个人进行同类的行为不构成犯罪，则不能只因其为数人所为而构成犯罪。[2] 然而，1901 年著名的塔甫河谷案 [Taff Vale Railway Co. v. Amalgamated Society of Railway Servants (1901), A. C. 426]，判决劳动组合自身是民事责任的承担者。即，该劳动组合不仅可以在民事上以其名义被起诉，还应承担因罢工造成的损害赔偿责任，这事实上剥夺了劳动组合的活动力。[3] 另一方面，1902 年以建立劳动党为目的成立的劳工代表委员会（Labour Representation Committee），见证了著名的奥

---

[1]　宫本英雄『英法研究』弘文堂書房（1924 年）458 頁以下。Tillyard (Frank); Industrial Law, London, 1928, p. 305 ff.

[2]　宫本英雄『英法研究』弘文堂書房（1924 年）461 頁以下。

[3]　House of Lords (E)1901 July 22—"A trade union, registered under the Trade Union Acts, 1871, and 1876, may be sued in its registered name." A. P. 1901.

斯本案 [Osborn v. Amalgammated Society of Ry. Servants No. 2(1911), 1 Ch. 540] 的判决，法官们根据《劳动组合法》认为，劳动组合的合法目的已经被定义了，所以，该范围以外的行为是被劳动组合所禁止的。[1] 这两个判决可以说带来了相反的效果。[2] 首先，与前面的判决相关联，1906年制定的《劳动争议法》[The Trade Dispute Act, 1906（6 Edw. VII. c. 47)] 中规定，通过使用所谓温和的手段，以使他人从事或不从事某项劳动为目的，对他人进行监视的行为并不违法，即承认"温和手段的监视"（Peaceful picketing）的合法性。这样，率先打开了劳动争议的一个新的领域。[3] 另外，成为以后判决参考的是 1912 年的"奥斯本案判决法案"（Osborn Case Judgement Bill）和 1913 年实施的《劳动组合法》。该《劳动组合法》规定，劳动组合"不得强制会员为其目的出资，或以不同意出资为由将其除名，但允许劳动组合的财产用于政治目的，因此在有关议员选举中，为了召开政治集会或颁布文件，以及为了对其他一般议员的支援，可以使用劳动组合的财产"。[4]

这样，英国劳动组合在经历了长期的自主运动以后，法律上承认了其自主活动的自由，为形成作为战后社会法重要特征的社会自主法开辟了道路，这些《劳动组合法》还给各国的劳动组织法带来了很大影响。

---

[1] House of Lords (E) 1909 Dec. 21—"There is nothing in the Trade Union Acts from which it can reasonably be inferred that trade unions as defined by Parliament were meant to have the power of collecting and administering funds for poltitical purposes. A. P. 1910.

　　A rule which purports to confer on any trade union registered under the Act of 1871 a power to levy contributions from members for the purpose of securing parliamentary representation, whether it be an original rule of the union or a rule subsequently introduced by amendment, is ultravires and illegal."

[2] 山中篤太郎『労働組合法の生成と変転: 英国』同文館（1929 年）5 頁。

[3] 宮本英雄『英法研究』弘文堂書房（1924 年）462 頁以下。

[4] 同上书，第 464 頁以下。

1896 年，鉴于"血汗制度"（Sweating system）的弊害，澳大利亚的维多利亚州制定的《工厂法》（The Factories and Shops Act of 1896）规定了最低工资制度，还规定为了适应各项经营活动设立工资委员会（Wage Board）。该委员会由两名资方代表、两名劳方代表以及一名第三方代表组成，由该第三方代表作为议长，委员会被赋予了在营业活动中规定最低工资额度和比率的权限。[1] 在进行了某些修改后，最低工资制度被其他各州所采用，如南澳大利亚州、新南威尔士州、昆士兰州等，还波及欧洲各国以及美国等，成为社会立法中最为重要的最低工资法的先导。

55. 德国社会政策立法的发展：俾斯麦的政策　社会政策学会的活动　德国劳动保险法的发展　1891 年、1908 年产业条例的修改　1890 年产业裁判法　1911 年德国国家社会保险法　雇员保险法　德国和英国在社会法发展的第二时代的作用

德国在社会思想家的激发下，社会民主主义运动蔚然成风。1867 年，北德意志联邦实施了普通选举法，社会民主主义运动取得优势，产业发展和劳动组合运动不断高涨，使以往的结社禁令无法维持。1869 年颁布了《北德意志联邦产业条例》（Gewerbeordnung für den Norddeutschen Bund），废除了对以有利于劳动者劳动条件为目的而达成合意的禁止和惩罚规定，废除了对劳动者团结的禁止和惩罚的规定（Art. 152），原则上承认了结社自由。另外，1875 年在哥达（Gotha）召开了社会民主主义党大会，成立了德国社会主义工人党（Die Sozialistische Arbeiterpartei

---

[1]　宫本英雄「賃銀立法の一考察」法学論叢 18 巻 5 号（1927 年）11 頁。

Deutschlands），给德国及其他劳动阶级的政治发展带来了显著影响，为劳动组合以及其他劳动者团体的形成提供了基础。社会民主主义运动从德国波及奥地利，1870 年废止了结社禁令，但受社会主义运动激化的影响，德国特别以 1878 年威廉一世遭谋杀事件为由，俾斯麦颁布了著名的《反社会党人非常法》（Ausnahmegesetz gegen die Sozialdemokratie），俾斯麦虽然也明确表示应该促进和发展以维持和改善劳动条件为目的的劳动者的团结，但由于该法的实施，劳动组合运动再次受到限制。奥地利 1871 年至 1879 年的奥尔施佩格（Auersperg）内阁也对劳动者运动进行压制。① 然而，在这个时代，奠定了社会法今后发展的根本基础，通过市民阶级成员所强调的社会政策促进了社会改良活动。特别是德国社会政策学会（Deutsche Verein für Sozialpolitik），在德国讲坛社会主义者（Kathedersozialisten）和经济学者的共同努力下开展活动，通过对曼彻斯特学派自由放任的激进社会主义观点的排除，以社会政策立法强调劳动阶级保护的必要性，这对引导国家政策，促进作为保护法的社会法的形成发展，做出了显著贡献。②

在世界大战爆发前大约 30 年间，社会法得到了特别的发展。德国根据《反社会党人非常法》等，在政治上阻碍了急速发展的劳动阶级运动，但这只是达到了临时镇压的目的，社会民主主义政党的发展并没有完全停止。铁血宰相俾斯麦自身也不能成功阻止社会民主主义的进程，反而他在社会法的发展上建立了值得关注的劳动保险法。即，1881 年当最初的工伤保险法案被否决时，著名的威廉一世向议会下了一封谕告（Botschaft Wilhelms I. vom 17. November 1881），表达了制定该法案的必要

---

① Lederer (Max): Grundriss des Österreichischen Sozialrechtes, Wien, 1929, S. 21.
② Schmoller (Gustav): Eröffnungsrede: Verhandlungen der Eisenacher Versammlung zur Besprechung der Sozialen Frage am 6. u. 7. October, 1872, Leipzig, 1873, S. 1 ff.

性，最终针对工业劳动者，1883 年制定了《疾病保险法》，1884 年制定了《工伤保险法》，根据 1885 年、1886 年以及 1887 年的法律，其适用范围涉及交通业、农业、森林业以及海员，另外，1889 年制定了《残疾及老年保险法》，这样，被认为确立了劳动保险法或社会保险法。关于社会保险法的制定，的确是以德国为起点，19 世纪末奥地利、匈牙利、芬兰等也相继制定了强制的劳动保险法，在国家强制的劳动保险法的形成过程中，可以说意味着继承了德国的社会保险法。另外，这是以德国国家本位的社会状况以及上述学者们强调的社会政策的观点为基础的。[1] 在德国，伯蒂歇尔（Bötticher）继承俾斯麦的社会政策，在新帝政权中强调劳动保护的观念，1890 年召开柏林劳动者保护委员会，首次对社会政策问题进行了国际讨论。十年以后，1900 年在巴黎召开大会，建立了国际劳动保护法国际会议的基础。威廉二世不甘于此，1890 年由伯蒂歇尔起草了《社会政策普遍宣言》，经议会同意于 1891 年修改了值得关注的《产业条例》（Novelle zur Reichsgewerbeordnung），这成为如今德国劳动保护法的基础，其规定包括：限制周日和节假日劳动（§41a §55a §105a-105i）；对全体劳动者的健康及道德的风险防范和彻底保护（§120a-c）；强行制定大规模经营中的《劳动就业条例》（§134a-h）；扩大对工厂使用未成年劳动者的限制（§135 §136）；限定工厂女工最长劳动时间和禁止夜班劳动，保护产妇（§137）；扩大工厂监督官的权限（139d）；等等。另外，劳动者保护法（das sog. Arbeiterschutz G: v. 1. / VI. 1891）除了以上固有的劳动保护立法以外，还有工厂劳动者的劳动契约立法以及在大规模经营中包含的债券法的劳动规定。[2] 与此同时，1890 年颁布了《产业裁判法》

---

[1] Trode (Eduard): Grundriss der Sozialversicherung, Berlin, 1933. 河田嗣郎『社会問題体系（第6巻）』有斐閣（1930 年）68 頁以下。

[2] Köttigen (A.): Gewerbegesetzgebung, Handwörterbuch d. Staatsw., 4. Aufl., IV Bd., 1927, S. 1012.

（Gewerbegerichtsgesetz），有关产业劳动者的争诉，根据快速简易、方式自由的程序进行裁判，特别裁判管辖权承认普通陪审官的参加，这成为德国调停程序的起源。[1] 从德国的社会政策立法及其后的进一步发展来看，《产业条例》通过数次修改对劳动者的保护越来越充实，特别是1908 年的修改，在关于《产业条例》的适用方面，排除了"工厂"等不明确的概念，根据日常使用的"被雇者人数"制定各种保护规定的适用基准（第 7 节），1910 年规定了女工 10 小时劳动制以及禁止其夜间劳动。此外，1903 年制定了《儿童保护法》（Kinderschutzgesetz vom 30 März 1903），1911 年制定了《家庭劳动法》（Hausarbeitsgesetz），1911 年还综合劳动保险各部门制定了《国家社会保险法》（Reichsversicherungsordnung），另外还制定了《雇员保险法》（Versicherungsgesetz für Angestellte von 20. Dezember 1911）。

这样，社会法发展到了第二个时代，通过不懈努力，克服诸多困难，终于看到了社会保险立法的逐步确立，奠定了社会法体系完成的主要基础。另外，在社会保护立法或社会政策立法的确立中发挥了主要作用的德国，根据其特有的国情，通过学者和政治家的协力，实现了国家法的社会法或社会政策立法的显著发展。另一方面，通过劳动团体的自主活动和努力，英国终于使《劳动组合法》获得了完全的成功，随着国际劳动保护立法运动的兴起，社会法带着充分的准备，在期待建立其体系的同时，等待着大战的到来。

---

[1]　Kaskel (Walter)/Dersch (Hermann): Arbeitsrechts, 4. Aufl., Berlin, 1932, S. 7 ff.

十二　社会法的形成

56. 世界大战与社会法：国际劳工组织的活动与国际劳动立法的成立　国际劳动宪章

　　在如上所述的状况下，社会法的发展遭遇了世界大战的异常冲击，对社会法的普遍关心暂时被战争所取代，社会法的发展一度停顿。然而，可以说在蛰伏之间，或者由于受到这种冲击的影响，社会法体系形成的基础和条件得以完备。随着大战临近结束，不仅抵消了战时社会法发展的迟缓，还的确带来了社会法惊人的进步。特别是在大战中，根据自己的活动和贡献确立了社会地位的劳动阶级，在国家中成为了极为重要的权力因素，因此，国家的所有活动已经到了不能再忽视其利益的地步。另外，全体国民对国际和平的渴望，引发了国内阶级协同合作的意识。然而，特别显著地促进社会法形成的是《凡尔赛和约》等宣布的"劳动宪章"（The Labour Charter, La Charte du Travail），以及基于此产生的国际劳动保护立法，再加之原本国内促进社会法发展的良好契机，这样的状况不仅对战胜国，而且对战败国，进而发展到对未参战国的社会情势均产生了影响。这样，在大战造成的社会经济状况异常转变的同时，未来的法律生活也发生了重大转变，社会法在法的体系中确立了决定性地位，最终，体系化或充分意义上的社会法成立了。

　　也就是说，在世界大战以后，对于社会法的发展首先应该特别注意的是劳动法范围的统一法化，即国际劳动法的形成。如已有的学说所阐述的那样，这在战前已被诸多思想家如罗伯特·欧文（Robert Owen），丹

尼尔·罗格朗（Daniel Legrand），古斯塔夫·勋伯格（Gustav Schönberg），
阿道夫·瓦格纳（Adolf Wagner）等所提倡，瑞士政府为了研究有关工厂
劳动的国际条约，提议召开外交会议，以此为发端，1890 年在柏林召
开了劳动问题国际会议，继而 1900 年在巴黎召开了国际劳动者保护立
法大会（Congrès international pour la protection légal des travailleurs），此后
1905—1906 年、1913 年的柏林劳动大会也获得了成功。除此之外，我们
还看到法国和意大利之间的其他劳动条约的建立，特别是由于世界大战
带来的冲击和机遇，提高了劳动阶级的政治地位以及建立了与国际和平
紧密相连的社会阶级之间的协同合作，这成为了社会普遍意识的焦点，
劳动法的国际化发展日趋活跃，最终根据 1919 年 6 月 28 日《凡尔赛和
约》第 13 篇宣告的著名的《国际劳动宪章》，确立了劳动保护或国际劳
动法的根本原则。[1] 可以说，从国际经济的利害比较来看，它包含了下
述两个方面：一方面，应该高扬"社会正义"（social justice, justice sociale,
sozialer Gerechtigkeit）、"劳动不只是商品或者不应仅被视为商品"、"世界
以工薪为生者的永久利益"等各种理念；另一方面，更加实际的是，"任
何一个国家不采用人道的劳动条件，都是其他国家希望改善本国劳动条
件的障碍"……[2]。基于此，"国际劳工组织"得以建立，在国际劳动立法
的制定过程中，除了政府当局以外，还开辟了民营雇主以及劳动者代表
参与的有效途径。一方面承认国际劳动条件难以迅速统一地实现，另一
方面承认工薪劳动者身体上、道德上以及精神上的福祉是最为重要的国
际事项，因而，国际劳工组织明确宣告了确保雇主以及被雇者的团结权，

---

[1] Berger (Ernst)/Kuttig (Ewald)/Rhode (Herbert): Internationales Arbeitsrecht, 1. Aufl., Berlin,
1931. 恒藤恭『国際法および国際問題』弘文堂（1922 年）1 頁以下。

[2] e. g. Treaty of Peace at Versailles between the Allied and Associated Powers and Germany—
Section I Organization of Lobour, Part XIII Labour. 田岡良一『国際法学大綱　上巻』巌松堂
書店（1935 年）117 頁以下。

确保必要的最低工资，实行一日 8 小时、一周 48 小时的劳动时间制，保护童工和未成年工，不同性别和国家的劳动者的平等等各项原则。[①] 该国际劳工组织的成立，特别是通过国际劳工大会的活动，每年为有效促进劳动保护立法持续开展活动，为战后社会法的发展，特别是促进各国社会立法的制定发挥了重要作用。

57. 英美战后社会法的发展：英国失业保险制度的确立 英国社会自主法的社会法 美国战后劳动法 社会 立法的违宪问题与高等法院的判决 产业复兴法

如上所述，英国在战前已经确立了劳动组合活动的合法性，促进社会自主法的社会法的条件已经完备。即，劳动组合自主活动已经在 1908 年获得了井下矿工劳动时间限制在 8 小时的立法结果，1919 年进一步制定了 7 小时劳动时间法，这成为英国成年劳动者保护法的特例。开辟了社会立法发展先河的英国《学徒健康与道德法》，在大战后得到了进一步发展，根据 1919 年第一次华盛顿国际劳工大会的公约和建议书，英国 1920 年制定了工业企业禁止使用未满 14 岁儿童的法律 [Employment of Women, Young Persons and Children Act (10 & 11 Geo. V. c. 65)]，1922 年颁布了作为业务或以营利为目的进行的劳动，不论是否是为了儿童而营利，都禁止雇佣未满 12 岁儿童的法律 [Education Act(11 & 12 Geo. V. c. 51)]。另外，有关安全卫生和工伤预防，已经根据 1901 年《工厂法》[Factory and Workshop Act (1 Edw. VII. c. 22) §79]，给予了内务大臣对被认为特别有害危险业务的取缔权，而根据 1916 年《警察工厂法》[Police, Factories,

---

① e. g. op. cit., §427.

etc.（Milscellaneous Provisions）Act（6 & 7 Geo. V. c. 31）§7］，为了完善就业人员的福利，给予了内务大臣在需要特别处置的场合发布特别命令的权利。[1]

另外，英国以维多利亚及澳大利亚其他各州特别发达的最低工资制度为范本，已经在 1912 年制定了《煤矿最低工资法》［Coal Mines（Minimum Wage）Act（2 Geo. V. c. 2）］，特别是 1918 年在修改原 1909 年法的基础上，制定了《贸易委员会法》［Trade Boards Act（9 Edw. VII. c. 22-8 & 9 Geo. V. c. 32）］。[2] 关于社会保险制度，模仿德国于 1911 年制定了《国民保险法》［National Insurance Act（1 & 2 Geo. V. c. 55）］，根据以往的《雇主责任法》［Employer's Liability Act（43 & 44 Vict. c. 42. 1880）］和《工人赔偿法》［Workmen's Compensation Act（60 & 61 Vict. c. 37, 1897. and 6 Edw. VII. c. 58. 1906）］，补充了"救助"的内容。然而特别应该关注的是，在扩充了 1911 年保险法的内容后，1920 年制定了《失业保险法》［Unemployment Insurance Act（10 & 11 Geo. V. c. 30）］，确立了失业保险制度。[3] 这些制度，在雇主、被雇者、国家的负担下，基本上适用于所有的企业，通过 1909 年的《劳动力交易法》［Labour Exchanges Act（9 Edw. VII. c. 7）］，在职业介绍所和劳动组合的协力下被运用实施。另外，与德国的工厂委员会制度相比，除了 1920 年的《矿业法》［Mining Industry Act（10 & 11 Geo. V. c. 50）］以外，还应该关注 1919 年的《工业法院法》［Industrial Courts Act（9 & 10 Geo. V. c. 69）］等。

总而言之，英国的社会法的特点是，将国家的特别立法规制作为例外，比如，关于劳动契约、团体协约等，完全委以习惯法、判例法或社

---

[1] Tillyard（Frank）: Industrial Law, 2. ed., London, 1928, p. 265.

[2] 宫本英雄「賃銀立法の一考察」法学論叢 18 巻 5 号（1927 年）13 頁。

[3] Crew（Albert）: The Unemployment Insurance Acts 1920-1930, London, 1930.

会自主法的形成，而不是像德国、法国等国家那样需要特别立法，特别是 8 小时劳动制等也严格保持在习惯法上。除此之外，劳动者参与企业管理和经营协议等也是如此，根据特殊产业以及地方上任意组织的联合协议会发挥实效。在这种情况下，社会自主法的社会法的形成取得了显著发展。而劳动组合及其他社会自治团体形成的社会自主法，作为社会法的形成，起源于英国，构成了战后社会法的极其重要的特征。

美国在战前的 1904 年已经设立了劳动部（Department of Commerce and Labor），社会立法原则上根据各州的立法，所以多少有些差异，但呈现了相当程度的发展。特别是在战后，从 1916 年开始历经 20 年得到了显著发展。一般男性及女性对于价值或劳动的新观念激发了立法者的思考，其结果，出现了许多成文劳动法。首先合众国政府对被雇者制定了《赔偿法》（Compensation Act），这为各州及其他诸国提供了典范。另外，铁路工人最初的 8 小时工作制被确立。而之前禁止少年劳动的规定被批评为违反宪法，现在也根据与州际商业有关的权力确定了对少年劳动的禁止。另外，在战争中，州职业介绍所向全国扩展。1920 年，政府对那些向职业伤害者提供保护的州支付补助。在此期间最高法院还做出了对男性劳动者适用劳动时间法、最低工资法以及其他各种劳动者补偿法的支持性判决。

此外，各州也制定了劳动者补偿法、健康保险法或妇女 8 小时劳动法等。[1] 其产生的缘由是，在美国，由于《宪法》保障的自由及财产不受侵害，给劳动立法或社会立法带来了阻碍。[2] 比如，关于雇主的工伤补偿法，主张"对于不能归于雇主责任的工伤而要求雇主进行损害赔偿，是

---

[1]　Commons（John R.）/Andrews（John B.）: Principles of Labour Legislation, New York & London, 1920, pp. xi, xii.

[2]　Commons（John R.）/Andrews（John B.）: ibid., p. 397 ff.

不经合法诉讼程序而收用了雇主的所有权"。^① 然而，1917 年最高法院相关判决认为，限制契约自由的目的是对劳动过程中造成的生命损害进行赔偿。因此，公众与对其共同福利的侵害具有直接的利害关系。"与整体是所有各部分的合计一样，因而，每一个人的健康、安全以及福利受到牺牲或被阻碍时，国家自身也不得不承受这种痛苦。"^② 另外，"该劳动者补偿法对于任何类型的企业来说，只要赔偿的范围在合理限度内，即如果该企业对劳动者生命及身体的损害赔偿额，没有大到影响其取得合理利润的话，就不能认为对企业具有压迫性。然而，如果任何企业涉及如此巨大的伤害风险，以至于不能给受伤害的劳动者留有合理的利润补偿，那么国家为了人民的安宁和幸福，可以自行禁止所有此类企业。"^③ 这样便为促进社会立法开辟了道路。^④

---

① Commons (John R.)/Andrews (John B.): ibid., p. 398.

② Holden v. Hardy, 169 U. S. 366, 397, 18 Sup. Ct. 383 (1898).

③ Mountain Timber Co. v. Washington, 243. U. S. 219, 37 Sup. Ct. 260 (1917).

④ 在美国，社会立法的宪法上的障碍在 1914 年以后多少有些缓解，与此相关，应该引起注目的是，1933 年美国制定了具有划时代历史意义的《产业复兴法》[National Industrial Recovery Act, N. I. R. A (N. R. A.)]，参见：大塚一朗「米国新産業政策の一断面」経済論叢 38 巻 2 号（1934 年）94 頁以下。通过通货膨胀和国家统制经济政策达到克服经济危机的目的，但首先要有效振兴公共事业（Public Works and Construction），促进多数人就业。为了使全部产业得到协调和振兴，设立了必要的机构，以达到增加再就业比率、缩短劳动时间、适当调整工资、防止不当竞争以及无序的生产过剩的目的。这事实上包含了特别是非常时期在此名义之下对广泛的经济活动自由的限制。但其不受法理的强制，根据资本家的意愿，通过统制规程的自主形成或签订条例等发生实际效果，这一点是值得关注的。《产业复兴法》规定"在所有的条例、协定以及专利许可中，劳动者都享有结社以及团体协约的自由权利，不能强求任何劳动者作为就业条件加入企业设立的组合或退出自己选择的劳动组合，雇主必须遵守大总统认可或规定的最长劳动时间、最低工资比率以及其他劳动条件"。此外，《产业复兴法》还将极为全面的劳动法律以及经济法律作为其实体内容。

58. 法国战后社会法的发展：劳动法典的编纂
1928 年以后社会立法的活跃化

　　由于世界大战的爆发，法国从临时国防的观点出发，也停止了团结
权这一劳动者阶级最为重要或基本的权利，另外，还以增加军需工厂的
效能为目的，不得不默认劳动监督官在一定程度上对劳动保护法的违反。
但伴随着大战的结束，可以再次看到社会立法活动的兴旺发展。已经在
1901 年设立的法国劳动法典编纂委员会（Commission extraparlementaire de
codification des lois ouvrières），开始编纂劳动法典。但与其说它并不以制
定新的劳动法典为目的，毋宁说它是对现行的有关各种劳动法制的体系
化分类编辑。也就是说，它禁止在法典中加入新的规定，而只是具有与
既存的立法相对照，为避免重复而对漫然无序的法律加以整理的权限。
因而，它并非是充分意义上的劳动法典的编纂，而应该与战前德国的
《产业条例》或英国 1901 年的《工厂法》等相对比。[①] 另外，根据劳动法
典编纂委员会的草案，劳动法典预定为七编，即：第一，关于劳动约定；
第二，劳动取缔规定；第三，职业团体；第四，劳动裁判、调停、仲裁、
职业代表；第五，劳动保险；第六，社会福利；第七，社会救助。但好
不容易在战前的 1901 年颁布了第一编、1912 年颁布了第二编，此后却
因为世界大战而中止。然而，大战的结束促进了社会立法的活跃，先是
在 1919 年制定了《团体协约法》（loi sur les conventions collectives de travail
du 25 mars 1919）和《八小时劳动法》（loi sur la journée de huit heures du 23

---

① Pic (Paul): Traité Élémentaire de Législation Industrielle—Les lois ouvrières, sixième éd., Paris,
　1931, p. 90 ff. §169 ff.

avril 1919)，继而 1920 年制定了《职业组合能力法》(loi sur la capacité des syndicats professionnels du 12 mars 1920)、《低价住宅法》(loi sur les habitations à bon marché du 5 décembre 1922——à rapprocher de la loi Loucheur du 12 juillet 1928 sur la politique du logement, H. B. M. et logements moyens)、《农业灾害补偿法》(loi sur les accidents agricoles du 15 décembre 1922 et 30 avril 1926)，1923 年制定了《侍从者灾害补偿法》(loi sur les accidents des gens de service du 2 août 1923)，1926 年制定了《禁止欺行霸市及不法投机法》(loi sur l'accaparement et la speculation illicite du 3 décembre 1926)。

另外，在法国社会立法发展的活跃时期，1928 年根据《学徒制度法》(loi sur l'organisation de l'apprentissage du 20 mars 1928) 以及华盛顿条约案，制定了《产妇休假法》(loi sur le repos des femmes en couches du 4. 1. 1928) 等。此外，还制定了具有划时代历史意义的《解约告知期限法》(loi sur le délaicongé du 19 juillet 1928)，规定解约告知应该严格遵守当地及职业习惯上的告知期限，除了根据团体协约以外，禁止根据契约或《劳动就业条例》设立比习惯上或团体协约上的告知期限更短的期限。另外，还制定了对收费职业介绍所严格监督的《职业介绍所法》(loi sur les bureaux de placement du 19 juillet 1928)，以及制定了将服装制造业的家庭劳动者的法定最低工资扩大到男性劳动者的法律 (loi du 14. décembre 1928) 等等。另外，1929 年还制定了对工伤事故受害人增加养老金的《工伤赔偿调整法》(loi sur le rajustement des rentes des victimes d'accidents du travail du 15. août 1929)，1930 年修改了《工资抵押限制法》以及《社会保险法》。

编纂劳动法典的事业也在 1924 年重启，首先颁布了关于劳动裁判、调停、仲裁、职业代表的劳动法典第四编，1927 年又颁布了关于职业团体的劳动法典第三编。这样，特别是通过战后社会法的显著发展，只是作为形式上开始编辑的劳动法典编纂事业，也被真正赋予了新劳动法典编纂的实质意义，迈出了战后社会法发展最令人注目的独具特色的劳动法典编纂的一步。[①]

59. 苏维埃俄国的劳动法和经济法：苏俄劳动法典 新经济政策立法 苏俄社会法的特殊性

关于战后社会法的发展，应该重视的是苏维埃俄国的法律状况。如上所述，苏俄极为显著地实现了劳动法典以及土地法和其他经济立法的特别法化，在战后法律的普遍发展之上，附着了极为特异的色彩。特别是社会法的发展应该引人注目的是 1922 年 11 月 15 日实施的新《劳动法典》(Arbeitsgesetzbuch der R. S. F. S. R., Ausgabe 1922, angen. auf d, IV. Session des allrussischen Zentral-Exekutivkomitees am 9. 11. 1922)，其分为十七章，即：一、总则；二、劳动者雇佣的程序以及劳动力配给；三、苏维埃共和国人民的勤劳义务的履行程序；四、团体协约；五、劳动契约；六、就业规制；七、劳动结果（生产率）的计算；八、劳动报酬；九、保障以及损害赔偿；十、劳动时间；十一、休息时间；十二、学徒制度；十三、女性及未成年人劳动；十四、劳动保护；十五、劳动组合、雇主团体、企业设施和农业机构；十六、争议调停机构以及违反劳动法律案件审理；十七、社会保险。这是内容极为全面丰富的劳动法典。[②]

然而，苏维埃俄国战后的法律状况是，"通过国家自己之手，掌管国内的主要生产资料，以实现利用经济的目的，因为这是存在于完全不同

[①] Pic (Paul): Traité Élémentaire de Législation Industrielle—Les lois ouvrières, sixième éd., Paris, 1931, p. 90 ff. §169 ff.

[②] Freud (Heinrich): Das Arbeitsgesetzbuch Sowjetrusslands, Hamburg-Berlin, 1923. 末川博『ソヴエトロシアの民法と労働法』改造社（1926 年）55 頁以下。

的经济和社会关系之上的，所以，其法的体系与市民法相比是由完全不同的'原理'构成的。也就是说，其全部的财产法关系是适应国家经济各个部门的，国家将国内的基本生产资料置于自己的管理之下，并且通过单一的中心对全部经济生活进行集中指导，形成了适应国民经济各个领域特殊性的国民经济的法律形态或法律关系。所以，依据所有权对以完全私人自治方式实行经济过程中的私人法律关系加以规范，由此，对仅仅把握了经济关系极其表面外壳的市民法加以代替的，只能是《工业法》《土地法》《矿山法》《水域法》《劳动法》以及其他详细分类的具有社会经济内容的唯一的'大经济法'。"①

　　而这样的苏维埃俄国的法律状况，对未来有关法律地位或法的体系提供了启示，这原本是应该引起重视的。但是，其战后社会法发展的正常过程与途径，并没有在充分完整的方法上呈现出其典型性。总之，它是特殊的社会革命的产物，其法律状态可以说不是传统的市民法律状态或市民法体系的"法律内"的发展转变，而是"法律外"的因政治的、社会的动因而被突发引起的法律状态的转变或革新，所以，它没有呈现出从市民法到社会法的法律发展过程，另外还因为它与法律史上所把握的社会法的发展意向不相适应。也就是说，苏维埃俄国的社会法不是通过充实完善市民法而被制定的，因此，与社会法的对照性不能成为自己的特征，这就意味着其难以具有与我们作为问题的社会法等同视之的性质。总之，现时的社会法的特征受到市民法严密精致的法理的洗礼，通过与市民法的共存，在严格训练中确保自身。这在某种意义上，可以说具有了类似于日耳曼法与罗马法相对照那样的法理性质吧。换言之，它是作为不同社会种类的不同社会的法律状态而被隔绝的。然而，正如有关民

①　マゲロウスキー編纂・山之内一郎訳『サヴェト法論　第 3 巻「労働法・土地法」』希望閣（1931 年）180 頁以下。

法所指出的那样，它限制了趋于极端的理想主义的观点，即从新经济政策的观点出发构想法的体系，因此，如果抽象出实定法的领域，并根据其法理表现自身的话，它应该被理解为将表现出来的社会法法理作为市民法法理的一种发展形态，在这一点上，为我们的考察提供了不少启示。

60. 德国战后社会法的发展：战时、战后劳动立法的扩充　1916 年辅助服务法的意义　团体协约法的形成　工厂委员会　统一劳动法典的编纂计划

从某种意义来说，更为系统全面或典型地呈现战后社会法发展志向的，是德国的发展过程和路径。的确，德国在社会法的发展中继承了英国的先发位置而在战前处于领先发展地位，但作为对社会法形成具有积极取向性的国民来说，他们扮演了为形成社会法法理和财产法法理的罗马市民的角色。特别是在世界大战中，为了占有主导地位，也为了战后社会法的发展，要发挥他们主导的典型的功能。在这种意义上，为了显示战后社会法的普遍发展志向，以下笔者将对德国的发展做比较详尽的阐述。

德国在世界大战爆发的同时，一方面各种势力全力忙于战争，暂时停止了制定劳动保护的特别立法（Gesetz vom 4. 8. 1914），社会法的形成过程出现了暂时停顿；但另一方面，为了适应战时需要，关于职业介绍、养老保险等的立法反而得到了发展。特别是《辅助服务法》（Hilfsdienstgesetz vom 5. 12. 1916）预示了战后社会法的发展志向，相对于战前劳动法的规定具有了决定性的转变。也就是说，《辅助服务法》通过对所有的政治结社法的修改（Novelle vom 22. Juni 1916 zum Reichsvereinsgesetz），使被其适用除外的有关雇主及雇员的团结

更向前迈进了一步，导致了国家对一般的职业组合的态度发生了决定性改变，还成为了此后得到显著发展的工厂委员会制度及调停制度的前身。[①] 可以说国家《辅助服务法》是为了战时经济作为广泛的国家劳动的代偿而被制定的，而对于雇佣 50 名以上劳动者从事的全部辅助服务（Hilfsdienstbetriebe），设立了职工委员会（Arbeiter und Angestelltenausschüsse）和解决争议的调停委员会。特别是对于以往不被国家法律积极容忍的职业组合，通过给予其提请争议权，在法律上承认其作为调停委员会的"陪审员"，开辟了在广泛领域实际参与法律执行的途径。这样，据此被承认的"雇主和雇员的经济联合体"（wirtschaftlichen Vereinigungen der Arbeitgeber und Arbeitnehmer），首先获得了社会政策立法以及行政领域中的重要功能，接着，与这些领域涉及的各项政策相关，提高了公共生活的决定性要素的地位。1918 年更是废除了《产业条例》第 153 条"因参加团结或罢工以胁迫或诽谤罪处以监禁"的规定（Gesetz vom 22. Mai 1918），首次确保了劳动组合完全自由的组织活动（Vgl. §159 RV），接着又颁布了确保团体协约不受侵犯原则（Unabdingbarkeit der Tarifverträge）的《团体协约法》（Tarifvertragsverordnung vom 23. Dezember 1918），开辟了战后社会法最具重要特色的社会自主法的形成道路。

其次，1918 年秋社会民主党掌握了国家的政治权力，劳动法得到了显著发展。即，除了率先实施社会民主党早已提出的八小时工作制及失业救济以外，劳动者的经济地位也发生了根本性的改变。劳动者应该与雇主同权，应该承认与他们利害相关所要求的共决权（Mitbestimmungsrecht）。

[①] Kaskel (Walter)/Dersch (Hermann): Arbeitsrecht, 4. Aufl., Berlin, 1932, S. 9. Hueck (Alfred)/Nipperdey (H. C.): Lehrbuch des Arbeitsrechts, I Bd., 1928. Mannheim/Berlin/Leipzig, S. 18. Huber (Ernst Rudolf): Wirtschaftsverwaltungsrecht. Institutionen des öffentlichen Arbeits-und Unternehmersrecht. Tübingen, 1932, S. 122.

这些要求还不能实现对企业制度的完全排除，但通过工厂委员会制度（Rätebewegung）和社会化的要求，根据《宪法》第 165 条以及制定的《工厂委员会法》（Betriebsrätegesetz vom 4. 2. 1920），可以看到产生的实际效果。但是，该工厂委员会制度，不仅涉及作为被雇者的劳动者的地位，而且还涉及为劳动者和非企业主参与"企业自身"开辟了道路，在社会法发展的基础上超越了劳动法的范围，显示出向社会化企业法或一般经济法方向的发展。特别是带有这个时代的性质，强有力地出现了社会自主的、团体主义的观念。也就是说，成为这个时代劳动法发展中心的是劳动组合，相对于规制个别劳动契约诸条件的个人法，团体协约的决定性胜利出现在眼前。[①] 特别是由于战败，为了短期内部队复员的需要和从军人员的就业，以及由于德国的经济生活因军事和政治的破败而遭受了极大震荡，有必要从战时经济向平时经济转换等，这些都只能通过国家加以解决，因而，制定了很多劳动法的规定，这给劳动法典的形成带来了重大影响。于是，终于产生了制定新的统一的劳动法典的计划。根据 1919 年 3 月的告示，《宪法》第 157 条最终宣告制定统一的劳动法典，这样就开始了劳动法的编纂，并先后颁布了《团体协约法草案》（Entwurf eines Tarifgesetzes R Arb B1. 1921 Amtl. Teil S. 491 ff.）、《一般劳动契约法草案》（Entwurf eines allgemeinen Arbeitsvertragsgesetzes R Arb B1. 1923 Amtl. Teil S. 498 ff.）以及《劳动保护法》（Entwurf eines Arbeitsschutzgesetzes Beilage zum R Arb B1. 1926 Nr. 45）等等，[②] 这样，应该与近代民法典编纂相对照的真正意义上的劳动法典的编纂拉开了序幕。

---

① Hueck (Alfred)/Nipperdey (H. C.): a. a. O. S. 16.

② Jacobi (Erwin): Grundlehren des Arbeitsrecht, Leipzig, 1927, S. 71 ff. insb. S. 72. Anm. 19.

61. 德国经济法的成立：作为经济法历史根源的世界 大战　社会化法　货币价值的变动与供给契约

　　另一方面，社会法的发展应该关注的是，以德国为中心酝酿产生的所谓"经济法"（Wirtschaftsrecht）的问题。即，德国的经济生活随着世界大战的爆发受到了全面的、根本性的震荡，遭受了明显的改变。而在经济转变之际，法律或因或果被完全卷进这个旋涡之中，这样，未来形成的新的法律特征，也是用经济法的表现来叙述的。[①] 首先，世界大战带来了将广泛的经济任务委托于国家权力，以及随之而来的对个人经济自由的绝对限制。这样，私法上的各种制度完全被公共法的氛围所笼罩，采取了许多公共的成分。这种现象中最为重要且应受到重视的无非是根据公共法的作用来设定和改变债务关系。也就是说，租赁、佃耕、劳动契约等不断通过公共机构被设定、改变、废止，另外，赋予了法官代替债权人承认私法上债务延期以及废除被约定的契约处罚效力的权力。也就是说，在这里，国家已经不再是作为私人当事人的单一的继承人或法定代理人出现，而是像设定废除私人的物权制度和土地征用权那样，根据国家自身的权力来规定对契约当事人的约束。

　　应该注意的是公法领域的改变，在公法领域里可以看到财产法要素的不断渗透。即，不只是强调租税、关税等货币的课税，还有无数新的货币以外的财产法上的义务、供给、勤劳的课税，特别是世界大战以及《凡尔赛和约》对公共经济干预的结果，在对国家具有公法性质的财产法请求权领域有着显著表现。但是，强调权利的安全保护原则，一般

[①] Nussbaum (Arthur): Das neue deutsche Wirtschaftsrecht, 2. Aufl., Berlin, 1927, S. 56 ff.

属于财产法的本质，这样，制约行政机构的自由裁量、民主主义国家思想的内在意愿与权利保护思想深刻侵入行政法的内部，其结果，确立了成为战后法律生活重要特色的私法与公法的平衡。另外，革命带来了以实现共同经济为目的的迅疾行动。即，对社会化（Sozialisierung）或公共机构的经济的经营委托，虽然源于社会民主党最为重要的议事议程，但在此之际，社会化的目的具有双重意义，它意味着对私人资本权力的制约，以及与其相互关联的经济的、经营上的政治权力的扩充。随着革命的爆发，首先设立了"社会化委员会"（Sozialisierungskommission），特别是考虑到煤炭矿业的社会化方法，而终于在 1919 年 3 月率先颁布了《社会化法》（Sozialisierungsgesetz）。该法特别赋予了联邦以适应社会化的方式，将取得地下藏物以及利用自然力的经济企业作为共同经济，并在紧急的必要场合，以共同经济的形式限制经济财产的生产和分配的权力。另外，这种共同经济的任务不只是由联邦承担，还由经济自治团体（wirtschaftliche Selbstverwaltungskörper）承担（§2—Sozialisierungsgesetz vom 23. März 1919）。"社会化"当初只是一个议事议程，但不久，通过少许修改后被《魏玛宪法》第 156 条所采纳，终于颁布了规范有关煤炭经济和钾盐经济的立法，随后又进一步向电气、钢铁以及其他经济领域扩展。[1] 像这样，一方面开始了劳动法的法典化，同时，另一方面可以看到成为战后社会法重要特色的实定的社会化经济法的成立。如果对现在应该注目的经济立法加以例示的话，除了特别宣告了经济法一般志向的《魏玛宪法》有关经济生活的规定（Das Wirtschaftsleben—§§151-165）以外，还有关于钾盐经济的规制（Gesetz über die Regelung der Kaliwirtschaft vom 24. 4. 1919）、煤炭经济的规制（Gesetz über die Regelung der Kohlenwirtschaft vom

---

[1]　Goldschmidt (Hans): Reichswirtschaftsrecht, Berlin, 1923, insb. S. 145 ff. Nussbaum (Arthur): Das neue deutsche Wirtschaftsrecht, 2. Aufl., Berlin, 1927, S. 56 ff.

23. 3. 1919)、钢铁经济的规制(Verordnung der Regelung der Eisenwirtschaft vom 1. 4. 1920)、对外贸易的规制(Verordnung über die Aussenhandelskontrolle vom 20. 12. 1919)、硫酸经济的规制(Verordnung über die Regelung der Schwefelsäurewirtschaft vom 31. 5. 1920), 以及其他关于解决住房短缺的措施(Verordnung betr. Massnahmen gegen den Wohnungsmangel vom 23. 9. 1918), 关于租赁人以及其他佃户的保护措施(Bekanntmachung zum Schutze der Mieter vom 23. 9. 1918, Pachtschutzordnung in der Fassung vom 29. 6. 1922), 关于国内定居和家产保护的措施(Reichssiedlungsgesetz vom 11. 8. 1919, Reichsheimstättengesetz vom 10. 5. 1920), 等等。除此之外, 特别值得关注的还有关于经济法案件的裁判(Verordnung über das Reichswirtschaftsgericht vom 21. 5. 1920)。[①]

---

① 德国的所谓经济法的问题, 具有世界大战和革命性的历史根源, 即, 当时德国的所有法律问题都是以经济为中心提出的, 传统的法理自然而然地被卷入经济生活的旋涡中, 最终丧失了其绝对的性质。参见: Hedemann (Justus Wilhelm): Grundzüge des Wirtschaftsrecht 1. Aufl., S. 11. 12。这样, 因为战时和战后经济生活的变动带来的影响, 其最为显著的反映是"供给契约"(Lieferungsvertrag)丧失了法律上的绝对确定性。即, 在战前, 契约的继续性是不证自明的, 契约信用(Vertragstreue)作为一种绝对价值不会有任何改变, 但由于世界大战爆发, 带来了异常的情势变更[勝本正晃『民法に於ける事情変更の原則』有斐閣(1926 年)297 頁以下], 到处都有解除契约的主张。这样, 德国帝国法院(Reichsgericht)为了保全契约信用原则进行了激烈辩论。当初在论战中比较受轻视的帝国法院坚持认为, 单是基于战争原因不应该改变契约信用原则。但不久, 发生了严重的原料不足、物价暴涨、货币急剧贬值等问题, 这样, 以前意义上的契约信用原则, 导致在一些地方发生了许多不公正的事件, 集中引发了相关的诉讼问题, 而帝国法院依然墨守这些陈旧的法律观念。这些观念一般只是在经济生活比较顺畅时才得以维持, 但在当时德国的经济生活异常转变之际, 在国内生产极度下降、物价异常上涨的状况下, 固执地坚持这一原则, 只能不适当地使物的给付义务人处于不利地位, 最后, 帝国法院被迫作出"任何人都不应因强制遵守契约而在经济上受到破坏"的著名的"破坏判决"[Hedemann (Justus Wilhelm): a. a. O. S. 18]。但是, 如果只在债务人遭受经济破坏的情况下才能解除契约, 则无资力者总是可以免除给付义务, 而对此, 不受经济破坏的人被不公正地强行遵守契约, 其结果的失当是不必争论的。另外, 帝国法院判决

62. 德国劳动立法的停顿与后退：1923、1930 年经济
困难与劳动立法的中止　为确保经济财政的紧急命令
世界经济危机与劳动立法的停顿　统制经济法或计划
经济法的发展　资本主义的统制化或计划化的因由

世界大战以后，1921 年废止了很多关于经济复员（wirtschaftliche
Demobilmachung）的法令，但劳动法领域的有关法令却被很多国家作为
法律保留了下来，比如《残疾人就业法》（Gesetz über die Beschäftigung
Schwerbeschädigter v. 12. 1. 1923. Stilllegungs-VOn. v. 8. 11. 1920 und 15. 10.
1923）。在这样的状况下，德国战后的社会立法得到了极为显著的发
展，但发展的道路并不平坦，可以说是荆棘丛生，阻碍重重。为了解决
战争赔偿造成的经济困难，以及 1923 年秋季严重的通货膨胀，促进生
产发展和降低生产成本，不得不对新的劳动法的各项制度进行一定程
度的废除。特别是根据所谓《赋权法》（Ermächtigungsgesetze vom 13. 10.
und 8. 12. 1923），放宽了关于解雇告知的限制规定，通过承认许多例外

（接上页注）指出："如果给付中存在的同等价值性（Aequivalent）已经达到不能被承认的
　　程度，给付的价值在相互变化的场合，即使给付义务人没有达到濒临破产的危险状况，
　　也应该免除给付义务。如果债权人在这样的情况下要求给付的话，反而有悖诚实信用
　　原则。"参见：小町谷操三『貨幣価値の変動と契約』有斐閣（1925 年）63 頁；Entschei-
　　dungen des Reichsgerichts in Zivilsachen, Bd. 103, S. 179。但是给付与反对给付，在失去同
　　等价值性的情况下，如果给付义务人通常得以免除给付义务的话，在经济生活转变的
　　情况下，几乎在所有的场合，在债权人的不利情形中，债务人应该产生的免除其给付
　　的结果都是明确的。这样，不论如何，没有预期的情势变更所产生的损害，只由契约
　　当事人中的一方来承担，这是难以理喻的。另外，帝国法院还作出了"根据情势变更所
　　产生的利害应由两方当事人平均负担"的判决。参见：小町谷操三『貨幣価値の変動と
　　契約』有斐閣（1925 年）119 頁；E. R. G., Bd. 104, S. 397。

情形减少了《八小时工作日法》的效力，还可以看到针对这些状况制定的新的调停规定。这样，或许已经酿成了"完全废除劳动法"（allgemeiner Abbau des Arbeitsrechts）的普遍疑虑和担忧。但不久，通过确保《紧急工作时间法》（Arbeitszeitnotgesetz v. 14. 4. 1927），强化《老年劳动者解约告知限制法》（Ges. v. 9. 7. 1926），以及从本质上扩充《母性保护法》（Ges. v. 16. 7. 1927），特别是通过《劳动法院法》（Arbeitsgerichtsgesetz v. 23. 12. 1926）、《职业介绍和失业保险法》（Ges. über Arbeitsvermittlung und Arbeitslosenversicherung v. 16. 7. 1927）的法典化，看到了劳动法的复活。然而，1930 年的经济危机再度阻碍了劳动法的发展。一方面，劳动法的各项立法活动暂时中止；另一方面，根据紧急法令出现了对劳动法或社会法关系的侵蚀。这其中最应关注的是《确保经济和财政安全的紧急法令》（Notverordnungen des Reichspräsidenten zur Sicherung von Wirtschaft und Finanzen），该紧急法令首先对国家、州以及其他地方团体、公共团体，不只是个别劳动契约，团体协约也是同样，规定可以附加一定告知期限并告知解约，否认与此相反的约定及法律的约束力（II. Teil, Kapitel 2 §§5 u. 6 der ersten Verordnung vom 1. Dez. 1930）。另外还规定，德国有关劳动者的团体协约，在其解约告知不被看成是新的协议成立时，以前的协议被视为在一定工资减额情况下至 1932 年 3 月 31 日为止的新的协议（II. Teil, Kapitel I §6-8 der zweiten VO. vom 5. Juni 1931）。进而，有关私有经济中的劳动者也是同样，雇主顾虑到营业状况、财产状况或者一般经济状况的变动，在负担的劳动者工资与此"不相当的高额"情况下，通过一定的告知期可以减少一定的工资（V Teil, Kapitel III. §1. der VO. vom 6. Oktober 1931）。更进一步，把低于团体协约的一定数额的工资看作是团体协约的工资，另外在有关团体协约的效力期限方面，确保至一定期限为止的效力存在，等等（VI Teil, Kapitel I der vierten VO. vom 8. Dez. 1931 und VII Teil Kapitel VI §6）。这些完全在国家权力的发动之下断然实行的非常政策，是对团体协约上确保的劳动者阶级利益的制约和蹂躏。这样，德国战后的社会立法特别是劳动立法，在得到了惊人的发展之后，遭遇到了暂时的停顿和后退。[①]

如上所述，在德国，与社会法相关的全部领域取得了显著进步，引领了战后社会法的发展。但如已经指出的那样，特别是在最近的经济危机中，劳动法领域的立法活动被停顿并遭到了根据紧急命令所带来的反击。如此事态，是在最近世界经济困难状态下几乎所有国家都或多或少存在的现象，这种事态在战后得到一时急速发展的同时，导致了在社会立法特别是劳动立法发展上的一个反动的、悲观的态势。然而，因为一时的劳动立法的停顿，就认为劳动法的发展可能会失去远大的前途，这恐怕是不适当的观察结论。促进劳动法发展的社会普遍规范意识，与其说并不因为突然的冲击而表现出任何松懈，毋宁说仍在不断地弥漫和扩充。特别是与经济危机相关联，在劳动立法的特殊领域显示出反动现象的同时，另一方面，从公共的、全体社会的观点出发，不仅要统制劳动关系，还要统制一切生产、经营、分配的经济关系，这样的统制经济或计划经济的意愿，其强度在不断增加。

关于现实中作为世界性标志的有关资本主义的统制性经济或计划性经济，施马伦巴赫对其转变的原因加以研究，认为这是基于成本构成结果的变革，即成本中非固定经费所占的比例相对于固定经费所占的比例变少。也就是说，导致这个固定经费增加的首先是经营规模的扩大，它固定了必要的经费，而与生产的多少无关，在此劳动是第二义的，这样，如果将今日的租赁对照表与以前的相比，可以看出设备资产与流动资产

[①] Kahn-Freud (Otto): Der Funktionswandel des Arbeitsrechts, Archiv f. Sozialw. u. Sozialp., Bd. 67. 2 Hft. April, 1932, S. 165 ff. Mestitz (Franz): Die Sozialrechtliche Entwicklung in Deutschland, Zeitschrift f. Soziales Recht, 4. Jg, N. I Januar, 1932, S. 29ff.

的比例发生了很大变动。大部分生产成本越来越增加了其固定性，这无非是自由主义时代对经济束缚的新的原因。[1] 总之，在固定经费占大部分的时候，自动调节生产和消费的自然秩序是无法被完全期待的。也就是说，根据需求而对生产进行增减是不可能的，因而不得不进行有意识的、计划的经济统制。

尽管如此，资本主义经济作为一种世界性现象的统制化或计划化，促进了经济法律上的社会法的制定，从而终于在全面的社会规范意识的支持下，在法律领域涵盖或压倒劳动法，保证了所期待的经济法的形成。

63. 战后社会法的概观与展望: 国际劳动立法　劳动法典的编纂　经济法　占领和保卫社会法的体系地位

总而言之，一般来说战后社会法的发展首先是以国际劳工组织制定的国际劳动立法为开端，随后根据各国着手的劳动法典的编纂和综合性经济法的形成为特征，这样在体系构建上着实迈出了一步，我们现在可以在充分意义上讨论社会法的成立了。

如上所述的社会法，是以英国《学徒健康与道德法》的产生为起源，继而根据德国的社会政策立法特别是《社会保险法》的确立，逐步得到了促进和发展。但在那样的时代，社会法还没有在法的体系中获得独立的地位，可以说只是作为特别立法而孤立存在，发挥的作用极为有限。的确，当时所有的法律生活都处在市民法的全面压制和支配之下，然而对

---

[1]　Schmalenbach: Die Betriebswirtschaftslehre an der Schwelle der neuen Wirtschaftsverfassung, Zeitschrift für Handelswissenschaftliche Forschung 22. Jg. zit. v. Diel (Karl): Die rechtlichen Grundlagen des Kapitalismus, S. 494.

市民法法理的补充完善甚至反对批评的社会意识，虽然已经通过有远见的社会思想家开始谈论它的存在，但这终于要在一个包容的社会意识中找到其反映和适应性，这是以资本主义高度发展或显著转变的世界大战为契机的。随着终于占有优势的劳动阶级意识的凝聚，这样的社会意识被彰显，这种社会意识的规范表现，一方面已经在全部市民法内部带来了法理性质的转变，另一方面作为特别立法确立了其实际存在，成为各种社会立法产生的原动力。这样的社会规范意识，在全部法律生活中以实定法的形态，开始了对市民法法理的批判，并作为其发展的转折，确保了自身新的法理以及获得了其体系的地位，这确属世界大战以后，尤其是最近的事情。

但是，在法理结构的严密性及其规模宏大等方面构成了历史上前所未有的庞大体系的市民法体系，对于与其对立的社会法表现出了极为坚韧的抵抗，这应该是容易理解的。因而，社会法在充分意义上发现其现实而具体的表现，确立其在全部法律生活中的基本主导地位，这也是要在较长时间以后才能期待的状态吧。然而，在现实的规范意识的强力支持下，社会法已经在法律生活中确保其充分的重要性，坚守其独自的体系地位，这种现状归根结底也是不能被否认的吧。

十三　市民法体系的再思考

64. 法的体系及社会经济基础：
对近代市民法体系的再思考

如已经详细阐述的那样，近代市民法可以说是以作为其辅助法的诉讼法为外壳，以作为其特别法的分化的商法为外系，根据成为其核心的民法进行统制，其庞大的规模和坚固的结构，构成了法律史上从未有过的一大体系。民法首先分为财产法和身份法两大法域，前者又分为物权法和债权法两个法域，后者又分为亲族法和继承法两个法域。在此，近代市民法的特征除了诉讼法整体意义的倒退以及商法还只处于局部法的地位以外，民法的体系上的指导或优越地位是通过身份法向财产法的转移来实现的，这一点在家族的或封建的身份意义倒退的法律生活中一目了然。

一般情况下，法的体系是通过与它的社会经济基础保持某种联系而具有了存在的意义。财产法体系尤其如此，它直接涉及经济关系的规制。然而，为形成一定的法的体系提供了机缘的社会经济关系，在所形成的法的体系中具现自我的同时，其法的体系相对于社会经济的基本关系也获得了自主性和抽象性，并开始了自身法理的系统性发展。通过这样的方式形成的法的体系，可以说对成为自己母体的社会经济的生活关系，产生了促进或阻碍的双向作用。也就是说，它意味着法的意识形态不仅仅是经济基础的反映，其意义在于，它是一个自我实现的过程，在这个过程中，原有的经济基础会自我发展和改造，因此，法也可以成为所有历史过程中社会发展或转化的一个独特契机。然而，获得了自主性的法的体系，在原本产生它的社会经济基础发生明显变化的同时，也率先导致了法的体系中各种法域的重要性或主导意义的转变。而且，如果法的体系不能以这种方式进行调适，就会导致体系本身发展的逐渐迟缓。

正如我们已经看到的，近代市民法是基于资本主义的建立而开始形成其体系的，而资本主义极为迅速而广泛的发展，也受到了近代市民法的法理和体系的促进和推动。但是，资本主义发展到高度资本主义阶段，进一步呈现出了桑巴特所谓"后期"资本主义的各种特征(38)。本来，近代市民法的体系就是在初期资本主义中产生的，但它必须在所包含的各个法域之间进行整体意义的转变，并且还要求对体系自身进行根本性的重新思考，可以说这是自然的归结。换句话说，这种情况首先刺激了市民法学者重新思考财产法体系中财产法和债权法之间相对照的意义。的确，在市民法体系中，物权法和债权法的区分不只是具有形式上的分类意义，还成为孕育无数其他问题的导火索，因为一般来说，市民法原则和方法的最基本的来源反映在它们所解决的问题中。因此，对这一问题的重新思考不能不导致市民法向经济法的未来转变，这就要求对所有市民法及各项制度进行社会的、经济的深入考察，从而不是基于形式和任意的理由，而是基于社会和经济的理由，要求在学理和立法上形成一个"更加"有序的新的财产法体系。①

在这个意义上，人们首先尝试从与财产法相关的新观点出发，建立一个学理体系。在这种情况下，这种体系的构想是通过追溯经济基础的方法建立起来的。正如前面提到的洛伦茨·冯·施泰因关于市民法体系的观点，他试图在经济关系的基础上提出市民法体系，因此应该引起重视。

---

① Reicher (W. K.): Absolute und Relative Rechte—Zum Problem der Einleitung der Vermögens-rechte, Berlin, 1929, S. 7. ff.

65.　韦斯特霍夫的经济法体系：经济主体与社团法 经济主体与法的交易(契约法)　经济客体与法的交易 (物权法)　韦斯特霍夫的经济法体系与市民法体系之比照

最近，有关财产法体系的见解，主张与市民法法理的转变相关联而重建新的体系，如果例举一二的话，韦斯特霍夫认为，构想所谓"经济法"的体系，不是根据法学的范畴，而是应该基于直接的经济上的差异，从这样的见解出发，[1] 其全部体系分为三部分。

第一部分是"经济主体与社团法"(Wirtschaftssubjekte und Verbandsrecht)。一、作为营利经济及消费经济的私人经济(个别经济)；二、企业的法律形态；三、市民家庭形态中的消费经济及法律基础；四、自主团体及社会主义共同经济内的组织；五、劳动组合的共同经济组织；六、联邦、州、地方团体的经济企业及经营；七、经济主体的社会组织体；八、世界经济的各组织。

第二部分是"经济主体与法的交易"(契约法)[Wirtschaftssubjekte und Rechtsverkehr (Vertragsrecht)]。一、经济自由与私人经济中的法律限制；二、契约自由与私人经济中的契约缔结权；三、"劳动法"(Arbeitsrecht)；四、强制缔约；五、在经济主体与法的交易中，与共同经济及整体经济的各种结合关系；六、德国在世界经济中的商业契约与经济主体的法律关系。

第三部分是"经济客体与法的交易"(物权法)[Wirtchaftsobjekte und

---

[1]　Westhoff (Emil): System des Wirtschaftsrechtes. Bd. I. Wesen und Grundlagen, 1-2, Aufl., Leipzig, 1926, S. 19.

Rechtsverkehr (Sachenrecht)]。一、所有权与私人经济中的财产自由；二、私人经济中所有权的法律限制——"社会法"；三、与废弃或限制个别所有权带来的自由经济相比，通过立法剥夺财富、劳动力等，即共同经济（社会化）与公共经济（垄断）；四、自由经济的其他重要资源和劳动力在从生成到最终分配（家庭生活）的过程中依附于职业团体等；五、再建每一个经济个体与世界交易中的法律关系。[①]

　　以上韦斯特霍夫构想的"经济法"体系如果与市民法体系相对照的话，比如在德国法中可以看到，首先其主要的法律成分包含在第二篇"债务关系"（Recht der Schuldverhältnisse）特别是其中第七章"个别债务关系"（einzelne Schuldverhältnisse）以及第一篇"总则"（Allgemeiner Teil）之中。另外，对法人作另行规定的第二篇的总则部分，与第二部分"经济主体与法的交易"相关，而第三篇"物权法"的体系属于第三部分"经济客体与法的交易"。总则有关法人的章节部分，是属于第一部分关于"经济主体"的内容，民法第四篇"亲族法"具有的经济意义只是与"市民的家庭生活"相关。此外，"继承法"在体系上被随附于第三部分"所有权转移的特殊形式"（besondere Form des Eigentumsübergangs）中加以处理。

　　其次，商法典在经济法的体系中得到了完全不同的分类。即，在与整个经济结合体的联系中，商人作为个人的企业主，与商业公司被对立看待，而企业为了实现其经济目的采用各种形式，构成了经济法的特别重要的部门。但是，由于其存在不足，作为《商业法典》第三篇的《商业行为法》反而在经济法上，在提高商法特殊性的基础上，与《民法典》中有关一般契约类型合为一体。[②]

---

① Westhoff (Emil): a. a. O. S. 58 ff.

② Westhoff (Emil): a. a. O. S. 62.

66. 邓尼斯特央斯基的现代私法体系：保护法
有效适用法　社会结合法　经济活动法

关于近代民法体系，与其说邓尼斯特央斯基批判了萨维尼、基尔克、温德沙伊得的学理体系，特别是排除了成为现实法典体系根源的温德沙伊得体系，毋宁说他接近于萨维尼的学说，构想了所谓"现代"市民法体系。也就是说，如果按照邓尼斯特央斯基的学说，在现实制度中特别是法典体系中被规定的温德沙伊得体系是任意而为的。首先它将财产法置于家族法前面，这是有悖于历史或社会的任何根据的；另外，将家族法置于债权法和继承法之间，与其说带来了完全以家族法为基础的现代继承法观念的混乱，倒不如说继承法是财产法的一个部门，因此应该在与其直接关系上加以对待。[1] 也就是说，如果按照邓尼斯特央斯基的观点，法律是"团结法"（Verbandsrecht），而产生法律的最为原本的团结只能是家族，因此《家族法》的确应该处于私法的最高位置。[2] 即，今日的家族体是全部法律生活的出发点，在其范围内，个人获得了最初的法律的有效适用性——私法的第一次制度。[3] 然而，家族法的内容是"保护法"（Fürsorgerecht），是在国家监督下应该用私权的方法获得的"保护"，属于私法的范畴。[4] 人通过保护进入到法律生活中，而婚姻保护成为人的生产、生活的一个新环节。因此，该保护形成了私法的一个独立部门，

---

[1]　Dnistrjanskyj (Stanislaus): Zur Grundlegung des modernen Privatrechts—Jhering Jahrbücher für Dogmatik des bürgerlichen Rechts, Bd. 44, Jena, 1930, S. 140.

[2]　Dnistrjanskyj (Stanislaus): a. a. O. S. 143.

[3]　Dnistrjanskyj (Stanislaus): a. a. O. S. 144.

[4]　Dnistrjanskyj (Stanislaus): a. a. O. S. 145.

这是正当的。该保护的根本思想是，不仅限于家族关系，现代法还扩展其范围特别是适用于劳动活动。也就是说，现代的劳动者保护，即使在私法内部也能够看到其实现，在企业的私人范围内，继续性使用他人劳动力的人，在一定范围内负有对他人的身份上的劳动保护义务。这特别相当于有关的继续雇佣关系。然而，由于这种类比性而将劳动关系与保护关系等同视之是不适当的。因为，在现代法律生活中，劳动关系的社会基础并不存在于"保护"之中，而是存在于劳动的独自社会地位之中。也就是说，与其劳动力相伴而生的现象，首要的是人的"价值"（Geltung），其次才是人的"保护"。因而，劳动关系反而应该按照有关个人及团体的"有效适用性"的私法的第二篇来对待。换言之，这样的体系所看到的婚姻、亲子、监护法等"保护"的要素，与私法上劳动者保护的要素是在共同的分母之下的，不能阻碍在私法上构想"综合的保护原理"。[①]

　　其次，邓尼斯特央斯基构想的成为现代私法体系第二篇的内容，基本上来说，即使基尔克将其作为"人格法"（Persönlichkeitsrecht），也与"社会及经济的有效性"（soziale u . wirtschaftliche Geltung）相关。的确，作为社会秩序的法，只有在对人类及其综合体赋予了社会的适用性时才有可能。这里的私法，是在私人生活中，作为个体以及团结体的人，必须考虑应该与他人享有完全的有效性。这样，作为个体以及团体的有效性，是根据法律秩序被创造并且被保护的一种法的财产。[②] 想来，现代私法仅分为家族法和财产法，依据这样陈旧的区分是不充分的，但即使依据人格法的观念也仍不充分，倒不如应该考虑这样的新方法，即，不只是单一个人，对于其团结体也应该给予对其适用的私法上的地位。[③]

---

① Dnistrjanskyj (Stanislaus): a. a. O. S. 154,155.

② Dnistrjanskyj (Stanislaus): a. a. O. S. 156,157.

③ Dnistrjanskyj (Stanislaus): a. a. O. S. 162.

关于这种社会的有效性，第一个应该列举的是，对人的精神财富给予法律保护的有关"著作权"及"发明权"（Urheber und Erfinderrecht）。在这种情况下，法律通过直接保护作品而间接地通过作品保护了人。然而，这不是对个别的人格性（Persönlichkeit）的保护，而是对社会利害中的创造力的保护，社会应该具有这样的关心，即在保护精神上的作品的同时，保护精神上的劳动者。由于该有效性是由社会决定的，所以要服从在一定期限后被废止的社会的制约。该著作权以及发明权虽然受到法律保护，但有关"作品"并不是其"劳动本身"（die Arbeit als solche）。因此，它不等同于一般现代法所保护的"劳动"。然而，现代劳动法与著作权、发明权同样归属于普遍的法律范畴中。

罗马法对自由劳动法的漠视已经被克服（43），劳动在现代法上成为了法律生活中最有力的杠杆。因此，如果我们在著作权和发明权上认识到人的有效适用的特殊表现的话，我们就不应仅限于此，而是要从私法中人的有效性的角度来考察劳动。当然，这里的适用，应该保有与邓尼斯特央斯基不同的色彩，但毋庸置疑该适用性原理（Geltungsprinzip）是横贯现代劳动法的基础，图式中的劳动契约的内容不能构成现代劳动法的本质，只不过具有生产与劳动之间的社会关系的开端之意义。倒不如说，劳动法中表现了人的劳动力在社会上的价值赋予，因此，劳动法不是"交易法"（Verkehrsrecht），而是"人的有效适用法"。在此之际，劳动成为对劳动者赋予有效适用性的要因，人的"劳动"的有效适用性同时也是"人"的有效适用性。① 当然，虽说如此，劳动也并不是与私法的其他各部门没有关系，现代法上劳动的社会地位，带来劳动者的有效适用性，然而可以说其失去了重心，第一篇的"保护"以及次篇的"社会结合"的诸要素，只是具有随附的意义，因此，是对劳动本身的社会地位

① Dnistrjanskyj (Stanislaus): a. a. O. S. 164, 165.

的适应。①

　　与上述一直以来的法律相关，邓尼斯特央斯基的现代私法体系，由相当于家族法的《保护法》和相当于人格法的《有效适用法》构成，后者通过现代劳动法积累了广泛扩展的经验，但次篇与这些内容不同，是关于直接的社会经济关系中个别经济与联合经济的。然而，这里特别明显地呈现了社会要因与经济要因的对照和相互关系，与此相对应，区分为第三篇"社会结合法"（Recht der sozialen Bindung）和第四篇"经济活动法"（das wirtschaftliche Betätigungsrecht）。对此，通说认为，这基本上相当于物权法与债权法的对照，即，物权法是一种财产上的经济活动的法，债权法是社会结合的法。②

　　社会结合是为了设定人们之间的关系以及消解其紧张关系，换言之，就是给付（Leistung）。根据私法，特别重要的是，考虑到多数人社会交换的需求而相互结合的场合，社会结合是社会交换（sozialer Verkehr）的自由表现，社会结合也就是"Obligation"，债权法也就是交易法"Obligationenrecht, Verkehrsrecht"。交易首先是社会的概念，从这种特征出发的交易是作为人们相互关系的行为而被呈现的。然而，通过这样的规定还不能完成全部交易任务。交易带有特别的经济意愿，即，交易如果从经济的观点出发是财产的活动（Güterbewegung），从而财产的活动是以交易法的服务为目的的。也就是说，动态性（Beweglichkeit）是交易的特征，因而是交易法的标识。所以，交易法被称为是"为了财产活动的社会结合法"。③

　　与以上交易法相并立的是财产法（Vermögensrecht）。以前的物权法的

① Dnistrjanskyj (Stanislaus): a. a. O. S. 165, 166.

② Dnistrjanskyj (Stanislaus): a. a. O. S. 174, 176.

③ Dnistrjanskyj (Stanislaus): a. a. O. S. 103, 104, 105, 106.

用语被"财产法"所代替。所谓物权法上的问题，不是对某一物的支配，而是其内容是经济活动中存在的财产（Vermögen）。人在法律上能够对他的财产做什么，构成了所谓物权法的内容。如果与此相关加以展示的话，交易法的任务是通过将人们在社会中静止的各种力量动态化，为经济活动开辟道路，为财物利用开展准备活动。然而，这种财物的使用恰恰是财产"Vermögen"，因而，与物权法相比，其更应该称之为财产法。[1]

　　这样，邓尼斯特央斯基的所谓现代私法的体系分为：第一篇，保护法；第二篇，有效适用法；第三篇，社会结合法；第四篇，经济活动法。在其与所谓社会经济要因的关联上，可以视为是对市民法体系的再思考。

67. 韦斯特霍夫、邓尼斯特央斯基的现代法体系的意义：两种学说体系上社会法和劳动法的地位　劳动法关系　劳动行为法关系　劳动组织法关系　劳动保护法关系

　　以上韦斯特霍夫以及邓尼斯特央斯基构想的现代法的体系，前者是在经济法这一新法域的构想之下，从根本上再建传统的市民法体系，后者倒不如说一边尊重传统的市民法体系，一边对其加以纯粹化和再思考，在这一点上呈现了相互的对照性。但在通过与社会和经济各要因相关联而构想成为法的体系的基础这一点上，两种学说同出一辙，这在上述洛伦茨·冯·施泰因的市民法体系中已经被明确指出。然而，在韦斯特霍夫以及邓尼斯特央斯基的体系中，从市民法体系出发的社会法或劳动法分化的必然性，已经达到了非常明确的认识，这可能是基于消除了纯粹

---

[1]　Hueck (Alfred)/Nipperdey (H. C.): Lehrbuch des Arbeitsrechts, 1. Bd., Mannheim/Berlin/Leipzig, 1928, S. 25, 27.

市民法的形式之后的构想，并经历了一个显著的转变。特别是韦斯特霍夫的体系，正是考虑到与社会的关联，而提倡与世界大战后形成的经济法问题的关联，可以看到其全部体系浸润了社会法的现代法律意识。当然，他认为"社会法"一词受到私人经济所有权的法律限制，将其作为包含相邻权、公用征收权的狭义概念理解，但这并不重要。反而他的所谓经济法的体系，除了在新体系下重组传统的市民法以外，与其法理恰好形成对照的作为全部新法理的社会法的素材，也包含在了该体系中，这一点应该引起关注。即，他将产业条例、工厂委员会法、反垄断法，以及其他劳动者及被雇者团结法等包含在"经济主体与社团法"一篇中，劳动法、强制缔约等各种问题包含在"经济主体与法的交易"一篇中，其他所谓社会化、共同经济立法包含在"经济客体与法的交易"一篇中。

　　然而，特别应该关注的是，在韦斯特霍夫和邓尼斯特央斯基的两种体系中，社会法的中心法域（Kerngebiet）应该说都有"劳动法"的地位。韦斯特霍夫的所谓"劳动法"，是有关商业及技术管理人、劳动者、学徒（kaufmännische und technische Angestellte, Arbeiter, Lehrlingswesen）、劳动法院、调停制度（Arbeitegerichte;Schlichtungswesen）、工厂委员会（Betriebsräte）、社会保险（Sozialversicherung）等的法律，而其经济法体系中相当于契约法的内容应该纳入"经济主体与法的交易"一编中。与之相对，邓尼斯特央斯基的现代私法的体系，如已经较为详述的那样，劳动法被构想为本应属于相当于人格法的社会有效适用法（soziales Geltungsrecht）。

　　一般来说在劳动法应该包含的关系中，最为根本的首先是劳动者或劳动者团体与雇主或雇主团体之间的关系，其次是劳动者相互之间或劳动者与劳动者团体之间的关系，再次是劳动者与国家或全体社会的关系。如今这些法律关系，如果按照第一是"劳动行为法"的关系、第二是"劳动组织法"的关系、第三是"劳动保护法"的关系加以展示的话，劳动法体系的统一性的根据必须从这三种关系的相互关联性中寻求。在如上三种关系中，最为本源的、基础的关系为何，由此带来关于劳动法本质的最为重要的问题。而劳动法学者的通说认为，一般要求以劳动者的从属性为劳动法概念的核心，或者劳动法被视为具有被雇者资格的劳动者的特别法，特别是要以劳动行为法的关系为重点加以考察。然而，劳动法应该包含的劳动关系，不只限于劳动行为法的关系，为了其有效适用，还必须论证相关联的其他各种关系。

然而，正如笔者在论及社会法的形成时已经详述的那样，从历史的发展来看，劳动法首先是基于对工厂劳动者及一般被雇佣者的特别保护的需要而产生的，这成为如今劳动法的特征。无论如何，今天劳动法成为一个特别分科的根据在于，劳动者阶级需要特别保护而要求对他们的法律关系加以特别规制。因而，劳动法首要的性质是"劳动者保护法"。但是，劳动法的发展，不只是基于保护劳动者的立法，还基于劳动者团结的自主活动，而作为战后社会法发展重要特征所显示的社会自主法，尤其与此相关(57)。现代劳动法的第二个性质，是存在"从个人法到团体法"转变的意向。现时的劳动法也可以看成是"劳动组织法"。通说认为，劳动行为关系是劳动法的基本关系，就好像在这种劳动法的保护法性质或团体法性质的基础上建立的，例如，雇主在国家刑罚规定下具有切实履行保护劳动者利益的义务，因为劳动契约不同于其他一般契约，它不是为了损害劳动者的利益，而只是在为了劳动者的利益而存在单方面强制规定时，以及不是以个别劳动者的身份而是以劳动者团体或劳动组合身份有必要参与到劳动行为关系的形成时，体现了劳动行为法律关系与一般契约法或交易法的法律关系不同的重要特征。在这样的意义上，特别是相对于韦斯特霍夫关于劳动法在契约法中的定位，邓尼斯特央斯基主张在身份法或家族法的保护法、债权法或交易法的社会结合法之间，构想人格法的"社会有效适用法"，认为劳动法本来就应该隶属其中，这是值得关注的。

68. 商法体系的再构成: 黑克的法律行为的集团经营法
努兹巴姆作为私人经营法的商法构想　商法体系的再
思考以及从交易行为法的商法到企业组织法的商法
邓尼斯特央斯基的经济法在法的体系中的地位

　　以上主要是关于近代民法体系的重新思考, 有关商法也是一样, 许多学者试图对其进行体系性思考。

　　在世界大战期间, 努兹巴姆已经论述了"商法概念的消解", 与其说商法已经不是商的法, 倒不如说它只是各种不同材料的集合, [①] 为了应对这种所谓的民法的商化, "更加"确切地说, 是为了应对基于"商法的非商化"(Dekommerzialisierung des Handelsrecht) 的商法系统性的发展放缓, 他们曾经受到黑克的启发, 试图在法律行为的集团经营法(Recht des rechtsgeschäftlichen Massenbetriebes)中找到商法自主性的基础, 并进一步试图通过将商法与私人经营法(privates Gewerberecht) [②] 相结合来确保商法的体系。也就是说, 在努兹巴姆看来, 黑克所谓的法律行为的集团经营法, 与商法中 [③] 个人机运起着重要作用的那种纯粹商人式的经营相比, 反而在伴随大量雇佣契约和外包契约的工厂经营中才具有"更加"充分的意义。[④] 因而, 他进一步主张, 商法应该是体系性的解释法学的概

---

① Nussbaum (Arthur): Die Auflösung des Handelsrecht, Zeitschrift für das gesamte Handelsrecht und Konkursrecht, Bd. 76, Stuttgart, 1915, S. 331.

② Heck (Philipp): Weshalb besteht ein von dem bürgerlichen Rechte gesondertes Handelsprivatrecht, Archiv für zivilistische Praxis, 92 Bd., S. 438 ff.

③ Nussbaum (Arthur): a. a. O. S. 331, 336.

④ Nussbaum (Arthur): a. a. O. S. 331, 332.

念，包含作为传承的国家法以及这些工厂经营法中的营业法或营业私法（Gewerberecht od. Gewerbeprivatrecht）。另外，在这种情况下，努兹巴姆认为在所谓的经营私法中，包含了营业名称、营业转让、"卡特尔"、"托拉斯"、营业的劳动关系（包含团体协约）、抵制运动、闭厂、不正当竞争、商标等。[1]

努兹巴姆这种商法改造的构想，是与商法从交易行为法到企业组织法的重点转移相关联的，具有深刻的意义。特别是在他的主张下，最终商法相对于民法的特别法的分化，在民法的债权法域的两个异质部分——财产交易和劳务交易中，与前者相关而成立。更进一步，商法中与劳务交易相关还包含了劳动关系，这一点特别应该引起我们的关注。然而，这样的营业私法的商法，是否能够被充分确保商法的内部统一性或实质的自主性，这是极具疑问的。[2] 总之，市民法和社会法在同一个法域内合为一体，这本来就是违背意愿的，因为成为商法实质的自主性核心的追求利润原则，在一定程度上被放弃了。

根据努兹巴姆这种学说的启示，克劳辛进一步主张应该从商法概念向经济法概念[3]转变。

---

[1] Nussbaum (Arthur): a. a. O. S. 333, 334.

[2] 田中耕太郎『「民法の商化」と商法の自主性』，法学協会編『法学協会五十周年記念論文集（第1部）』法学協会（1933年）46頁、47頁。

[3] 关于经济法的概念，在克劳辛的原文中介绍了各种学说。另外，邓尼斯特央斯基关于经济法在法的体系中的地位做了以下阐述。

　　近代私法的体系，正是在西欧确立的普遍人权以及市民权的不可侵犯原则中，产生了特有的确定性，很多地方具有了罗马法律规范的普遍化的原理。为了确保这一点，不得不伴随必然而至的无序放任，该胚胎至今尚存。但总而言之，它在充分保障个人独立的法律地位方面取得了成功。然而，在近代以后的法律的交流中，个人不加防范地对"社会"产生的依赖程度逐渐增加，这里也恰恰是私法缓慢产生的场所。这也是私法和公法之间的区别现在不能像罗马法那样被严格贯彻的原因。这样，在个人与国家的独立的领域之间，形成了以新的"社会"为基础的其他的独立法域，其发展已经属于

也就是说，按照克劳辛的理论，"19 世纪的私法特别是商法，是经

（接上页注）经济法的领域。但是必须强调，在这种情况下，该经济法是在公法和私法两个法系的中间位置逐渐发展而来的，因而，它不被认为破坏了现存的法的体系，而是对现存的法的体系起到了促进作用。原则上私法、公法的两个法系是并立的。为了了解极为根深蒂固的人们的内心，法学家也进行了新的观察，尽管如此，还是往往无缘无故地先把它列在旧的分类里。但是，私法上严格的普遍化原理已经不适应现代社会，与现代经济要求完整的法理形式相比，反而重视其内容的特殊性，因此，经济社会努力使他们的组织按照恰好适合它的特殊要求的规范来加以规制。这样，已经远远超越私法水准构建的营利经济组合出现了，但按照法学家的分类，其被暂时杂居在商法之中。另外，现实的股份公司，已经不适合在纯私法构成的商法法域内了。法学家不是把握现今极端的特殊的法的形象，而是甘于对商法的界限作广泛理解。但是，经济的社会法的发展并没有因此而停止。保险法已经不只是包含资本主义的个别企业，还包含保险团体，可以看到经济学者之间已经开始提倡应该要求以社会为保险的基础理论。另外，像"卡特尔""康采恩""托拉斯"和"辛迪加"的出现，显示了法律的全新构成，因此，法学家对这样的企业联合体应该处于怎样的位置感到迷惑。而"更大"的困难是这些问题与现代发生的劳动问题同时产生了。的确，对于这样新的法律问题，无论在私法中还是公法中，都还没有提出明确适当的解决方法。因为"社会"到处都伴随着经济的出现，而经济事实上需要由其基础所在的民族力量来处理，而私法的领域也好、公法的领域也好都无法到达此处，所以为这些社会和经济建立一个新的法域基础，成为学问的职责所在，由此产生了现代经济法。在经济法没有分化时期，公法和私法的明确分类实际上是困难的。但是，根据这两个法域之间的经济法的位置，任何经济法的发展都不被阻碍，公法和私法的分类重新恢复了经济法的确定性。德国宪法是这个经济法的福音书，它在有关"经济生活"一章中联结了如上三个法系。其经济的自由和所有权的保障与私法相适应，这样的限制以及所有权的义务连带性属于经济法的领域，而顾及国民经济的保护者应尽的义务这一点与公法相关。在对这样的联结和从前的内容不作任何破坏的情况下，成功实现了新旧内容的结合。

　　苏维埃的经济法基于其内容和目的，展示了作为法的分类的一个篇章。但是，这样的革命的创造物没有与现时中其他法的体系的发展相适应。经济法不只限于德国的法律问题，在私人经济以外，存在共同经济的体系，在法律上不只是个人以及国家，社会也在发挥独自的作用，这是文明国家共通的问题。经济法与以往的私法、公法的分类共同形成了三位一体，即，私法是为了个人、以个人利益为目的，公法是为保全国家的安宁秩序，在此两者之间存在人类社会（societas humana），社会的经济在经济法中找到了它的法律规范。换言之，私法是在人类生活的个别秩序的领域运行，国家法是在普遍的权力秩序的领域运行，经济法是在社会的经济秩序的领域运行。私法是个人的王国，公法是国家的王国，经济法是社会的王国，此时，法律总的来说，即使是

济生活特别是商人企业主的法律关系，它以企业组织及交易的法律秩序

（接上页注）私法也并不排斥社会的秩序，社会本来就是法律的基础，但在经济法中，社会本身"首先"直接表现为载体。

在内容上，经济法并不与个人及国家本身的经济相关，而是与共同经济相关。即，经济法是社会的"共同经济的法"。该经济法的萌芽已经在法国革命中被根植。通过废止各种身份的阶级法以及颁布自由宣言，为后来的经济法的发展创造了基础，自由的结合与社会的各种团体代替了以前的身份阶级，这个自由社会只是依靠对他们的各项活动的规制，为经济做出贡献，实现其现代的任务。经济的重点也面向这种最受支配的社会共同利益。世界大战期间以及战争结束以后，对于要求建立制约社会的、经济的法律，国家只能公开承认。因此，社会法的纯经济的性质，在战时和战后的紧急状态动摇以后也依然存续，经济法所包含的领域也据此被确定。即，研究现代经济及有关各种形式成为经济法最为重要的任务，因而，法学必须特别对"卡特尔""托拉斯""辛迪加"和"康采恩"等共同经济的企业加以先行考察。另外，股份公司法如今也脱离了其片面的商业性质，已经打下了现代经济的普遍烙印。具有同样发展意向的是以国际借贷的均衡为目的的银行，可以看到银行和交易所制度的建立。但是，特别是与现代经济问题直接相连的劳动者的法律得到了发展，其并非与官吏法共处一个法域，而是属于经济法中最为重要的现象。在这个新的经济法的影响下，私法的各种法律发生动摇，所有权已经聚焦于新的光束之下，交易自由也逐渐服从于新的规制，强制缔约、团体协约逐渐代替契约自由。另外，战后的法律关系也只是在经济法的体系之中，发生了期待解决的土地改革、家产分配等各种问题，其他的如借贷人和佃农保护立法、团体协约和工厂委员会法等社会化的全部领域，以及社会保险等有关社会救护的内容也包含其中。最终，经济法是关于经济组织、经济统制、处理现代经济事案的仲裁法院的各种问题，更进一步，其他经济委员会、经济议会，甚至世界经济会议等所有关于社会经济根本问题的国际会议，其相关的各种问题都包含在新发生的一切法律制度以及法律规定之中。要言之，现代社会通过自己或国家的帮助，主张自己的经济利害关系而产生的一切法律问题，都包含在经济法的领域之中。

社会的以及经济的要因，其重要性即使并不一样，也应该以私法、国家法、经济法的三大法系为基础。三大法系之间的区别在于，私法与任何其他法律相比首先是关于个人的，可以说个人是其动力原理，而国家法所基于的动力原理是国家，经济法所基于的动力原理是社会。即，支配私法的是自由平等的原理，支配国家法的是权力的原理，支配经济法的是组织的原理。同时，它们具有不同的利害关系的中心点和能动行为的集中点，即，私法上的个人、经济法上的社会、国家法上的国家成为集中了一切能动行为的利害关系的中心点。私法上带有的社会的志向是私人领域的个别化，相应地，经济法的志向是社会的经济化，国家法的志向是国家秩序的政治化。经济法从传统的私法躯壳中脱离出来，确立了现代的发展志向，所以，其到达的顶点不是站在

为内容。然而，现在这个旧秩序受到了新意识形态规定的经济秩序的冲击。如今，新旧两个系统在相互争取支配地位，新秩序现在还没有制胜，另外，两者的结合也还没有实现。而且，由这种独特的相互背离的两个部分形成的'经济的法'（Recht der Wirtschaft），只不过是现行的、需要规定不同内容的'经济法'。而一般来说，如果要建立经济法，如果要配得上一个分科的名称，其出发点应该是在此方面。因此，广义上的商法仿佛构成了这个新分科的创建基础，其名称也应及时向经济法转变。"①

商法的法律分科，在其现实状态下，有关经济生活的规律采用了自身的新规范以及法律思想，不久发展到应该成为综合的经济法的态势，关于此，克劳辛认为这个问题应该得到肯定。② 也就是说，克劳辛主张，努兹巴姆的商法消退的过程，是从商法与私法的营业法相结合的企图出发的，必然产生从商法的法律分科向经济法的扩展。另外，在此之际，如施赖伯《关于未来商法体系的基本构想》所主张的那样，如果把所谓的商业企业（Handelsunternehmen）作为商法的中心概念置于商法顶端的话③，商法与经济法的结合，"更加"确切地说，向经济法的扩展，就不会

（接上页注）个人的要求和努力上加以表现，而是个人的利己心与国家优越权力的对抗，主张自己的利害关系、追求自己的发展途径，俨然是现代社会的体现。正因为如此，经济法成为独立的法域，社会经常为了实现法的目的而借用公共行政机构，所以，行政法的各项规定是对社会共同经济的各种问题发挥国家行政作用的指示，但共同经济形成的前提首先要具有直接利害关系的社会的任务，也就是说，经济法的重点不是存在于国家的行政协助这一点上，而是存在于社会自体的管理和活动中。

① Klausing (Friedrich): Wirtschaftsrecht, Beiträge zum Wirtschaftsrecht, 1 Bd., Arbeiten zum Handels-Gewerbe und Landwirtschaftsrecht herausgeg. v. Heymann (Ernst), Nr. 62. Marburg in Hessen, 1931, S. 72, 73, 74.

② Klausing (Friedrich): a. a. O. S. 74.

③ Schreiber (Otto): Grundgedanken zum System eines künftigen Handelsrechts, Veröffentlichungen der Vereinigen der Handelsrechtslehrer deutscher Hochschulen, Heft. 1. 1928, S. 56, zit v. Klausing a. a. O. S. 77.

有任何困难而变得容易了。[1]

那么，包含已经相互背离的两种意向的经济法，为何能成为一个法域而具有了系统性的功能？关于这个问题，克劳辛认为，可以说新的经济法其原理也是追求利润（das Geld verdienen muss），通过商人的精神（Kaufmannsgeist）而施加影响。也就是说，按照克劳辛的理论，努兹巴姆的商法非但没有消退，他们的商人或私人经济以及资本主义精神，还在以某种变化侵入国家、公共团体和其他公共机构的组织和活动中，出现了全部公和私的生活商化（Kommerzialisierung unseres gesamten privaten und öffentlichen Lebens）的现象。[2]

另外，在带有垄断性质的"卡特尔""康采恩"中，或者相当于此的组织之间以及与公众之间的交易中，到处可见旧时国家以及公共团体的官僚意志的影响。另外，国家以及国内各团体，不断支持其经济、社会政策以及国民阶层的强烈的政治要求，从资本主义的、个人主义的经济本身自发产生的共同主义的各组织，在法律上对整体或共同经济的目的发挥着作用，通过对这些活动的直接的公共经济管理，可以看到他们进行了各种各样的促进或完善的尝试。但是，所有这些，都是站在营业、契约以及自由结社的基础之上的，都是站在维持其经济的私法秩序的根本观点之上的。[3] 这样，作为旧的经济法的商法是否可以与新的经济法在统一的分科上合为一体，对于这个问题，笔者的答案是肯定的。

我们在克劳辛这样的主张下，通过现实中从商法的交易法向企业法的重点转变，可以看到体系性松散的理论表现。尽管如此，克劳辛的公、

---

[1] Klausing (Friedrich): a. a. O. S. 78, 79.

[2] Klausing (Friedrich): a. a. O. S. 80, 81, 82, 83.

[3] Dnistrjanskyj (Stanislaus): Die Stellung des Wirtschaftsrecht im Rechtssystem, Archiv für die zivilistische Praxis, Bd. 137, 1933, S. 1ff. 橋本文雄『ドニストラヤンスキト「法の体系中における経済法の地位」』法学論叢 13 巻 6 号, 141 頁以下。

私方面的全部生活的商化，在现实中谋求非自由竞争或非营利主义的发展，作为对商法的自主性的保障，过去的营业自由或追求利润原则正在系统性丧失统括商法的能力，这样的事态终于不得不被承认。因此，即使能够认识到克劳辛所述面向公共生活的商化的状况，与其说这是追求利润原则向公共生活领域的渗透，倒不如说是从摆脱了追求利润原则的商法中发展出来的特有的技术法理形式。

十四　从市民法到社会法

69.　物权法独自存在意义的贫乏：从个人主义的所有权法到社会化利用法或财产法　从物权法到债权法

近代市民法是以包含物权法、债权法、亲族法、继承法的民法为中心，附以作为辅助法的诉讼法以及作为特别法分化出来的商事私法，形成了法律史上规模宏大、构造坚固的体系，以此来规范近代市民社会。但如上所述，随着社会经济形态的发展变化，自然而然地导致了其体系性的松散以及所包含的诸法域之间体系地位的转变。

在近代市民法体系中最具重要意义的是物权法与债权法的对立，但我们在近代市民法的转变过程中，首先看到的是这两个法域分别存在的意义最终被忽略了。也就是说，作为保障物权法独自存在的绝对所有权原则和物权法定原则，像曾经的相邻权一样，那个被"必要之恶"*承认的原本的所有权，由原来的从个人观点出发对所有权的限制，最终转化为从社会观点出发对个人所有权的绝对的本质上的限制。这在德国通过"所有权具有义务"（Eigentum verpflichtet）的标语得以更好地显示。然而，从社会角度来看，可以说最终以这种方式对所有权及其他物权施加的限制，并没有使物权法本身的内容更加丰富，反而表明其独自存在意

---

*　意为，站在法律一方以及对立面的另一方，他们都选择了从各自的视角来看事物，这种做法被称为"必要之恶"（necessary evil）。在此，法律的界限被模糊了，没有非黑即白的角色，他们多多少少都游走在灰色地带。——译者

义的贫乏。

总之，传统物权法上的排他性、不可侵犯性、继续性等各种标识，如今成为了与物权法相对立的债权法的主要内容，比如重新强调租赁权、雇佣契约等，在这些方面显示了物权化的要求。另外，通过强调禁止对未被社会利用的财产的社会干预或滥用，所有权的排他性、绝对性的意义正在消除。因而，可以说近代初期纯粹的作为"滥用自由权"的传统个人主义的绝对自由所有权，在向功能受限的所有权转变，作为应该与传统市民法相对照的社会化利用法或社会财产法，要求独立分化地向社会经济法转变。而且，作为将限制性物权与所有权合为一体的使用权法及担保物权法，由于强调其特殊性而要求从物权法中分化出来。

这样，在现实中物权法体系存在的意义加速消失，这是在资本主义发展的基础上，将重点从物权法转向债权法。也就是说，全部不动产的动产化或债权化，债权财产的丰富化[1]，以及通过担保物权的价值权化[2]或限制物权的担保权所确立的债权的担保权化等，必然带来市民法体系的重点从物权法向债权法的未来转变，使尊重所有权、重视意思自治的法理向促进交易安全的法理转变。另外，在价值增值的过程中，劳动力的决定意义在于，所有权也在其社会和经济的功能中确立了债权内容或债权契约。这样终于可以说，成为传统所有权主要对象的不动产的意义变得贫乏，反而与作为所有权对象的动产相比，债权股份及其他有价证券的经营机构的完全一体化[3]更为重要，自然而然地使传统物权法独自存在的意义变得贫乏，债权法、商法或企业法被确立了。

---

① 我妻荣「近代法に於ける債権の優越的地位」法学志林 29 卷（1927 年）6 頁以下。

② 石田文次郎『投資抵當権の研究』有斐閣（1932 年）。

③ Oppikofer (Hans): Das Unternehmensrecht in geschichtlicher, vergleichender und rechts-politischer Betrachtung, Tübingen, 1927.

70. 债权法内容的贫乏：债权法内容从财产交易法到
商事交易法　从劳务交易法到劳动法　契约自由
原则的本质转换　从债权交易法到社会行为法

　　如上所述，伴随着近代市民社会的发展，市民法体系的重点首先从物权法向债权法转移，它基于这样的事实：近代资本主义成为可能的生产资料或资本所有权，已经为市民阶级成员所确保，这种生产资料的所有者，在债权法上被确保的契约自由原则下，致力于所有者之间的财产交易以及所有者与非所有者之间的劳务交易。这样也就自然显现出了债权法域作为一种交易法体系的重要性。

　　在如上所述的债权法中，其中性质不同的财产交易法与劳务交易法被合为一体，两者通过贯彻同样的契约自由原则形成了独自的法域（31、33），但在这种情况下，契约自由原则是以当事人平等为前提的，在这样的形式意义上，有关财产交易被认为是有效适用的。但在其实质意义上，即当事人的任何一方在何种比例上形成有关法律关系，与其说法律的意向是要将其放在当事人的实力关系中加以决定，其形成和修订不应该由国家或实定法积极干预（31），倒不如说将其称为劳务的交易"更加"充分适当。因而，债权法的法理如果主要着眼于财产交易加以构成，自然就不能充分适合有关劳务的交易，而如果主要着眼于劳务交易加以构想的话，就不得不包含与充分的财产交易不相适应的矛盾。但是，在资本主义较为初期的时候，财产交易中的财产还没有完全发挥所要求的非个性的、非特定的迅速交易的商品性质，因而，显示了与劳动交易比较类似的性质，而且为了劳动契约形式上的自由，将劳动的交易与财产的交易加以比较论及和合并处理存在积极的意义，因而，债权法上独自存在的意义得到了充分保证。但不久，随着财产显示其纯粹商品的、非特定的、非个性的性质，与劳务交易合为一体而被构想的债权法理，终于无法适应商品发展的需求，自然要求首先考虑作为债权法特别法的商法的分化（13、34、37）。

这样的债权法域，现在其重要的组成部分被商法所取代，有关财产的交易只不过承认了极为例外的特定物的交易以及存在于非商人之间的交易。因而，自然而然地在债权法域中，重点从有关财产交易到即使存在一定局限性的劳务交易。这样，因为劳务交易的目的与劳务的人格具有不可分割性，所以，在性质上将其置于两方当事人之间的实力关系上加以决定，原本就不可能做到合理。因而，在顾及这样的社会弱者的地位，或通过他们的集结强化其社会地位的同时，契约自由原则在有关劳务交易中，至少在近代初期，其原本的意愿（31）是不能有效实现的。另一方面，作为有关的财产交易，为了避免向商法的分化而被残留，比如，即使在租地、租房等各种交易关系上，也存在很多实力关系不平等的人之间的交易，然而，因为具有继续的性质，所以相对于其原本意愿上契约自由原则的有效性，最终出现了反证。因此，作为使债权法域成为独立法域支柱的契约自由原则不再保有其能力，并且在这种状况下，根据租地、租房以及其他租赁权等物权化的请求，债权法的独自存在或与物权法相对立的意义，必须与物权法上的债权化请求结合起来。

这样的债权法终于失去了自我存在的独立意义，在以劳务交易为中心的劳动行为法中，不得不允许其向与自己明确对照的社会法的方向发展和分化。另一方面，有关财产交易也不得不承认租地法、租房法等的特别法化，这样共同显示了从市民法的债权交易法向社会行为法的推移。该债权法的社会法化，加之劳务交易以及其他租地、租房、佃农关系等有关先行的继续的债权关系，得到了明确认可，这是值得重视的。

如上所述，最近在契约自由原则的解释上，当初的本意发生了改变，契约自由原则预设两方当事人是平等的，因此在认为两方当事人的实力关系不平等时，法律也要保护社会和经济的弱者，为了确保该实质平等而制约社会和经济的强者，但作为符合契约自由原则的本意，通过承认对契约自由原则的限制来实现契约自由的纯粹化①，这样可以更好地证明和解释债权法域独自存在意义的减弱。

71. 商法重点的转移：作为高度资本主义法的商法的独自存在意义　从作为商法内在发展的计划性企业法到社会化经营法或经济法的转化

如已经详述的那样，伴随着资本主义的高度发展，市民法体系的重点已经从民法向商法转移(37)，但商法从民法中分化或独立，是基于交易法的商法自然适应商事交易的要求，因为不能指望将财产交易法与劳务交易法相结合而构想的债权法法理，能够充分适应这样的交易，这种交易是非特定的、非个性的、个人纯商品的交易，是迅速的、团体的、定型的交易。

这样，商法中包含了与这种特别交易法的内容多少有些不同的关于营业组织或企业体的部分，并且恰如其分地说，是性质不同的行为法中的交易法与组织法中的企业法的两者结合，通过两者适当的追求利润的原则，形成了独自的治外法权的法域，但这只不过是商法在市民法体系中独自存在的意义。的确，所谓商事交易，永远是商人之间为了纯粹地

---

① Radbruch (Gustav): Vom individualistischen zum sozialen Recht, Hanseatische Rechts und Gerichts-Zeitschrift, 8/9 Heft, 1930, 13. Jg., S. 463. 橋本文雄訳『ラードブルフ「個人法より社會法へ」』法学志林 32 巻 12 号。

追求利润，而在相互承诺的人们之间产生的纯粹个人主义的关系，因此，为了使他们能够在自由意欲下追求利润，制定了规制这种关系的法理，双方都必须对此加以遵守，可以说，这只不过显示了竞争法律或竞技准则。因而，这样的法理根据纯粹的追求利润原则加以贯彻，在理论上看不到任何不合理之处。然而，成为商法内容的组织法中的企业，其本身已经具有了团体的性质，不能仅仅贯彻纯粹的个人主义的原理。而且与此相关的当事人，在纯粹的商事交易中，并不只是被预设为相对方的商人那样的两方当事人之间的平等实力关系，而是还包含了在实力关系上差距极大的人们之间的各种关系，诸如股份公司的发起人与一般应募人，或者指导经营半数以上的大股东与小股东之间的关系等。另外，参与企业雇佣的被雇者与企业之间，切实存在极为严重的利害关系。而在企业终于具有了垄断性质或公共性质时，就像对形成的商人间的单纯交易关系那样，存在对一般市民或公众毫无关心的诸多情况。因而，在有关商事交易关系的法理中贯彻追求营利自由的原则，已经在组织法中的企业法内，成为不能充分适应的因子。

然而，在近代市民法或高度资本主义法中，商法独自存在的意义与其说是不同性质的商事交易法与企业组织法的结合，倒不如说是为了企业组织而存在的追求完全自由的有效的营利原则。另外，即使其性质具有团体性，根据其纯粹个人主义的、自由主义的有效适用的法理，股份公司等也作为具有抽象人格的追求纯粹利润而凝聚的商人，为资本主义的高度化发展做出了显著贡献(36)。

如上所述，伴随资本主义从自由竞争终于向垄断的转变，商法的重点毋宁说是从行为法中的交易法向组织法中的企业法的转变，像努兹巴姆、克劳辛所尝试的那样，实现商法自身的企业法或经济法的构想(68)。然而，这样商法就丧失了在民法的债权法中成为交易法的特别法的意义，也实质性地压制了民法，自身在市民法体系中占据了优越的地位。但同时，这是单方面从资本主义意向出发而增加的计划性和统制性，表现出了从商法的自由主义、个人主义意向开始的转变。然而，从自由主义商法向垄断的、计划的企业法的转变，全部都是谋求资本主义的、营利主义的发展，因而，它与经营活动相比只是为了"更加"充分实现便利的统制或自治，并不意味着对经营活动的本质制约。

另外，与所谓自主的、内在的计划性和统制性相平行，根据企业的社会性，从要求考虑社会和经济的弱者利益或公共利益的立场出发，这种统制性在社会规范意识的支持下浸透进来。它体现出了对小股东权利的确保、根据公共理论对经营活动或契约自由的制约、管理人以及劳动者参加经营等要求(38)。

于是，作为商法内在发展的计划性的企业法，在另一方面，向作为外在转化的社会化企业法或经营法转移，并与之契合，使现实的商法被有序调整，带来了极为复杂的性质。而且，只要企业法根据追求利润的原则被加以贯彻，与其说它仍然是市民法体系中的商法，倒不如说是作为市民法的"凝聚化"，也可以说是作为现代市民法，而显示了近代市民法的"极限"。但是，商法在受到非营利主义意向浸润的时候，就已经不再是商法，反而转化为社会法的一个成分。这样，我们在作为市民法的最后一个孤堡的商法中，发现了面向社会法的体系分化的契机。

72. 身份法的现代发展：身份法上的个人法化与社会法化的交错及其因由　从个人主义的家族法到社会的身份法　从个人主义的家族的继承法到社会的继承法

以上的市民法体系，主要与财产法法域的意义变迁或转变相关，但由于身份法的特殊性质，所以其发展也显示出了特殊形态。也就是说，近代的身份法是最执拗于传统性质的固执的法域，其中残存了许多中世纪的性质。因而，在从近代向现代的变迁中，身份法反而被认为应该存在走向个人主义的途径。夫妇同权的完全实现、离婚的简易化、婚姻关系的纯粹契约化构成等就是其表现。可以说，身份法最为迟缓地感受到历史进程的波动，半个世纪或一个世纪前在财产法领域开始的变迁，直到现代才终于在身份法领域得以实现。但另一方面，应该注意的是，身份法自身在其原本性质上并不存在对个人主义化的亲近，不与个人主义化的波动产生共鸣。

相对于财产法领域"从个人法或市民法向社会法的转变"，在身份法领域反而显示出"从集团法向个人法的转变"。但同时在身份法领域中，也可以明显地看到在新的意义上向社会法的转变。[1] 这可以说体现了从家族的团体思想向社会和国家的团体思想的转变。比如，国家对不适当行使亲子法的亲权的限制，显示出了从抽象的家族主义或为了养亲利益的养子制度向为了养子的社会保护或教育义务的转变[2]，或者从家族的、亲族的扶养制度向社会的、国家的救护制度的转变。

此外，在作为特殊身份法或特别财产法的继承法中，如一直以来存在的遗产分配的法理那样，是对确保个人主义私人所有权意向的形式上的限制，现在承认国家的继承权，这是对遗嘱自由原则的本质制约，或者根据遗产税法等规定，为了整个社会，将超过一定数目的继承财产归属于国库等，[3] 可以说这都显示出了从个人的、家族的继承法向社会的继承法的转变。

---

① 橋本文雄訳『ラードブルフ「個人法より社會法へ」』法学志林 32 巻 12 号。

② 中川善之助『民法（親族、相続）』岩波書店（1933 年）107 頁以下。

③ 同上书，第 181 页以下。

73. 诉讼法的发展：诉讼法体系的重要意义 实体法与诉讼法的重新结合　作为特别诉讼法的 调停制度的发展　排除诉讼法的调停与排除实体法的 调停　劳动法中实体法与诉讼法的合体　从个人 主义的私人诉讼法到社会的诉讼法

在近代市民法的中心或者在凝聚了市民法的民法或商法中，显示了从市民法到社会法的推移和照应，成为其外壳的诉讼法也不能不表现出这种转变。

如上所述，在近代市民法的体系中，诉讼法独自存在的意义在于，它是作为实体私法或服务于市民法的辅助法，作为近代市民法原本的内容而被构想的，为了统辖个人的自由，确保自然的绝对所有权及契约自由，而被规定为国家的形式上的程序。因此，它与市民的各种法律关系或市民法争诉中的国家司法相关，在近代市民法体系中处于附随的地位。然而，在公法、私法的体系中倒不如认为它属于公法。但在这种情况下，近代市民社会中的公法是依从私法的，也就是说只有在被委托的私法或市民法的范围内才能承认其存在。因而，其诉讼法的公法构想，正是在近代市民法的体系中说明了其从属的意义（10）。

然而，在实体私法中，个人所有权及契约自由的原则，特别是在从近代向现代的发展过程中，经受了本质性的转变，与其说终于在过去的法"前"丧失了自然权的性质，毋宁说所有权以及契约自由是法"后"的内容，只不过在"法"即"成文法"允许的范围内存在，才促进了新的规范意识的成熟。权利特别是私权无非是只存在于国家的保护机构中，这样以往只具有附随的从属意义的诉讼法终于增加了其重要性，这在现实诉讼法的法官职权扩充的倾向中被明确表现出来。因此，现在的诉讼法不再只是确保对既有私权或法律关系的确认，而是进一步从自己国家和共同社会的观点出发，对私权或当事人之间的法律关系进行评价、修改和建立。

这样的意向已经通过宾德尔关于私法秩序与诉讼秩序的一元性见解极具启示地表示了出来(11)，如今诉讼法终于在市民法的体系中从从属的地位提高到高居指导的地位，从只是市民法外壳的边缘地位发展到在市民法中的统辖地位。然而，诉讼法在市民法体系中的意义的增加，已经不是在确保近代市民法的体系性中发挥作用，而是说明了是从个人主义的、自由主义的诉讼法向社会的诉讼法的转变，这无非是自然地预示了市民法体系本质的贫乏。

在这种诉讼法的体系性意义和地位转变的同时，应该注意的是现实中作为特别诉讼制度的调停制度的发展。[①] 这个调停制度，正如商事调停等，为了避免由于通常诉讼解决程序的迟缓所导致的对灵活交易和资金周转的阻碍，而希望从诉讼法的支配中脱离出来，特别是最近得到重要发展的有关租地、租房、佃农以及劳动关系，它们是在原本实力关系非对等的人们之间发生的，在一定程度上排除了近代市民法的绝对所有权及契约自由的支配，从共同社会的、国家的观点出发承认比较广泛的制约。[②] 也就是说，它允许特别诉讼法代替实体私法，换言之，它可以在其范围内实现私法与诉讼法的合并或两个法域的重新结合。例如，劳动调停制度通过其特别程序，从实体权利和法律关系的评价出发，进一步对其修改和创新发展，已经在其范围内实现了实体法与诉讼法的体系

---

① 牧野英一『生の法律と理の法律』有斐閣 (1926 年) 61 頁以下。

② 安田幹太「私法転化の階段としての調停」法学協会雑誌 50 巻 15 号 (1933 年) 100 頁、104 頁以下。

地位的逆转，体现了诉讼法的指导及优势的意义。

　　克莎克尔认为，劳动法不只是在静止状态中设定劳动关系的规范，同时还在运动状态中，即在诉讼以及该规范的强行高压的诸关系中被加以规制。因此，在这个意义上值得重视的是，劳动法不仅包括实体法，还包括形式法特别是诉讼法[1]，该诉讼法是在劳动法自身法域内固有的，这是劳动法与其他法域相区别的一个特性。近时，新的劳动法法理通过劳动法院以及其他特别法院的判例加以实现，这样的事实是与从个人主义的诉讼法向社会的诉讼法转化的问题相关联的，应该引起关注。

　　因此，我们可以非常清楚地看到，在近代市民法的结构或包含在其中的所有法域中，在从近代到现代的发展过程中，在其体系的地位转变或意义的交替中，在这些法域缺乏独自存在的意义或需要重新组合的状况中，现实法律生活的趋势正在指向和实现"从市民法向社会法"。

　　以上笔者的考察，主要以欧洲诸国从市民法到社会法的发展为焦点，下面通过与日本的考察相对照，对上述学说加以补充，尝试对日本法律状况的特点进行大致的介绍。

---

[1]　Kaskel (Walter): Arbeitsrecht, 2. Aufl., Berlin, 1925, S. 3. ff. insbes, S. 4 Anm. 1.

十五　日本的市民法

74. 日本市民法的发展：对欧洲近代市民法的继承

日本市民法大约是在明治以后（1868 年）产生的。的确，日本资本主义经济组织在德川末期被引入，其充分发展是在明治中期以后，因而，在明治以前，还不具备以资本主义经济组织为基础的市民法的形成条件。特别是日本像欧洲诸国那样，不仅没有通过直接继承罗马法来振兴自己的法律传统，而且在明治以前其法律发展还处于极为低端的状况，另外法理的思考方法还不成熟，因此，法律的形成大多委以特殊的、保守的习惯，没有能力通过自己的力量构建适应新的社会和经济状况的法理，自然地，在没有引进欧洲近代市民法的法理之前，不可能实现日本近代市民法的法律状态。

然而，随着日本资本主义经济组织的逐渐发展，特别是明治以后极为显著的发展，通过传统的维持或扩充的方式来对法律关系加以调整已经失去了可能性，迫切要求对取得惊人发展的欧洲市民法加以继承，以在极短的时间内迅速实现日本近代市民法的建立。

在明治初期，对西欧近代市民法的继承是通过所谓的"条理审判"以普通法的形式进行的，在这种情况下，法官貌似以陈旧的习惯法或现有法律文本为基础进行裁决，而实际上是以西欧诸国的市民法为基础进行裁决[1]。但直到明治中期编纂法典时，它才具备完整的形式。

---

[1]　清浦奎吾『明治法制史』明法堂所（1899 年）583 頁、584 頁。

75. 日本诉讼法的分化与成立: 1873 年的诉答文例　1875 年的裁判事务心得　民事诉讼法的编纂　1890 年民事诉讼法典的成立　1926 年修改的民事诉讼法的现代法性质

　　最初有关作为市民法外壳的诉讼法, 被不加区分地包含在日本旧时的《大宝律令》和《德川氏公事方御定书百条》中, 但在 1873 年 7 月 (第 247 号) 的《诉答文例》中, 第一次设立了独立的规程, 其第一卷是关于原告的诉状, 第二卷是关于被告的答书。另外, 1873 年 11 月 (第 362 号) 制定了出诉期限的规则, 1875 年 2 月 (第 30 号) 民事诉讼审判允许市民的一般性旁听。在 1875 年 6 月 (第 247 号) 制定了著名的《裁判事务心得》(布告第 103 号), 特别是在其判例法理中, 开辟了继承欧洲诸国发达的近代市民法的正确道路。

　　1876 年 9 月, 元老院命令对制定民事诉讼法进行调查, 1884 年由司法省牵头组成民事诉讼法调查委员会, 最终于 1890 年 4 月 (法律第 29 号) 制定了《民事诉讼法》(1891 年 1 月实施)。它模仿了 1877 年德国的《民事诉讼法》, 从诉讼法属于公法、相对于私法是辅助法的观点出发加以构想 (10)。但值得注意的是, 与欧洲的情况相比, 这部诉讼法是在民法典和商法典形成之前首先被法典化的 (10), 是作为 1890 年民法典以及商法典的辅助法而制定的, 虽然该民法典一直未见实施, 但在修改民法典、商法典的同时, 自然要求对该诉讼法进行修改。[①]

　　于是, 当时在民法典编纂时就已经有了修改民事诉讼法的议题。1895 年, 在司法省设立了民事诉讼调查委员会, 但因与民法典实施之

---

①　清浦奎吾『明治法制史』明法堂所 (1899 年) 602 頁。

间的不协调，1899 年由法典调查会牵头起草修法议案。1903 年，德国 1900 年民事诉讼法草案最终未能通过，于是 1911 年日本的法律调查委员会又参考奥地利、匈牙利的诉讼法着手起草新的法案，1919 年由司法省民事诉讼法修改委员会牵头，在 1925 年终于成案。该法案通过独立法典的形式，规定了总则、一审诉讼程序、上诉、再审及督促程序等五编，代替了以往诉讼法的第一编至第五编，而没有涉及第六编的强制执行法以及人事诉讼程序法。但结果，该独立法典的形式被废除，经修正作为现行法的修改法案于 1926 年 2 月向议会提出，在进行了若干修改的基础上被两院通过，于 1926 年 4 月颁布（法律第 61 号），1929 年 10 月实施（敕令第 105 号）。

该修改案的要点是，为了使诉讼能够迅速进行，采取避免集中辩论期限的延长，扩大职权行使范围，简化诉讼关系，废除妨碍诉讼的抗辩，承认管辖移送以及诉讼原因的变更等措施。并且，简化了诉讼驳回、诉讼继承、恢复原状等程序。应该指出的是，该修正案中的职权扩张与近代市民法体系中诉讼法地位的转变不无关系(73)。

76. 日本商事法的发展：民治初年的商事法 商法典的编纂　1893 年实施的旧商法典（公司法、票据法、破产法）　1899 年的新商法典　旧商法典与新商法典的对照　作为民法特别法的商法的形成 1911 年的修法　日本商法典修改的频度

关于商事法。在德川时代，商人成为社会的一个特殊阶级，也存在着商人组合，但有关汇票、组合、延期买卖等惯例，除了在商业中心都市的大阪、长崎等有一定程度的发展以外，还看不到像欧洲都市那样明

确的商人阶级法的形成。

明治初年，资本主义的逐渐发展促进了商事立法，1872 年颁布了《国立银行条例》（1876 年修改），1874 年颁布了《股票交易条例》（1878 年修改为《股票交易所条例》），1882 年颁布了《汇票本票条例》等。另外，1879 年制定了与海商法相关的《西式商船海员雇佣和解雇规则》，1880年制定了《海上冲突预防规则》（1892 年法律第 5 号《海上冲突预防法》的前身），[1] 但还没有看到综合性的商法典的形成。

1881 年在太政官*设立商法典编纂委员会，由霍曼·娄埃斯勒（Hermann Roesler）负责起草商法典，接着又废除了这个委员会，设立了公司条例编纂委员会以及破产法编纂委员会，但此后又对此加以废除，再设商法典编纂委员会，负责起草商法典草案。1887 年，进一步设立了法律调查委员会，着手商法典的编纂，最终完成了商法典草案，1888年经元老院议决，于 1890 年 3 月颁布，1891 年 1 月 1 日起实施。然而如后述的那样（77），因为以民法典为中心掀起了关于民法典实施的大争论，所以商法典的实施也被延期了。但商事发展迫切需要商法中的公司法、票据法、破产法，于是在加以修改的基础上《商法典》于 1893 年 7月先于《民法典》而实施了。[2]《商法典》的实施先于《民法典》，这可能是基于它对资本主义发展所必需的和不可避免的股份公司制、票据等的关注，这与欧洲各国的情况相比更具意味（13）。

然而，这个所谓的旧《商法典》与《民法典》的范围之间并没有划定严格的界限，存在重复、抵触、遗漏等情形，商事的观念还不明确，因此，与《民法典》的形成相适应，产生了对其修改的必要。[3]1890 年法典调查

---

[1] 岩田新『日本民法史』同文館（1928 年）116 頁。

* 当时日本律令制度下执掌国家司法、行政、立法大权的最高国家机构。——译者

[2] 清浦奎吾『明治法制史』明法堂所（1899 年）593 頁。

[3] 同上书，第 593—594 页。

会着手进行修改，即，将旧《商法典》中有关商事中的本法规程按照适用
商事习惯及《民法典》加以修改，明确了在民法之前适用商事习惯法的
旨趣，[1] 贯彻了商法的有关商事行为成为民法的特别法的原则，如果是民
事、商事共通的事项，则从商法的规定中将指名债权以及无记名债权的
典当和转让的有关规定除外（破产法也从同样的旨趣出发作为特别法）。
另外，为了适应时代的发展进程，增加了关于新公司的合并、股份合资
企业以及外国公司、仓库营业等规定。新《商法典》于 1899 年颁布，在
《民法典》实施前后被实施。可以看到，相对于民法来说，这充分意味着
具有了特别法意义的商法的分化或成立(14)。

　　这样的商法典，由于作为其规范对象的商事关系的显著发展，另外
为了适应日俄战争后资本主义的高速发展，产生了对其重新修改的必要。
1911 年，主要对公司合并、组织变更、股东大会、公司债务、资本增加
以及其他有关股份公司的规定，以及票据、支票、海运提单以及其他有
关的有价证券等，稍微做了扩大范围的修改。[2]

　　最近，进一步修改《商法典》的审议还在持续。《商法典》修改的频
度是基于"时间的定型化"(2)，与商法所规范的生活关系的变化相适
应，我们在这一点看到了商法的敏锐进取和积极吸纳的状态，特别是
与日本资本主义罕见的高速发展相关联，最鲜明地显示出了其特有的
法域性质。

---

① 　橋本文雄「習慣法の法源性」東北大学法文学部編『法学論集: 十周年記念』岩波書店
　　（1934 年）47 頁以下。
② 　毛户勝元『商法改正法評論』有斐閣（1911 年 1 版、1912 年訂正增 2 版）。

　　77. 日本民法典的成立史：明治初年试图继承翻译
　　法国民法典　明治初年的民事法令　解除对田地永久
买卖的禁止　宣告市民平等的职业自由　根据裁判事务
心得的判例法理与近代市民法理在普通法上的有效适
用性　博瓦索纳德民法草案　条文修改与民法典编纂
1890 年旧民法典的颁布　关于旧民法典实施的讨论
旧民法典的普遍性质　1896 年、1897 年的现行民
　　法典　现行民法典的普遍性质

　　作为日本近代市民法中心而形成的民法，如上所述是 1896 年、1898
年的事情，它当然不是凭空产生的，而是经历了比较长期的演变过程。

　　1870 年 1 月已经设立了太政官制度调查局，试图翻译和继承作为
近代市民法第一部成典的《法国民法典》(21)。为了应对日本社会经济
发展的崭新形态，调查局认为有必要尽早实行近代市民法，当时的司法
大臣江藤新平委托箕作博士进行翻译，一再催促其"误译也无妨唯先通
译"，翻译的第二稿、第三稿参加了审议。①

　　另外，也有人说，"只要把民法典前的'法国'改写成'日本'就可以
了，然后直接颁布"。②

　　不过，明治元年的 1868 年，土地已经从封建支配中解放出来（1868
年 12 月 18 日太政官布告第 1096 号），1872 年解除了宽永时代以来对土
地买卖的禁止（1872 年 2 月 15 日布告第 50 号），接着制定了地券制度

——————————

①　穂積陳重『法窓夜話』有斐閣（1916 年 1 版、1920 年 5 版）208 頁以下。

②　同上书，第 310 页。

（1872 年 2 月 24 日大藏省通达第 25 号）。土地改革的目的是对明治初年确立的土地税制，将以往的收益原则改为对土地所有权人的课税，以明确地租的负担人为意向。[1]1872 年禁止人身买卖，恢复娼妓艺妓以及其他年度、季度佣人的完全自由人身（1872 年布告第 295 号），另外，宣告了市民平等、职业自由的宗旨（1872 年 8 月 31 日大藏省通达第 118 号），1875 年还颁布了禁止人身契约的布告（1875 年布告第 128 号）。

如上所述（75），1875 年著名的太政官布告第 103 号的《裁判事务心得》，基于资本主义的产生和发展，承认市民法在制定法上的不完备，承认通过特别法的"条理"进行裁判，确立了欧洲自然法的观念或近代市民法的法理在普通法上有效适用的观点。也就是说，《裁判事务心得》显示出了成文法、习惯法、条理的顺序，但实际上这在当时是基于对制定法的不完备的确认，或者因为明治维新以来在社会状况巨大变化下所确立的习惯很少[2]，或者因为缺乏可能形成习惯法的静态化的法律生活，其布告的意义主要被认为开辟了根据"条理"适用近代市民法理的道路。

继而，在 1878 年关于契约解释方面的太政官指令（司法省通告丁第 75 号）中，看到了个别的市民法规的形成，但在民法典的编纂中，江藤氏翻译和继承《法国民法典》的计划因为"征韩论"*而受到挫折，1873 年大木氏在司法省设立民法典编纂科，1876 年着手起草民法典，1878 年形成草案。该草案的体例是：第一编，人事；第二编，财产及财产所有权的种类；第三编，财产所有权的取得方法。这样的编排和内容模仿了《法国民法典》。但是，政府不满足于这个草案，为了进一步参考外国立法例中的完整法典，1879 年委托博瓦索纳德（Gustave Emile Boissonade）拟制

---

[1]　石田文次郎『土地総有権史論』岩波書店（1927 年）538 頁以下。

[2]　清浦奎吾『明治法制史』明法堂所（1899 年）15 頁。

*　明治时期日本政府内部关于武力出征朝鲜的政策争论。——译者

草案，1880 年新设立的民法典编纂局对博瓦索纳德的《日本民法典草案》
（Projet de code civil pour l'empire du Japon）进行审议，1886 年完成了其中
的财产编及财产取得编。

　　该民法典的编纂在日本成为紧迫而特殊的事情，与修改条约问题相
牵连。所谓修改条约问题，即日本认为幕府末年以来与外国签订的一些
条约明显对日本单方面不利，所以极有必要加以修改，而这些国家容易
以日本法制不健全为由对修改条约不予回应。1887 年，根据英国和德国
公使的提议，井上氏做出了裁判条约案的议决，其中第 4 条规定，"日本
帝国政府以'泰西主义'为准则，遵守本条约的规定条款，以确定司法
上的组织及成文法。加以分类的话，第一，刑法；第二，刑事诉讼法；第
三，民法；第四，商法（包含破产法、船舶法以及汇票条例）；第五，民
事诉讼法（包含商事诉讼法）。"基于此，新的外务省设置了法律调查委员
会，政府为了便于修改与他国的条约而采取极端的欧化政策，不论欧美
的各项制度、法律、文教、风俗等是否符合日本国情，而一味固执地引
进。当时的日本，从根本上促进法典编纂的是为了适应与以前相比社会
和经济形势的急速发展以及资本主义的成熟。但从主观上来说，日本的
当局者为了实现近代法制国家的直接目的，反而专心于条约的修改，没
有考虑到日本的风俗习惯等，因而，法典的立案也以外国人为主，迫切
希望继承欧洲的近代市民法。①

　　但是，对于井上计划的修改条约，出现了激烈的反对声音，特别是
博瓦索纳德《关于裁判条约草案的意见》深化了人们对反对意见的普遍确
信，加上激烈的舆论攻击，终于在 1887 年，井上外相通告各国公使，政
府将首先完善各项法律的编制，然后再逐步进行修改条约的谈判，可见

---

① 森谷秀亮「条約改正」国史研究会編『岩波講座日本歴史』岩波書店（1934 年）32 頁。

条约修改已经被无限期地中止了。①

　　在这种情况下，民法典编纂被司法省所承接，司法大臣山田显义亲任法律调查委员会委员长，延续了民法典编纂事业。博瓦索纳德起草了财产编、财产取得编的大部分以及债权担保编和证据编，在人事编以及财产取得编中，与继承、遗赠、赠与相并列的有关夫妇财产契约的部分，因为有必要参酌日本的风俗习惯，故委托日本人起草。这样在1888年12月，形成了有关财产编、部分财产取得编、债权编以及证据编的法案，经1889年元老会审议通过，于1890年4月颁布（法律第28号），人事编以及财产取得编的剩余部分也于1890年10月颁布（法律第98号），两项法律均原定于1893年1月1日起实施。

　　然而，以这个民法典为中心引发了一场激烈的争论，就像德国的蒂博与萨维尼关于法典的争论一样，②结果，延期实施派占据了优势。1892年11月帝国议会通过决议，为了对民法典进行全面修改，而将实施日期延至1896年12月31日。该延期，是由于当时产生的对极端欧化主义的不断反对。而对于该民法典的批评，可以列举出以下方面，比如：该民法典属于法国的体系，相对所基于的自然法的法理，法律是伴随民俗习惯而历史地产生的，受到历史法学思潮的影响，③根据自然法的原则，应该制定适应日本民俗的法典。不只是规定有关私法上的权利义务，还要包含公法规定或程序法规定，特别是伴随经济的发展，要增加适用期较长的有关法人的规定等，而这些都还不完备。另外还存在编纂体例陈

---

① 森谷秀亮「条約改正」国史研究会編『岩波講座日本歴史』岩波書店（1934年）37頁、38頁。
② 穂積陳重『法窓夜話』有斐閣（1916年1版、1920年5版）333頁以下。
③ 橋本文雄「習慣法の法源性」東北大学法文学部編『法学論集：十周年記念』岩波書店（1934年）58頁以下、76頁以下。

旧，① 在与商法典的关系上有重复抵触之处，条文复杂并且极不明确② 等问题。

于是，1893 年 3 月设立了民法典调查会，在民法典的编纂体例上采用了潘德克顿体系，模仿《萨克森王国民法典》(22)，由总则、物权和债权等三编构成，于 1896 年 1 月向第九次帝国议会提出，同年 4 月颁布了新《民法典》(法律第 89 号)。剩余部分的亲族编、继承编于 1897 年 12 月向第十一次帝国议会提出，但由于众议院遭到解散，改为 1898 年向第十二次议会提出，同年 6 月颁布(法律第 9 号)，并于同年 7 月 16 日起与前三编同时实施。

这样，经过漫长的演变，日本制定了以近代市民法为中心的《民法典》，特别是对有关财产法最初显示了作为近代市民法的纯粹类型，这是模仿了《德国民法典》第一稿草案的内容，因此，其一般的性质已经有过详述(24)。

78. 日本市民法的特征：与欧洲近代市民法的比较 残存的传统法与社会法的同时产生

这样，日本的近代市民法包含了诉讼法、商法以及民法，在明治三十年代暂时实现了形式上的成型，但在与欧洲诸国相对比时，无法回避其迥然不同的性质。

如上所述(74)，日本的法律状况在明治以前处于明显的低端，为了像欧洲诸国那样形成近代市民法，由于没有"罗马法的传统""都市法的

① 清浦奎吾『明治法制史』明法堂所（1899 年）587 頁。
② 富井政章『民法原論』有斐閣（1903 年）68 頁、69 頁。

成熟"以及"普通法的长期准备"，而不得不在比较突发的状况中编纂法典。当然，日本近代市民法的形成，还建立在社会和经济状况的转变以及近代资本主义勃兴的基础之上，作为对意识形态合理化、正当化的促进，要求以自身的法理体系为基础。但是，在资本主义高速发展和"条约修改"的特殊背景下，为了尽快编纂法典，可以说不等待社会普遍规范意识的成熟或对应，就被政治家强行推动了。此外，虽然日本以惊人的速度引进和发展了资本主义的经济组织，但仍存在传统的前市民法的法律关系，即，这种法律关系与维持家族制度以及特有的与土地密切关联的比较包容的农民阶级相关，而不得不在某个方面牢固地保持下来。因此，一方面以商人间的交易、股份公司的企业等为中心的资本主义各种关系已经成熟，另一方面，相当传统的、封建的前资本主义的各种关系仍执拗地保持其存在，近代市民法的成型可以说难免是局部的、形式的。

然而，在近代市民法这种局部的、形式的成型的同时，已经酝酿形成的非市民法的规范意识，以及实现非市民法法理所必需的社会和经济状况，以特殊的生活关系为中心建立了起来。可以说，已经充分成熟的资本主义被引进日本，欧洲诸国资本主义在一定程度的发展之后逐渐呈现出的各种内在矛盾，被认为在日本从一开始就呈现了出来。因此，社会的规范意识作为整体，在还不能充分消化和摄取市民法的时期，不得不吸收新的社会法。

如此一来，日本的市民法一方面带有封建的传统法的残存，另一方面由于社会法的产生，不得不成为具有极为复杂性质的法律。

十六　日本的社会法

79. 从恤救规则到救护法所展示的日本社会法的发展状况与性质标识：明治中期社会对济贫法的普遍意识世界大战后的回转　作为社会立法的救护法的形成

日本社会法的形成，原本是在世界大战以后，属于大正中期以后的事，但个别的社会立法，当然在此之前就已经出现了。

最先引人关注的是 1874 年 12 月的《恤救规则》（太正官通告第 162号）。本来，"前"市民法并不带有与市民法相对照意义上的社会法的性质，但我们从实质上来看，与该《恤救规则》相差不大的《救护法》，终于在 1932 年得以实施（1929 年 4 月制定，法律第 39 号），而且它被认为是日本划时代的社会立法，[①] 这一点首先可以看出日本社会法的非进步性以及与市民法对照的不完全性等一般性质。

《恤救规则》是从慈善的、恩惠的立场出发，主要对没有扶养人的独身贫民提供米食，后来多次试图对《恤救规则》进行扩充和修订，还提出了《贫民救助法案》（1890 年 12 月由政府提出）、《恤救法案及救贫税法案》（1897 年 2 月由议员提出）以及《救贫法案》（1902 年 2 月由议员提出）等议案，但当时日本资本主义正处在发展时期，社会普遍关心的首要问题是生产力的发展，政府无暇倾听平民百姓的呼声，最终这些提案全部没有通过。有的议员就反对这些法案，认为"如今不是应该提出救

---

① 橋本文雄「我国の救護制度」経済論叢 30 巻 1 号（1930 年）142 頁以下。

恤贫民法的时代。这些法律是制造贫民的，它一般是以公费救恤贫民，而公众的一般经费为一人一事所使用。所谓贫民不是由于社会自身的疾患、懒惰和怠慢，而是由于贫民自己的怠惰和懒惰而最终导致的，不应该由公费救济，这在性质上是明确的。另外，其经济上产生的弊害是，把法律上剥夺的劳动者的金钱给予了懒惰怠慢的人，如此一来，资本和劳动者减少，使社会必要品的生产减少"。这样的观点与马尔萨斯和里卡多反对救贫法的意识形态如出一辙，正是当时日本资本主义自身所要表达的。

也就是说，当时社会的普遍意识也在这样的表现中引发了共鸣。甚至 1908 年通过的《恤救规则》规定，原则上不得对有关救护实行国库补助，《恤救规则》的效力事实上被剥夺了（1908 年 5 月内务省地甲33 号）。

但是，以世界大战为界限，日本资本主义已经充分成熟，其包含的各种矛盾明显呈现，社会意识发生显著转变，贫富差距越来越大，无产阶级终于占据了广泛的社会领域，贫穷不单是因个人原因所致已成为自觉认识。因此，救护制度不仅是每个贫民关心的事情，还呼吁社会的普遍关心。于是，在美国金融危机之后的 1918 年 6 月，日本设立了救济事业调查会，于 1929 年提出了救护法案，《救护法》由此形成（法律第 39号）。在法案提案之际，有大臣指出："实行社会政策有必要明鉴当下的社会状况，其中对贫困的、没有生活能力并且没有扶养人的老人、幼童、病者等采取保护的方法，相信这是最为紧要和适切的事情。"[1]

总之，不论怎样，在某种程度上承认生存权作为一种权利，这种新的意义上的恤救规则即《救护法》形成了。也就是说，与旧的《恤救规则》相比，新的《救护法》除了在立法技术上增加了形式的明确性和严密性以

---

① 　橋本文雄「我国の救護制度」経済論叢 30 巻 1 号（1930 年）142 頁以下。

外，在实质上并没有大的差别，但根据支撑它的社会规范意识的转变，日本的救护制度在《救护法》上首先承认了社会立法的性质。[1]

80. 作为最初日本社会法的工厂劳动者保护法的形成：1899 年的工厂法案　1911 年工厂法在形式上的颁布及实施上的延迟　1916 年工厂法的实施　工厂法自上而下带来的负荷性　国际劳动立法与工厂法的修改

　　近代市民法中契约自由原则在劳动契约上的有效适用，在资本主义初期仍因其形式上的自由而被认为具有积极意义。舍弃其实力关系的不平等，将劳务交易视为财产交易等的不合理虽然还没有反映到社会的一般规范意识中，但在资本主义已经发展并逐渐暴露出缺陷的情况下，日本实行了对工厂劳动者的相关保护。在市民法尚未成型以前，1881 年在内务省工商局设立了调查课，编辑有关劳役法以及工厂条例的材料，并于 1883 年着手劳役法、师徒契约法以及工厂规则的立案。1897 年以有关职工保护为目的制定了工厂法案（后改为职工法案），并向第一议会提出，但由于议会遭到解散，该议案被废弃。

　　1899 年，工厂法案在农工商高等会议上接受咨询，作为工厂法制定的理由是，"在工厂，工厂主和职工之间的关系已经丧失了亲情和睦或家族师弟的情谊，出现了阶级差别的间隔和裂痕，应该代替已经衰退的情感关系的法律关系尚未确立，对雇主和劳动者的规范十分混乱，雇主苦于被雇者的频繁流动，被雇者也往往屈从于雇主的压迫沉沦于悲惨境地。""在工业显著发展的同时，工厂在缺失设备安全时往往威胁到人的

---

① 橋本文雄「我国の救護制度」経済論叢 30 巻 1 号（1930 年）142 頁以下。

生命，给公众带来重大伤害，涉及一般公众的重大利益，由于深刻的权利关系，所以要求预先通过法律制定标准。"[1]

但在该法案尚未向议会提出时，日俄战争爆发了，由于经济出现了普遍的紧缩和变动，该法案遭遇了一时的挫折，直到战后经济普遍恢复的 1909 年，该法案才终于有了向议会提出的机会。但在法案发表的同时，对于禁止夜间劳动的批评声也越来越尖锐，特别是遭到棉纺厂雇主的激烈反对，因此政府不得不撤回法案进行修改。1910 年修改案向第 27 次议会提出，委员会将原法案适用范围为职工 10 人以上的工厂修改为日常使用职工 20 人以上的工厂，最后进一步修改为"日常使用职工 15 人以上的工厂"，并最终在 1911 年 3 月（法律第 46 号）颁布。

然而，该工厂法的实施，由于大藏当局削减经费而被再度延期，直到 1914 年的大隈内阁才有了实施的机会。大隈内阁标榜实行社会政策，根据执行预算时偶然产生的余额推进计划的实施，最终在 1916 年 9 月正式实施《工厂法》。

总之，日本最初的社会立法可以认为是实施的工厂法，但最初的社会立法"是根据政府和学者的提倡，其间没有任何劳动者或其团体的参与"[2]。工厂法的实现，不是通过作为日本社会立法特征之一的社会规范意识的成熟或劳动者阶级的要求来完成的，而是通过天降大任的政府来承担的，这是其自上而下的"负荷性"的标志。

工厂法在此之后，特别是作为世界大战的结果，在《凡尔赛和约》中看到了《国际劳动宪章》的宣言，日本也通过参加国际劳工组织，促进了一系列重要的法律修改。如，1923 年 3 月（法律第 33 号）工厂法适用范围的扩大、有关职工扶助规定的修改、职工解雇的限制、《劳动就业条

---

① 岡実『工場法論』有斐閣（1917 年改訂増補 3 版）24 頁、25 頁。

② 同上书，第 136 页。

例》[*]的制定、产妇及母性保护、工资率及计算方法的明示、有关伤亡人员及灾害事故的事项等等〔参照: 1926 年 7 月 1 日修改法实施（1926 年 6 月敕令第 153 号），另外 1923 年 3 月《工厂劳动者最低年龄法》（法律第 34 号）以及《船员最低年龄法》（法律第 35 号）〕。

工厂法对一定年龄以下者以及女性，限制劳动时间，禁止夜间劳动，这是对市民法的雇佣契约自由原则的修正（《工厂法》第 3 条）。此外，作为对市民法重大原则的主观过失责任原则的重大修正，它采用了业务上的危险由雇主负担的原则〔《工厂法》第 15 条，《矿业法》第 80 条，以及参照 1931 年 4 月《劳动者灾害扶助法》（法律第 54 号）〕。另外，有关工资支付，对不利于劳动者的违反法定的契约，规定雇主应该支付违约金，或者禁止缔结预定损害赔偿额的契约（施行令第 24 条、22 条、23 条）。鉴于劳动契约的继续性，增加了解约限制规定等，对市民法各项原则进行了广泛修正。特别应该注意的是，作为工厂内自主立法的有关《劳动就业条例》规定，对于日常使用职工 50 人以上的工厂主，强制要求以书面形式制定《劳动就业条例》，并在认为必要时，可以命令其变更（施行令第 27 条之 4）。^①该《劳动就业条例》，在日本社会法中被认为是社会自主法而应该受到关注。

81. 财产交易法上的社会法化: 关于建筑物保护的事项　租地法　租房法　佃农法案

如已经阐述的那样，近代市民法上的契约自由原则任由当事人自主

---

* 即日本的《就业规则》，下同。——译者

① 末弘严太郎『労働法研究』改造社（1926 年）371 頁以下。

形成市民之间的法律关系，为了不因实力关系不平等的事实等导致契约效力的不确定和不稳定，从国家的观点出发，原封不动地确保当事人形成的契约内容，从而放任实力关系的决定作用。契约自由原则在资本主义发育期以劳务为对象的交易关系中，发挥着特别的社会和经济功能。因为在以财产为目的的交易关系中，原则上当事人之间的实力关系没有差距，在一定程度上存在实质的契约自由。但是，社会状况的变化特别是有关生活中必要财产的交易，伴随着向这些大所有者的集中，在该财产交易关系中出现了显著的实力关系的不平等，在这样的交易关系中保护社会和经济弱者的必要性激发了社会的规范意识。在这其中，日本特别值得关注的是，有关以都市为中心的租地、租房关系和以农村为中心的佃农关系。

在租地关系中，通常由于土地所有人与租地人存在实力差距，因此，在将其置于市民法的所有权原则和契约自由原则之下时，它所形成的法律关系，不得不给租地人带来极大的不利益和不稳定。在《民法典》刚刚制定后，根据 1900 年 3 月《地上权法》（法律第 72 号）的规定，《民法典》实施前在他人土地上的工作物或竹木，其所有权被推定为归属于使用该土地的地上权者（《地上权法》第 1 条）。这一法律虽然在某种意义上试图对租地人加以保护，但由于当时仍专心于对市民法原理和原则的适用，因此对土地所有权具有事实上重要限制意义的该推定，还没有充分发挥实效。

因此，土地的利用人回避土地所有人设定的地上权，强烈要求采用租赁的形式。然而，由于租赁权对抗能力的取得受到限制，不容易获得登记，所以租赁人只能在极为不利的、不稳定的地位下利用土地而别无他法。如此一来，为了保护租赁人的地位，1909 年 5 月制定了《建筑物保护法》（法律第 40 号）。该法规定，以建筑物的所有为目的，根据土地租赁权，租赁人在其土地上具有登记的建筑物时，有关土地的租赁即使没有登记也得以与第三人对抗(《建筑物保护法》第1条)。但是,这样的限制保护还不能充分体现租赁人的地位,于是在1910年和1911年提出了租地法案,尽管这种立法很容易确立,因为它对土地所有权的绝对性以及契约自由原则的制约具有重要意义,然而直到1918年政府提案的租地法案仍未通过。而随着世界大战以后经济生活的异常转变,大都市的土地成为投机的目标,土地被动产化,由于它不断从一个所有者转移到另一个所有者,因此极大地损害了实际使用者的利益,从保护租赁人的观点出发,形成了不得不对有关所有权的绝对性或契约自由加以一定程度制约的社会意识,于是以建筑物的所有为目的,对有关租地权的长期法定期限进行了规定。租地权在建筑物废旧之前被消灭的场合,可以向土地所有者请求租地权的更新或根据时价买卖,承认对极为重要的土地所有权的绝对性或权利行使的自由原则的限制。进而在1921年4月颁布了《租地法》(法律第49号,同年5月15日实施),在一定的契约条件下,对租地权人不利的内容被视为未作规定的内容(《租地法》第11条),承认对契约自由原则的重大干涉。

基于同样的宗旨,1920年2月公布了租房法案,在修改的基础上于1921年向议会提出并于同年4月颁布了《租房法》(法律第50号)。

在颁布《租地法》和《租房法》这两部法律的说明书中指出,两部法律制定的理由是,明确有关租地、租房的法律关系,确保土地所有权以及建筑物所有人的权利,同时,有必要保护租地权人以及租赁人的利益。然而,毫无疑问,社会状况特别是促使制定这两项法律的社会要求,是为了保护作为社会和经济弱者的租地、租房人的利益,而承认对土地和房屋所有权的绝对性以及契约自由的限制。值得注意的是,这两部法律都对土地和房屋的所有权以及私法生活的关系施加了严重的限制,这些限制不是基于所有权人的意愿,在契约关系中,它明确规定特别不利于一方利益的契约条款无效(《租地法》第11条和《租房法》第6条),这是对近代市民法的根本原则的重大修正。此外，不论被限定的生活关系及地域范围的相对有效性如何，我们都不应忽视通过法律形式，在社会规范意识中，对所有权和契约自由原则的普遍意愿或这些原则的自身转变，加以确保、浸透并提供使之普遍化的契机。

同样，有关社会强者与弱者之间法律关系中的佃农关系，1920 年在农商务省设立了佃农制度调查委员会，后来成为佃农制度调查会，1926 年通过了《关于佃农法制定中应该规定之事项纲要》的决议，1927 年制定了《佃农法草案》并向第 59 次议会提出，1931 年由政府提出《佃农法案》，但都未能通过。在农村，佃农关系的"前"市民法的性质尚未充分受到市民法的洗礼，应该说这样的胚胎导致了形成这种佃农法的困难，它要求向社会法转变。

而以这种租房权、租地权、佃农权为中心，要求债权的物权化，终于逐渐消除了物权法和债权法的界限，这在日本市民法的转变中应该引起关注。

82. 产业组合法及其他非资本主义的团结法：产业组合法的社会和经济功能的增加

与市民法的契约自由同样应该引起关注的是团结的自由，但如已经看到的有关社会法的发展（53、54、55）以及市民法的性质那样（32），对属于市民阶级成员来说意味着的团结自由，对非市民阶级成员来说却并非如此，例如，并不承认劳动者的团结自由，反而是站在禁止劳动者团结的立场上。团结自由在资本主义初期还不具有重要的意义，而是被契约自由原则压制在身后，但伴随着资本主义的高度发展，终于不得不增加团结的重要性。从市民法的观点出发，其具体的表现是，希望朝着成为商法重要原则的"自由设立营利社团的原则"及"企业团结的自由"的方向发展。

在日本，商法的股份公司法在以准则主义为设立基础促进营利社团的建立时，已经在 1891 年向议会提出了以非营利为意向的《信用组合法》。接着在 1897、1899 年两次向议会提出《产业组合法》，并最终在 1900 年 3 月得以颁布（法律第 34 号）。《产业组合法》是以德国的制度为模式的，目的是支持处于资本家阶级和无产劳动者阶级中间的中小生产者和消费者，但在制定当初还没有充分发挥作用，也很少引发世人的关注。与其说该法意味着对追求利润自由原则以及自由竞争原理的重大制约，同时因为很少与股份公司发生利益冲突而被忽视，毋宁说它被资本家阶级所利用了。最近，该法终于增加了社会和经济的功能，特别是在与大企业的关系上没有显示出严重的利益冲突。然而，该法却对同样是社会经济弱者的中小商人造成了严重的压迫，引起了反产业的运动，成为世人新的关注焦点。

此外，与组合相关的法律还有 1900 年 3 月制定的《重要物产同业组合法》（法律第 35 号），该同业组合以会员共同矫正营业弊害以及增进会员利益为目的（《重要物产同业组合法》第 3 条）。应该注意的一点是，在设立该同业组合的地区内，与其会员同一职业者被要求强制加入（第 4 条），这意味着对重要经营活动自由的限制。当然，这种限制本身是以承认追求利润原则为前提的，但应该指出，它限制了个人对利润的追求，并要求在一定程度上考虑会员的共同利益，这预示着后来的经济法走向统制法的道路(86)。

关于组合的团结，除此之外特别是在大正年代制定了许多法律，比如：1915 年 1 月《畜产组合法》（法律第 1 号），1921 年 4 月《住宅组合法》（法律第 66 号），1925 年 3 月《出口组合法》（法律第 27 号）和《重要出口品工业组合法》（法律第 28 号），1927 年 3 月《海外移居组合法》（法律第 25 号)，1931 年 3 月《蚕丝业组合法》(法律第 24 号)，1932 年 9 月《商业组合法》(法律第 25 号)，1933 年 3 月《农村负债调整组合法》(法律第 21 号) 等。其中《农村负债调整组合法》规定，"为了农村、山村、渔村的居住者的经济更生，依据相邻互助的精神，成立一个由他们组成的负债调整组合，以履行负债偿还计划、经济更生计划以及调整其负债为目的"，这是值得关注的。

83. 日本的劳动组合团结: 治安警察法第 17 条　1920 年农商务省的职业组合法案与内务省的劳动组合法案　1925 年的社会局案　1926 年的政府确定案　日本劳动组合法的难产及其原因和影响

事实上，资本主义的高度发展并不能产生对个人的、个别的自由竞争的期待，资本家、劳动者、中小企业主、商人，都不得不期待通过某种团结的形式保全自己的地位。《股份公司法》《产业组合法》以及其他组合法为了实现这样的目的而逐渐增加了社会和经济的功能。

如上所述，在日本，除了营利的、资本主义的团结自由以外，尽管从顾及中小工商业者的观点出发，法律在某种程度上承认对经营活动的自由加以制约的组合团体，但有关劳动者的团结，现在还没有赋予其法律的形式。

当然，在日本，特别是禁止劳动组合团结的规定并不存在，但继 1880 年 4 月《集会条令》(布告第 12 号) 之后，1900 年 3 月的《治安警察法》(法律第 36 号) 第 17 条 (第 30 条) 事实上长期存在对组合活动的严重制约。另外，1890 年 9 月《关于违反条令的罚则》(法律第 84 号) 赋予了府县警察法上的惩罚权，据此，产生了对组合活动的限制。

　　然而进入大正年代，以世界大战后社会经济状况的转变特别是美国金融危机为契机，1918 年 6 月内务省设立了救济事业调查会，1919 年 3 月该调查会对于"以何种方法对资本和劳动加以调和"的咨询事项做出决议：第一，劳动组合可以由其自然发展；第二，《治安警察法》第 17 条第 1 款第 2 项应予废除。但日本政府在选派 1919 年秋天在华盛顿举行的第一届国际劳工大会的劳动代表时，由于无视有组织的劳动者而引发争议，导致了一场关于承认劳动组合、制定《劳动组合法》的新的争论。

　　1920 年日本设置了临时产业调查会，起草劳动组合法案，同年发表了农商务省的《职业组合法案》以及内务省的《劳动组合法案》，值得关注的是这两个法案内容相当不同，特别是在有关制定劳动组合法的必要性的认识上大相径庭。可以说，农商务省基本上是站在资本家的立场上，认为日本的劳动运动是属于极为近期的事情，劳动组合的发展也不显著，没有必要制定劳动组合法，但却认为特别有必要制定以取缔劳动组合运动为目的的劳动组合法（组合法制定理由）；与之相对，内务省认为，"劳动组合法的精神是承认劳动者为了保护其共同利益而自然发展的劳动者结合的事实，在给予其一定保护的同时确立其相当的责任，此为本法要谛"（劳动组合法制定要旨）。这样，农商务省的《职业组合法案》与内务省的《劳动组合法案》相比，前者反而应该称为劳动组合"取缔法案"。而后一法案无论如何还作出了这样的规定，即："雇主或管理人不得以劳动者为劳动组合成员之由对其解雇，或者不得以劳动者不加入劳动组合或退出劳动组合为雇佣条件"（第 9 条）。另外，相对于前一个法案要求组合设立时实行认可制，后一个法案采取了申请制。当然，后者即便作了如此规定，也还不够充分，它接近于英国 1871 年的《劳动组合法》(54)，一部分劳动组合或劳动组合成员自由地违背了劳动组合确立的劳动条件，而在有效达成团体协约时完全没有考虑到这一点（第 10 条）。

　　但 1925 年，内务省社会局在提案中发表了具有相当进步内容的《劳动组合法案》。它以维持和改善劳动条件为目的，规定 10 人以上的劳动者的团体或其联合体为劳动组合(《劳动组合法案》第 1 条)，通过选择可以获得法人资格(第 4 条)。雇主或其代理人不得以劳动者为劳动组合成员之由对其解雇，另外，不得以劳动者不加入劳动组合或退出劳动组合作为雇佣条件(第 11 条)。此外，有关团体协约中包含了这样的规定，即劳动组合在与雇主或雇主团体订立了有关雇佣条件的契约(团体协约)的情况下，如果雇主以及劳动组合成员之间的雇佣契约违反了该团体协约，则违反的部分无效，无效的部分代之以团体协约的条款规定(第 12 条)。

然而，1926 年政府确定的《劳动组合法案》，多少是退步的，体现在采取职业类别、产业类别的劳动组合原则(第 1 条)，立法目的、观念的暧昧(第 2 条)，法人格的强迫(第 3 条)，消除有关团体协约的规定等方面，在此基础上向第 51 次议会提出的该法案最终没有被通过。另外，限制劳动组合活动的《治安警察法》第 17 条、第 30 条也终于被废除了。

劳动组合法案在此后也多次向议会提出，例如，政府在 1927 年提出劳动组合法案(但第 52 次议会未审议)，社会民众党 1929 年提出劳动组合法案(但第 56 次议会未审议)，以及社会局 1929 年 12 月发表的劳动组合法第二份草案等，但都未获通过。

日本劳动组合法的难产，反映了日本社会法的发展状况，另外还带有其特殊的性质，并非表现为有关社会规范意识的不成熟。然而，一方面是对站在资本家阶级一方制定的保守的劳动组合法的厌恶，另一方面是对站在劳动者一方制定的积极的劳动组合法的冷淡，两方面得出的结论是一样的。这两个方面共同发挥着强有力的作用，被认为阻碍了劳动者大众意识所期待的正当的劳动组合的实定法化。另外，由于日本劳动组合法的难产，劳动关系被置于非法律关系的境地，使劳动关系特别是集体劳动关系的严密秩序无法建立，有时甚至连市民法上理所当然的通过法律解决的保障问题，在劳动关系上也得不到令人期待的结果，特别是作为社会自主的社会法的正常发展不断受到阻碍。[1]

84. 日本的社会保险法：健康保险法的形成

社会保险制度的发展，需要对商法上营利主义的、自由契约的保险制度进行重大修正。

1920 年，日本在农商务省工商局新设了劳动科，着手有关社会保险法的调查立案，1921 年通过了立法建议，设立了劳动保险调查会，1922 年《健康保险法案纲要》经过种种修正，其法律制定的必要性被认可，于是 1922 年该社会保险法案向议会提出，这被认为是《健康保险法》的确立。在提出议案时，政府指出，本法的目的主要是规定工厂和矿山从业人员的健康保险制度，以便于疾病的治疗，使劳动力迅速恢复，并在分娩和死亡时提供一定给付。另外，首先要建立今后施行的其他保险制度的基础，然后通过逐渐的修改完善以实现全部的劳动保险。

1922 年有关劳动行政的事务移交社会局管理，1923 年为了准备实施健康保险，在该社会局内设立了临时健康保险部，健康保险预定从 1924 年 4 月起实施，但因 1923 年 9 月关东大地震而延期，第 51 次议会关于实施前的健康保险法的修改案，与健康保险特别会计法案同时提出，根据修改的法律，1926 年 7 月 1 日起实施《健康保险法》，特别是有关保险给付以及保险费的事项从 1927 年 1 月 1 日起实施。

因此，无论怎样，日本的社会保险制度被认为是除了劳动者以外，还由国家以及雇主负担保险费的强制保险制度。当下，普遍要求对该法

---

[1]　山中篤太郎『日本労働組合法案の研究』岩波書店（1926 年）。

的扩充进行规划，但失业保险制度还没有确立起来。

85. 公益企业法上经营活动的制约：铁路营业法
电气事业法　瓦斯事业法　银行法

商法上的经营活动自由的原则，如果在企业具有了相关公益性质、垄断性质时就无法被贯彻。也就是说，1900 年 3 月的《铁路营业法》（法律第 65 号，经 1910 年法律第 50 号修改），就已经作为商法的运输营业特别法，考虑到普通市民必要的生活费用和收入，要求铁路公司有义务公示运费和其他运输条件（《铁路营业法》第 3 条），并允许对具备一定条件的运输申请实行强制缔约等（第 6 条），承认了对市民法上的营业活动自由以及契约缔结自由的重大限制。

1911 年 3 月制定的《电气事业法》（法律第 55 号，1931 年 4 月法律第 61 号）也规定，电气供给事业者，如果不存在消费者欠费等正当理由，不得拒绝电气供应（《电气事业法施行规则》第 50 条）。另外，电气供给事业者还具有制定有关电气供应方法、种类、供应时间、供应收费等电气供给规程的义务（第 55 条），以及电气供给的普及义务（第 71 条），此外还对停业加以限制（第 57 条）等，承认对经营活动自由的重大限制。

1923 年 4 月制定的《瓦斯事业法》（法律第 46 号），根据其公益企业的性质，要求对收费以及其他瓦斯供应条件的设定或变更，需要得到主管大臣的许可（《瓦斯事业法》第 12 条），此外还规定了强制供应（第 14 条）以及对事业废止或停业的限制等（第 15 条）。

关于对营利社团的活动自由的限制，更为引人注目的应该是 1927 年 3 月制定的《银行法》（法律第 21 号）。受大正末期金融动荡的刺激，政府根据 1926 年设立的金融制度调查会的调查，于 1927 年 2 月向议会提出了银行法案，政府在提案时认为，近时银行不仅要能够适应日本经济的发展，使主要金融机构发挥其职能，而且其经营也要经常保持慎重，因为引起破产时对一般财界和大多普通储户造成损害的情况不在少数，鉴于此，为了矫正其通病：一、银行要力图充实资力；二、助力稳固的经营；三、保护储户的利益；四、期待银行完善监管；五、防止不当竞争；六、促进银行治理的进步，等等。这是本法制定的目的。该银行法案通过了议会审议，于 1927 年 3 月公布（法律第 21 号）。此外参照 1921 年 4 月《储蓄银行法》（法律第 74 号，1927 年法律第 24 号、1931 年法律第 41 号修改）。

86. 日本的计划统制的经济法：关于重要产业统制的事项　自主的统制经济法　国家的统制经济法

与前述不同的是，与近时资本主义状况相关联，在计划经济或统制经济的意向中，作为对商法经营活动自由的制约，首先应该关注的是 1931 年 4 月的《关于重要产业统制法》（法律第 40 号）。该法规定，在统制协定中的三分之二以上成员提出申请时，如认为对保护该产业的公正利益、发展健全的国民经济具有必要性时，经统制委员会决议，对该统制协定的成员或没有加入该协定的同业人员，得以命令其应该依从该协定的全部或部分规定（《关于重要产业统制法》第 2 条），承认具有普遍约束力的"卡特尔"的强制。另外，根据该法，即使未加入该协定者，也受到协定的约束，这一点承认了对传统的营业自由或契约自由原则的本质上的制约。政府在该法提案时认为："正确认识日本产业界的诸多缺点，为了重建日本产业界，在技术上或经营上应该合理化的地方很多，但所有弊害的根源是缺乏对企业的统制，这是其根本缺陷。中小企业也好，大企业也好，大多数企业主无规则、无节制、无计划地不当竞争，这是日本产业界的现状。其结果，不仅妨碍了日本商品境外出口的发展，还使诸多企业一同倒闭，给日本重要产业的生存带来极大威胁，给日本经济带来极大损害。鉴于这种现状，特别对重要产业实行规范统制，实现其稳定，成为当务之急。这是本法案提出的理由。"

根据 1932 年 9 月的《商业组合法》（法律第 25 号公布），为了预防和矫正营业上的弊害而被认为特别必要时，行政官厅可以命令具有商业组合的组合员资格者，或者不是商业组合的组合员而是具有商业组合地区内的其他组合员资格者，应该遵从商业组合的统制（《商业组合法》第 9 条）。另外，《工业组合法》（1925 年 3 月法律第 28 号，经 1931 年第 62 号、1933 年第 20 号修改）也是同样，为了预防和矫正营业上的弊害而被认为特别必要时，行政官厅可以命令具有工业组合的组合员资格者，或者不是工业组合的组合员而是具有工业组合地区内的其他组合员资格者，应该遵从工业组合的取缔或限制规定（《工业组合法》第 8 条）。

这些有关产业统制的法律，与其说是经营者为了实现对自主生产及销售的统制而助长了"卡特尔"的形成，毋宁说是为了经营者自身的利益，在一定程度上承认对传统经营活动自由的限制。但是，这样容易基于行政官厅的认可或统制上的命令权，从公共的、共同社会的观点出发增加这种限制，或者对这种限制进行转化，应该说包含了这样的可能性，这是应该注意的。

在此意义上进一步发展，1933 年 3 月颁布《粮食统制法》（法律第 24 号，同年 11 月 1 日施行，敕令第 278 号），代替了 1921 年 4 月的《粮食法》（法律第 36 号）。相对于《粮食法》的规定，即政府认为有必要对粮食数量或市价进行调节时，可以进行粮食的买入、卖出、交换、加工、储藏（《粮食法》第 1 条），《粮食统制法》进一步认为，政府为了实现对粮食数量和市价进行调节的粮食统制，可以进行粮食的买入和卖出(《粮食统制法》第 1 条)，甚至还规定，政府参考粮食生产费用、家庭生活费用以及物价等其他经济事项，每年公定并公告粮食的最低价格和最高价格(《粮食统制法》第 2 条)，为维持粮食的最低价格或最高价格而买入或卖出(《粮食统制法》第 3 条)。应该注意的是，这种违背当事人的自主协定、由政府直接进行的统制，意味着对传统市民法原理的重大制约。特别是粮食价格的政府公定，关系到国民的主要生活必需品，因此，在这种情况下，特别要求考虑家庭生活费用，这意味着是对以生产费用决定价格为根本前提的资本主义经济结构的重大制约。

此外，作为有关的经济统制，1932 年 6 月颁布了《资本逃避防止法》(法律第 17 号)。特别与海外贸易相关，1933 年 3 月颁布了以汇兑管理为目的、值得关注的《外汇管理法》(法律第 28 号)。另外，当前通过修改《出口组合法》，对贸易统制化以及《外来粮食调入管理法》加以规划。

87. 日本的调停制度：租地租房调停法 租地租房临时处理法　佃农调停法 劳动争议调停法　金钱债务临时调停法

有关诉讼法领域的发展趋势是，已经通过修改《民事诉讼法》扩充了职权主义，暗示着从个人主义、自由主义的诉讼法向社会的诉讼法的转变。但更应该关注的是最近作为特别诉讼法的调停制度的发展。

关于日本的调停制度，首先在 1922 年 4 月颁布了《租地租房调停法》(法律第 41 号，10 月 1 日起实施)，与租地、租房相关的争议根据普通诉讼程序之外的特别诉讼程序进行。这个调停制度如已经阐述的那样(73)，在这种特别的生活关系中，暂且承认对市民法原则的适当排除。应该注意的是，现行的市民法根据社会和经济状况而变化，至少在与租地、租房有关的方面，国家自身也承认其适用市民法原则并不一定妥当。在《租地法》以及《租房法》制定时，有必要承认有关租地、租房的裁判程序之外的调停程序。该调停程序在所期望的条件基础上制定，并根据裁判程序以外的一种委员会制度加以设定。指导该程序执行的主要机构是法院，但在必要的场合由法官以外的具有学识经验的人参加，以达到圆满调停的目的（提案理由说明）。该法规定"对受理调停请求的案件提起诉讼，或者依照前条规定的调停案件提起诉讼时，应当暂停诉讼程序直至调停结束"（第5条）。另外，与租地、租房相关的法律，其实施地域也很有限，但1924年7月制定的《租地租房临时处理法》（法律第16号）规定，"如果地租、房租、保证金和其他租赁条件明显不合理，则法院可以根据当事人的请求，听取鉴定委员会的意见，命令修改租赁条件，以使租地租房关系变得公平。在此情形下，法院可以命令退还保证金和其他财产给付，或者将这些财产给付视为租地或租房的预付，或者命令对其财产给付作出适当的处分"（第2条）。应该注意的是，这个法律是基于关东大地震的特殊情况而制定的，从其内容可见显著脱离了市民法原理。[1]

关于调停制度，1920年鉴于佃农争议频发，设立了佃农制度调查会，审议《佃农法》的制定，但在该实体法尚未颁布时，《佃农调停法》于1923年向议会提出并于1924年7月被临时议会通过[2]（1924年7月法律第18号）。

此外，虽然与社会法无关，但1926年3月制定了有关商事的《商事调停法》（法律第42号）。而特别是关于劳动争议，1926年4月制定了

---

[1] 牧野英一『生の法律と理の法律』有斐閣（1926年）59頁以下。

[2] 末弘厳太郎『小作調停法大意』科学思想普及会（1924年）。

《劳动争议调停法》（法律第 57 号），规定一定企业发生劳动争议案件时，行政官厅根据当事人的请求，或者即使没有当事人请求而行政官厅认为有必要予以承认时，可以设立调停委员会(第 1 条)。

关于该《劳动争议调停法》，鉴于最近劳动争议的实际状况，为了减少因劳动争议产生的对社会和产业的损害，试图对法案进行修改。修改法案扩大了调停委员会的设立范围，重新规定了责任官员的权限，另外有关公益事业的劳动争议，在使用闭厂、同盟罢工等争议手段的情况下，要求事前申请调停，等等。修改法案向第 51 次议会提出，但审议未果。

另外，1932 年 9 月的《金钱债务临时调停法》（法律第 26 号）规定，为了通过调整债务人的债务来恢复诚信，如果债权人、债务人有必要达成协议，有关各方应申请调解。

88. 日本社会立法的体系：社会保护法 社会行为法　社会组织法　社会企业(经营)法 社会诉讼(裁判)法　社会财产法

以上对日本社会法的发展加以概观，其中最应该引起关注的是具有劳动法内容的《工厂法》和《健康保险法》，以及具有经济法内容的《关于重要产业统制法》和《粮食统制法》。

除以上所示内容外，以下这些法律并非都是作为市民法的转变或发展所应该显示的，但作为具有社会法的内容而存在，比如，1921 年 4 月《职业介绍法》（法律第 55 号），1933 年 3 月《儿童虐待防止法》（法律第 40 号），1920 年 7 月《所得税法》（法律第 11 号，1926 年最新修改），1905 年 1 月《遗产税法》（法律第 10 号，1926 年最新修改），1926 年 3 月《资本利息税法》（法律第 12 号），1922 年 4 月《船员职业介绍法》（法

律第 38 号），1931 年 4 月《入伍人员职业保障法》（法律第 56 号），1917
年 7 月《军事扶助法》（法律第 1 号），1927 年 3 月《公益典当法》（法律
第 35 号）。

现在如果试图建立社会法的体系的话，可以考虑：首先，将《工厂
法》的一部分以及《健康保险法》等劳动保护法与《救护法》等统合形成
《社会保护法》；其次，《工厂法》有关劳动行为的规定与《租地法》《租房
法》统合形成《社会行为法》；再次，《产业组合法》及其他组合法在某种
意义上形成《社会组织法》，但其中，特别是《团体协约法》和《劳动组合
法》明显缺乏。

另外，《电气事业法》《瓦斯事业法》等公益企业法，《关于重要产业
统制法》以及其他《粮食统制法》等虽然具有各自不同的特征，但可以考
虑形成《社会企业法》或《社会经营法》。《租地租房调停法》《佃农调停
法》《劳动争议调停法》等在某种意义上也可以考虑形成特别的《社会诉
讼法》或《社会裁判法》。

除此之外，《所得税法》《遗产税法》等在某种意义上可以视为《社会
财产法》。

虽然以上仅讨论了特别法，但民法等在其制定后的解释性转变以及
判例法、习惯法等形成的具有社会法内容的各种规范，实际上也都应该
吸收到这些法域中吧。

89. 日本社会法的特征：发展的低端性　自上而下的
负荷性　体系的不完备性　与市民法对照的不充分性

总的来说，日本社会法的发展，在与本书一开始所考察的内容特别
是与欧洲诸国的事例相比照时可以看到，其没有摆脱明显的低端性特别

是体系上的不完备性。

前面也有相关学说认为，一般来说，日本社会法是根据其"发展的低端性"以及"自上而下的负荷性""体系的不完备性"等赋予了其特征，但最引人注目的特征应该是与市民法"对照的不充分性"。总之，如上所述(78)，在日本，市民法自身社会规范意识的浸润尚不充分，市民法本身在法律生活中没有得到明确的把握和运用，但它同时形成了一种情况，迫使人们在不等待市民法的情况下建立社会法。社会法本应在市民法完成其最初意向的社会经济功能后找到自己的位置，但在社会法还没有准备好的时候就不得不被呼唤出来。这从一个方面阻碍了日本社会法的发展，不仅造成了社会法的非进步性和体系的不完整性，而且也没有保证社会法有足够的"后市民法的性质"，这被认为是造成社会法缺乏独立存在性的原因。

还需要注意的一点是，与日本社会立法的非进步性相关，社会立法通常在颁布很长时间以后才实施，这样尽管立法形成在良好的经济景气中而表现得比较活跃，但在进入经济不景气的时候就表现出明显的倒退。

另外，以农村的各种关系为中心，以及围绕家族制度，还残存一些"前"市民法的各种关系，社会法与"前"市民法的某种意义上的相似性，导致了市民法与社会法的对照性的混乱和功能的弱化。在《救护法》中对家庭扶养制度的不合理期望，或者在工厂主和劳动者之间的关系中对更多同情因素的期望，都是基于这样的情况。

总之，日本的法律状况要求"更加"充分地浸透和发展市民法，并同时扩大和确立社会法。

而这种状况，加之上文提到的日本市民法的特征，使日本现实中的法律生活具有了一种特殊的性质。

十七　社会法的性质

90. 作为现代社会之法的社会法：法的性质与作为
其基础的经济关系性质的相适性和相离性

近代市民法是近代社会的法，被赋予了作为近代市民的法的性质（25 以下），如此，社会法大体上是现代社会的法，被赋予了作为现代社会人的法的特征。但以上的立论需要较多修正。的确，近代市民法是近代市民社会的法，可以说是与近代资本主义的经济组织相适应的法理体系，但现实的社会即现代社会，在大的趋势上还没有停止资本主义经济组织的运行。反而现代社会与近代社会一样也不外乎是资本主义社会。即可以认为近代市民法与现代社会法如果其母体显示了与社会经济相关联的话，相对于前者是近代资本主义社会的法，后者只不过是现代资本主义社会的法。从这样的观点出发，在资本主义社会的法的意义上，好似市民法和社会法的对照被抹消了。而且，对于坚持这种观点的人来说，市民法与社会法相对照的话，不仅是一种毫无意义的行为，而且将被认为是一种反动的意向，其本质无非是以社会法的名义宣扬市民法，从而掩盖了法的阶级性。

然而，社会法的势力范围仍然限于是资本主义社会的法，在这一点上与市民法并无差异，但即使如此，也不能直接证明市民法与社会法在法理性质上具有同一性。

一般的法，要求根据适当的社会经济关系赋予其性质，这是不能否定的。但是，经济关系的差别不应该理解为直接意味着法的性质的差别。

人们基于这样的观点，以原本的法的自身为主题，或者讨论法的自身发展问题特别是其性质问题，这是毫无意义的事情。总之，法的性质是由作为其基础的经济关系所决定的，这仅在法以纯摹写的方式反映作为其基础的社会和经济关系的情况下才是可以预期的。法已经在社会和经济关系中具有了复杂多样的法域和法系，在反映作为其基础的经济关系的敏感性或感光度方面，也各自表现出了特有的细微差别，而某些法域则几乎不保有这样的感光度。

然而，还不仅如此，在已经成为其基础的社会和经济关系中，不只是包含了极其复杂多样的关系和内容。因而，存在这样的情况，其中一些生活关系或生活意向将较为鲜明的图像打印在其胶片上；而另一方面，某一部分生活关系或意向则只是投射出非常浅淡的影印。

在这种情况下，大体上反映社会和经济关系的法，被赋予了一定程度的独立性和独特性质。然而，法一般只在一定程度上保持其自主性，只不过从现实社会出发，通过保持一定程度的"距离"，产生了规范自己社会的、历史的现实秩序的功能(1)。

我们在这样的法与社会的关联中，首先要找到市民法与社会法的对照性或赋予社会法性质的确定线索。

91. 作为近代资本主义社会之法的市民法与作为现代资本主义社会之法的社会法的对照

虽然市民法和社会法都是资本主义社会的法，但近代资本主义和现代资本主义已经形成了非常明显的对照。

关于现代资本主义的各种标志，我们已经主要根据桑巴特的论述进行了说明(38)。而且，它的性质是在现代资本主义的高度发展中，通过对其局部特别是商事企业的凝聚化，以及"非"资本主义意向的渗透而形成的。

　　因而，近代市民法通过对其主导法域的民法中的财产法进行统辖，形成了体系的统一性和坚固性的特征。但现代法，反而一方面通过与资本主义的高度性和凝聚化相适应的、由商法占主导地位的市民法体系，最终显示出了其偏颇性和不一致性；另一方面通过与非资本主义的意向相适应而产生的社会法，导致了市民法体系的松动和贫乏的结果。当然，此时在与经济和社会基础相关联上对比市民法与社会法，把这种对照性直接归为资本主义与"反"资本主义的对照，这并不能准确地把握现实的社会法的状态。也就是说，所谓非资本主义的意向，不应该理解为是直接的"反"资本主义的意向，相反，"非"资本主义的意向是在与资本主义意向的共存中产生的，并修正了资本主义的意向。即，现代资本主义的特征，与其说不应该表现为反资本主义，毋宁说相对于近代资本主义全部社会生活关系被合理化、普遍化的"单一色调"，在现代，它在某些商业和企业的生活方面表现出极度浓厚的一面，而在某些生活方面又终于褪去单一色调，允许其他颜色的混入，表现出了多元色彩。

　　通过深入到市民法和社会法所基于的社会和经济关系，已经可以在一定程度上看到两者之间的对比，而首先应该考察研究的是，两者从所谓的阶级法或法的阶级性观点出发所形成的对比或性质。

92. 法的阶级性问题与社会法的性质：法的阶级性 问题的意义　对法的本质是阶级性主张的批判

　　市民法与社会法的对照性通过向社会和经济基础的演进，被认为与其明确相关的是从法的阶级性的观点出发将两者加以对照的尝试。

　　关于一般的学问、宗教、道德、法律等的阶级性，在作为问题的场合，其所谓阶级性的意义通常是极不明了的。特别是法的阶级性问题，首先在现实的资本主义时代，一方面被认为是无产阶级的法，另一方面，有人主张是有产阶级的法①。即，在通常的理解上，法的阶级性相对于法的规范评价因所属阶级的不同而不同，以及法只不过是在社会中反映某一个阶级的现实利益或阶级的利害对立。

　　比如，门格尔指出："所有的法律秩序，只能是在一个国家国民内部的历史发展过程中，被形成的实力关系的一大组织。支配阶级的利益被永久固定时，它对其余的国民来说，要求作为某种客观的强制，承认法律及法规的形成。"②

　　一般生活中显示的利害关系极为对立的阶级区分，在横跨社会内部阶层的情况下，对同一法律规范或据此被维持的有关法律制度的评价，存在不同的对立意见的可能性，这是不能被完全否认的。③另外，在社会或法律协作形态的内部存在阶级分裂，对法律的形成带来某些影响，对于优势阶级来说会"更多"地将自己的要求纳入规范的形式中，这种或然性的存在也是不能否认的。然而，法律即使在这样的意义上，毕竟也还是作为相对竞争方的利害妥协的结果而成立的，于是在这种情况下，不能只对一方的利益加以全部满足。即，实定法毕竟是均衡状态的表示，其意味着具有将所有的法律秩序变为"和平的秩序"之本领。④另外，像

①　田村德治「学问の阶级性に就きて」法学论丛 23 卷 6 号（1930 年）。

②　Menger (Anton): Über die sozialen Aufgaben der Rechtswissenschaft—Inaugurationsrede gehalten am 24. Oktober 1895, bei Übernahme der Rektorats des Wiener Universität, 2. Aufl., Wien und Leipzig, 1905, S. 15.

③　恒藤恭『法律の生命』岩波书店（1927 年）28 頁、29 頁。

④　Kelsen (Hans): Die philosophischen Grundlagen der Naturrechtslehre und des Rechtspositivismus—Philosophische Vorträge Veröffentlicht von der Kant-Gesellschaft, herausgeg. von Paul Menzer u. Arthur Liebert, 1928, §36, S. 68.

现实中那样，在劳资之间的权力分配状况下，纯粹的阶级的法律是不存在的，也可以说只不过存在通过妥协与让步形成的或多或少被淡化了的市民阶级法。[1]

在法的发展过程中，大约存在这样的倾向，即，在社会情势处于比较静止的状态时，强调法的"规范性"，而在社会处于转变过程时，强调法的"事实性"。总之，如上所述(2)，法是作为社会的、历史的、现实的一个组成部分而存在，不服从任何经验的制约，不是先验的规范，它不过是在社会现实的制约下建立和发展的一种经验的规范。因此，在社会内部存在对立阶级的时候，其实力关系对法的生成及内容会带来怎样的影响，这些都是不能回避的。然而，另一方面，法基于规范的特征，"并不是说我们受制于该对象，唯唯诺诺地服从该对象的存在和性状，而是按照某种固定的形式，能动地自律地支配并规定该对象，因而，法不应该满足于对现实生活关系的盲从和追随，而是根据一定的形式，朝着一定的方向，规范和指导该对象，这是其不得不具备的本领。"[2]

法在社会现实中具有独自存在的意义，将自己区别于其他社会现象而形成独自的社会文化领域的原因在于，在其形成和发展的过程中，一方面服从由社会现象特别是经济现象产生的事实制约，而另一方面，在社会现象或经济现象中，已经形成的法不得不通过其独自的功能进行能动的制约，也就是说，"经济的利害及其实力，被称为是法在文化形态上的被转化、被置换，是法的形态从经济利害的支配中被解放出来，意味着获得了其自律性或自主性(Eigengesetzlichkeit)。而获得这种自主权的法，现在获得了对它据以产生的经济关系施加某种制约的能力。也就

---

① Radbruch (Gustav): Klassenrecht und Rechtsidee, Zeitschrift für Soziales Recht. Jg. 1. Num. 2, 1929, S. 77.

② 恒藤恭『法律の生命』岩波書店（1927 年）20 頁、21 頁。

是说，经济基础与成为其上层建筑的意识形态之间产生了一种交互作用。于是，法在获得了这样的自主性和交互作用性的同时，被压迫阶级也通过支配阶级所制定实施的法获得了某种利益。总之，法在本质上自行揭示出了对某种'正义'的要求（Anspruch auf Gerechtigkeit），而'正义'要求法的命题的普遍性和法的面前的平等。即，一般的法的形式所要求的是，一个人的利己要求也要通过承认利他而成立"①。其意味着法在本质上保有"超阶级"的性质。

另外，从贯彻阶级的法律观的见解出发，在同一社会、同一时期存在的法律，通过一个阶级的法律意识肯定其价值，通过其他阶级的法律意识否定其价值，在此情况下，必须说任何一方的价值判断都是正当的。但是，如果以这样的方式思考法律价值的概念，最终我们将无法表明所体验到的有关法律价值的真相。② 也就是说，所谓法的本质是阶级性的主张不能对法的本质加以充分反省。

93. 作为劳动阶级或无产阶级之法的社会法的性质：对它的批判　法律肩负的两重任务

从阶级法的立场出发，在市民法与社会法的对照中赋予法的性质的见解认为，毕竟市民法是市民阶级或有产阶级的法，社会法归属于非市民阶级的劳动阶级或无产阶级的法。这样的立论显示出的多少有些理想化的性质，不能说完全不当。特别是市民法，如上所述是市民阶级本位的法，在一定意义上作为市民阶级法被赋予其性质（32）。关于社会法，

---

① Radbruch (Gustav): a. a. O. S. 76.

② 恒藤恭『法律の生命』岩波書店（1927 年）136 頁。

特别是属于劳动法领域的法律，在某些情况下，劳动阶级被认为是法的承担者。这一特殊情况出现在社会自主法的劳动法中。然而，这种意义上的所谓市民法是市民阶级的法，社会法或劳动法被称为劳动阶级的法，在严格意义上，与其说并不是以阶级对立为前提认为法的本质具有阶级性，毋宁说只不过意味着通过私人的所谓人的或集团的定型化赋予了其法域的性质(2)。也就是说，相对于市民法是着眼于近代市民的人而构成的法，社会法在某种程度上是一种非市民的、从社会集团及社会经济弱者的角度来构建的法，它不是抽象化和个人化的法，这是其标志。

的确，在如今复杂的社会发展阶段，一般来说阶级归属不能只是还原为无产阶级与有产阶级之间的单纯对立。还存在着有大量细微差别的集团和阶级类型，它们在各自的利益关系中形成了对立和冲突的错综复杂的组合。因而，经常会发现，在某些法律规范、法律制度或法域中，被认为相互对立、相互竞争的人或集团，反而受到共同的评价，他们的利益被认为是一致的。人们所属的阶级构成的复杂性，不仅带来了上述情况，而且导致了人们的不同属性，他们对法的评价也并非一致。[1]另外，什么样的法符合一个阶级的利益，其界限也并非很清楚。比如，成为一种劳动保护立法的八小时劳动法，评价其是否符合劳动阶级的普遍利益，是根据每个劳动者个人还是根据劳动者集团，另外即使根据劳动者集团，也存在熟练劳动者还是不熟练劳动者，积极劳动阶级还是不积极劳动阶级等的不同，有时会得到完全相反的评价，这样的情况并不少见。

总而言之，与阶级相关联，比较市民法与社会法的差异或者分析两者的性质，从法的本质在于阶级性的观点出发是不妥当的。因为，的确市民法是着眼于市民阶级而构想的法，社会法是着眼于劳动阶级或社会

---

[1] 恒藤恭『哲学と法律学との交渉』岩波書店（1933 年）14 頁。

的、经济的弱者而构想的法，但这只不过或多或少意味着是一种标志性的、理想性的思考方法。

而且，即使某一个法律或有关的法域，被认为是由某一社会集团或阶级作为责任承担者的情况下，只要它是一项法律，就必然包含这个（作为直接承担人的）集团或阶级，并在"更加"高级的共同社会，不得不作为间接的或最后的承担人，包含与这个集团或阶级相对立的集团或阶级。也就是说，即使某一法律具有所谓的阶级性，也只不过是被看穿了其作为承担者的二重性，一个法律只有在成为永久的共同社会的承担者的情况下，才能更好地保持其法的性质。[①]

94. 市民法与社会法的共存：作为现代法标识的社会法

关于社会法与市民法的对照或者社会法的性质所应该注意的是，现实的社会法不是通过终止市民法、在法律生活中排除市民法的支配而确立的，反而是市民法在广泛的领域保持其存在，社会法无非是在与市民法的共存中具有了自己的地位和性质。然而，现代法通过社会法赋予了其性质，被认为只是因为社会法在现实中最为敏锐地摄取了时代的进取意向，最为丰富纯粹地体现了时代的内涵(3)。作为近代的市民法时代，不论我们赋予其怎样的特征，近代法的体系同样不能否认的是，在市民法或私法中伴随着国家法或公法的系统。现代法以社会法为标识，现代法的体系大多不限于存留在市民法中，恰如近代法时代的市民法，在具有国家法或公法的意义上，自己对其从属或被其着色，从而建立了近代

---

① 橋本文雄「習慣法の法源性」東北大学法文学部編『法学論集：十周年記念』岩波書店（1934 年）51 頁以下。

法的统合形态那样，在现代，市民法终于在各方面消除了近代初期那样的纯粹形式，通过反映某种社会法的色彩，它正在成为与近代市民法截然不同的现代法。

也就是说，从市民法向社会法的发展，不是通过完全废弃市民法而凭空产生了社会法，而是市民法在其自身的法律发展或转型过程中向社会法的具体转化。从现实法律状况来看待市民法与社会法的法理的纯粹性时，在具有完全对抗的相反性质的同时，作为具体的现实法，两者又相互影响、相互合作，共同规范社会生活。或者说，在规范某些生活关系方面，市民法的法理发挥着重要作用，而在规范其他生活关系方面，具有较多社会法内容的法理更为妥当，市民法与社会法两者承担着各自的职能。

95. 社会法的后市民法性质：
从市民法到社会法的非革命性

社会法的特征存在于与市民法的对照性之中。因此，不通过充分意义上的市民法，不充分自觉地将自身与市民法相对照而形成的法理，即使形式上、外观上具有与社会法的相似性，也不是真正意义上的社会法。正因如此，中世纪日耳曼法中的封地法、行会法等，即使与社会法具有法理内容的相似性，也不能认为其为社会法。所以，我们在对具体的现行法素材进行分析之际，要周到细致地思考其法理性质，不能将"前"市民法与成为"后"市民法的社会法相混同。

总之，立即将前市民法提升到社会法的价值地位，将导致未来法律史的颠覆，因此不应该将前市民法视为社会法。

社会法的法理特征在于，它是根据严密精致的近代市民法法理进行充分雕琢、洗礼而形成的法理。通过放弃近代市民法在法律发展史上形成的特殊的技术精巧性和体系严密性而构建社会法，这样的社会法是残缺的，至少从法律观点来看只能是徒劳的。

这个社会法上的"后"市民法的性质，如已经注意到的那样，存在于市民法的法理之中。但直到现在，其在社会一般的规范意识中还没有确实的适从性。另外，在日本的法律状况下，社会法的负荷性成为一种常态，有必要更仔细地加以研究和考察。

从市民法向社会法的迁移，至少在其法理内容上来看可以说意味着向相反事物的转变，但在法律的发展中，作为合法的过程，其能够实现的原因已经在法的体系的统合形态上被预示了(3)。但毕竟法的体系不是没有丝毫对立、歪曲，不是像完整的闭环那样作为合理的统一体而成立，而是一并包含了多元的法域或法系，就像在一定程度上能够在对立、矛盾或非合理性中加以包含那样，可以说应该基于先端的、开放的、螺旋上升的结构对其动态的内容加以思考。

96. 作为现代社会人之法的社会法：
拉德布鲁赫的"社会人"的概念

拉德布鲁赫在其著作《法律上的人》中，将近代法即市民法上的"经济人"或"商人"与现代法即社会法时代的"社会人"（Kollektivmensch）进行了对照（2 的注释）。

按照他的观点，作为现代法的前提被构想的适合新的定型化的人，是像市民法时代那样，与极度自由的、利己的抽象人格者不同，不得不说是更接近实际生活状态、充分顾及社会的特殊性而被构想的定型人。在这里，与法律主体中经济的、社会的智力强者相比，要求充分顾及弱者的地位。也就是说，现代法中的人是共同社会中的人，必须是"社会人"（der Mensch in der Gesellschaft）。这样的法的人间定型化，是通过对社会现实关系的接近，将以往对单一人格者的思考，变为现在基于社会的法的重要性而呈现出各种各样的"多元"的定型。

这样的事态，在自由主义的市民法时代是由商法发挥着先驱作用，而在现实的社会法时代，这种作用最为显著的体现是在劳动法领域。也就是说，市民法只承认双方自由决议下缔结契约的是完全平等的法的人格者，因而，相对于作为强者的企业主来说，对作为经济弱者的劳动者的特殊地位没有任何法律上的考虑。另外，市民法不承认作为个人的劳动者因无力与企业主对抗而结成劳动者团体的连带性，只是一味地执着于个别的契约当事人与个别的劳动契约，不承认劳动者根据团体协约作为自身特有的劳动行为关系的缔结者而组建劳动组合。市民法没有认清劳动契约引人注目的多数性使劳动者相互之间通过法律纽带结成的劳动者团体，另外，无法识别作为一个社会统一体的经营自身的统一性。也可以说是"只见树木不见森林"。然而，在这样的视野下，从这样的观点出发来尝试进行法的规制，是劳动法的本领。在这里，作为社会法的劳动法在与市民法的对比中，承认对现时的生活关系紧密化的努力。也就是说，劳动法不像市民法那样只关注单纯的人格者，而是将企业主、劳动者、雇主等按照各自的社会特性纳入法律视野中。不只是着眼于单一的个人，还要观察劳动者的团结性与雇主的经营性。不仅是契约自由，还要在自由契约关系的表象背后，识别出经济上的实力对比关系。它将每一个人看作是团体的、经营的最终是全部经济和社会形态的成员，并考虑到所有的社会情感，至少是我们称之为"连带性"（Solidarität）的"更加"广泛的利害关系。[1]

---

[1] Radbruch (Gustav): Der Mensch im Recht: Heidelberger Antrittsvorlesung, Recht u. Staat in Geschichte und Gegenwart, Tübingen, 1927, S. 10, 12, 13, 14.

　　社会法正是在这样的意义上由社会人为了自己而形成的法。罗马法是罗马人形成的罗马人的法，日耳曼法是日耳曼人形成的中世纪的法，而就像市民法是近代市民的法那样，可以说作为现代人的社会人的法只能是社会法。

十八 结语

97. 现代法体系的特征: 中世纪法 近代法 现代法的体系"从市民法到社会法"和"市民法与社会法"

中世纪法, 是人的支配与物的支配合为一体的法, 因而, 是财产法和身份法未加区分的体系, 财产法自身也没有区分出物权法与债权法两个领域, 另外, 诉讼法还未明确从实体法中区分出来。相对于此, 可以看到近代市民法的特征首先是诉讼法的整体意义的后退, 财产法处于主导地位, 而且财产法的体系首先分为物权法和债权法, 进而完成了从债权法开始的商事私法的分化。

如果说到有关公法、私法体系的话, 公法、私法的体系并没有充分区分。总的来说, 与中世纪法律与政治分化的不充分性相关联, 公法体系是从占有中世纪法体系的主导地位开始的, 而近代法体系的特征是私法占有主导地位, 公法服务于私法而不得不承认自身从属的地位。

另外, 近代法从实体私法中发展出形式上的诉讼法, 它将个人主义的私权高举为一种自然权利, 并将诉讼法作为一种辅助性法律, 以维护这些权利为己任。进而, 身份法与财产法相区分, 从财产法中排除了封建的身份支配关系, 财产法的整体地位提升到前面, 这一点是有意义的。财产法又区分为物权法和债权法, 首先为了确保所有权的绝对性, 将与所有权性质不同的使用权与担保权设想为一种限制性物权, 为了通过确定这样的内容来保证绝对所有权不受侵犯, 宜采取对它们具有同等约束力的物权法定原则。另一方面, 原本性质不同的财产交易法与劳务交易法相结合，自行适用契约自由原则，这一点十分重要。此外，商事私法的特别法独立存在的意义在于，商事交易法从普通民事交易法中区分出来，与性质不同的企业组织法相结合，这样两者在自我追求营利自由原则方面存在有效适用性。

相对于此，现代法体系的特征是，一方面，在近代市民法体系中特别是以财产法为中心，在包含于其中诸法域之间的从物权法到债权法、从债权法到商事私法的局部范围内，可以看到资本主义精神在法理化方面的浓郁化和凝聚化。另一方面，通过这样的诸法域，虽然是局部的、标识性的，但从个人主义的、自由主义的物权法到社会的财产法，从债权法到社会行为法，从商事私法到经济法或社会经营法，从个人主义的家族法到社会的身份法，可以看到，在承认这样的社会法化的同时，特别是作为市民法外壳的诉讼法的价值得到了提高，其体系性的意义被重新强化，其自身也从个人主义的诉讼法向社会的诉讼法不断转变。

但特别应该注意的是，在从这样的近代法向现代法的体系转变过程中，首先，本来性质不同的使用权法、担保物权法和所有权法结合而成的近代物权法，通过其异质的内容分化的要求，导致了物权法未来发展的缓慢。其次，基于这样的异质性，财产交易法与劳务交易法相结合的债权法先是出现了商事私法的分化，随后通过劳动法的分化消解了其体系性，进而商事交易法与企业组织法结合为商事私法，不久由于其异质性，不得不向经济法的、社会法的企业经营法分化。

因此，现代法随着被凝聚化的商法的严格存在和重要性增强，以及与之在法律上对立的社会法的建立，其体系不再具有近代市民法中所看到的整合性、严密性和坚固性，其特征在于法的体系明显变得动摇和迟缓。可以这样说，"从市民法到社会法"和"市民法与社会法"同样，能够成为现代法的标识。

98. 社会法或社会法学的任务与本书的主题: 本书对 社会法论全部课题的主题先行性与不可回避性

　　一般的社会法论或者社会法学的任务, 是现代人或社会人着眼于现实法律生活中形成的实定化的法律规范, 从中明辨社会法具有的性质, 探究其法理内涵, 这在现代法中具有鲜明的意义。

　　当然, 在此之际, 这样的社会法的规范意识; 可以在怎样的社会经济条件之下, 或者在怎样的社会经济基础之上被酝酿和溯及, 或者相反, 所形成的社会法的规范意识具有怎样的作用, 对其他的规范意识或社会经济关系具有怎样的影响, 对此加以考察是我们的任务。同时, 进一步而言, 这种社会法的规范意识志向于怎样的法律价值或理念, 或者这样的志向在理念相互之间以及与其他法域所志向的理念的多元共存中, 可以发现怎样的秩序, 这不得不成为终极的课题。但是, 当前关于社会法应该被问及的, 与其说是"社会法应该是怎样的", 不如说是"社会法现在是怎样的"。黑格尔将"这里是罗德斯岛, 就在这里跳舞吧"(Hic Rhodus, hic saltus) 表达为"这里有蔷薇, 就在这里跳舞吧"(Hier ist die Rose, hier tanze), 这是他的"法哲学"课题中的名言, 但这也正是有关社会法论的课题。

　　我们在法的体系中探究社会法具有怎样的地位, 这是本书的主题, 对所有的社会法论的课题来说, 可以充分肯定其重要性、先行性以及不可回避性。今后, 笔者将进一步通过在国家法的关系上探究社会法的地位, 以完成在现代法的全部体系或构造中充分阐明社会法的地位这一任务。

99. 结语: 代要约

以上是笔者在与近代市民法体系及性质的关联或对照中, 以明确社会法的地位和性质为主题的考察, 尽管这个成果还极不充分。

现在笔者关心的是, 在反思本书不足之处的同时, 期待通过下一个课题对本书加以检视。从本书主题的特征出发, 笔者特别不希望读者仅从本书的个别之处来推断全部学说。所以, 笔者尽量避免自我展示对本书的考察要约, 希望代之以读者在通读全书的基础上自行归纳要约。这样要求读者, 难免有不恭之责, 但本书的主题与其说是主观选择的、偏颇的仅属于笔者自己的主题, 毋宁说是所有现代社会人的主题, 从这个意义上来说, 笔者的"要求"或许可以得到读者的宽容和理解吧。

附录

对照年表

凡 例

一、以明治元年（1868年）前后划分，明治以后按每年区分，以显示发展的速度和密度。

二、第2—4列括号里的数，表示该内容在本书的序号位置。

三、没有（英）（德）（法）的显示，最初主要记载的是与日本有关的内容。

四、市民法、社会法等的区别，当然不期望严密。因为，在同一法律中，也存在同时保持这两种法律的性质、难以将其归属于哪一种法律的情况。

五、年份后面括号里的数，是指"以1914年为基准的日银物价指数"；或者是指"以1914年为基准的物价指数/1921年、1922年、1923年的三年平均基准的工资指数"。

年份	社会史	市民法	社会法
1492	哥伦布发现新大陆		
1517	马丁·路德发动宗教改革（15）		
1549	颁布英国统一令		
1550年左右	伴随制造业生产方式的变革，资本主义产生（35的注释）		
1558	伊丽莎白女王即位		
1600	英国东印度公司成立		
1609	阿姆斯特丹银行创立		
1633	锁国令（海外通商禁止）		
1643	禁止《田地永久买卖令》（77）		
1673		（法）制定《商事条例》（13）	
1681		（法）制定《海事条例》（13）	
1688	英国光荣革命		
1694	英格兰银行创立		
1720	许可宗教书籍以外的洋书输入		
1742	制定德川百条（《公事方御定书》）（75）		
1762	卢梭《契约论》（15）		
1768	诺丁汉电弧灯机械装置的纺织工厂建立（51）		
1775	瓦特发明蒸汽机		
1776	亚当·斯密《国富论》（18）		
1781		（德）颁布《诉讼法典》（10）	
1783	美国独立战争结束（1775年始）		
1785	卡特莱特发明水力织布机（51）		
1789	法国大革命爆发（16）	（法）《人权宣言》（16、21），（法）承认完全的营业自由	
1791		（法）《夏普利埃法》（团结禁止法）（52）	
1794		（法）承认劳动的自由（52）（德）制定《普鲁士普通邦法典》（20、13、16、19）	
1796	英国纺织工业区发生流行病（51）		

（续表）

年份	社会史	市民法	社会法
1798	马尔萨斯《人口论》		
1802			（英）制定最初的《学徒健康与道德法》(51)
1804	康德去世	（法）制定《拿破仑法典》(21、13、19)	
1806		（法）制定《民事诉讼法典》(13)	
1807		（法）制定《商法典》(13、14)（德）承认使用土地的自由(52)	
1810		（德）承认营业的自由(35注)	
1811	在浅草设立翻译局	（奥地利）制定《普通民法典》(22)	
1814	史蒂文森发明火车	（英）废止《学徒条例》(35注)	
1815	法国产业革命兴起(52)		
1817	李嘉图《政治经济学及赋税原理》		
1833			（英）《工厂法》(51)
1839			（德）有关儿童保护的《普鲁士工厂矿山条例》(52)
1841			（法）《制造业工厂雇佣童工劳动法》(52)
1844	英国罗其代尔先锋合作社成立	（英）公布《皮尔银行条例》(36)	
1845			（德）《普鲁士一般产业条例》颁布(52)
1846	英国废止《谷物条例》		
1847	欧洲工商业危机		（英）制定《十小时工作日法》(51)
1848	法国二月革命爆发(49)	（法）制定《成年男子劳动法》(53)	
1849	《德国宪法》制定		
1850	德国产业革命开始		
1853	培里率舰队驶入浦贺（黑船来航）		
1855	英国希尔顿诉埃克斯利案(54)		
1858	日本先后与美荷俄英法签订通商条约（安政五国条约）		
1859	马克思《政治经济学批判》密尔《论自由》		

年份	社会史	市民法	社会法
1862	英国普遍采用股份公司组织 (36)	(德)普通票据条例 (13)	
1863	拉萨尔组建"全德工人联合会" 林肯《废除奴隶宣言》	(德)《萨克森王国民法》的成立 (22)	
1864	成立第一国际		(法)承认劳动者及雇主的团结权以及同盟罢工权 (53)
1867	大政奉还(德川庆喜把政权还给天皇),下诏开国外交; 马克思《资本论》第一卷; 北德意志联邦实施普通选举法 (55)	(法)采用股份公司设立准则主义 (36)	
1868		关于土地从封建支配中得到解放 (77)	
1869	版籍奉还		(德)《北德意志联邦产业条例》公布 (55)
1870	设立太政官制度调查局 (77)	(德)采用普鲁士股份公司准则主义 (36)	
1871	废藩设县,公布《新货币条例》; 德意志帝国统一 (13)		(英)最初的《劳动组合法》制定 (54)
1872	国立银行创立,东京与横滨间铁路开通; 在爱森纳赫举办社会政策学会 (55)	解除《禁止田地永久买卖令》(77)地券制度的制定 (77),市民平等、职业自由的宣示 (77),制定《国立银行条例》(76)	
1873		制定《诉答文例》(75),《出诉期限规则》(75)	
1874		制定《股票交易条例》(76)	制定《恤救规则》(79); (法)制定劳动者保护立法 (53)
1875	设元老院、大审院; 德国社会民主工党与全德工人联合会在哥达举行合并代表大会,结成德国社会主义工人党 (55); 制定《法兰西共和国宪法》	制定《裁判事务心得》(75),禁止《人身契约》(77)	(英)制定《共谋罪及财产保护法》(54)
1876	废止《俸禄制度》		
1877		《利息限制法》布告; (德)制定《民事诉讼法》(75)	
1878	俾斯麦《反社会党人非常法》公布 (55)	《民法草案》(77),《关于契约解释方面的指令》(77),《股票交易所条例》(76)	

（续表）

年份	社会史	市民法	社会法
1879		《西式商船海员雇佣和解雇规则》(76)	
1880		订立《集会条令》(83),《海上冲突预防规则》(76)	(英)制定《雇主责任法》(57)
1881	板垣退助等人组建自由党,颁布"开设国会"的诏书,内务省编辑有关劳役法及工厂条例的材料(80);威廉一世颁布谕告支持德国劳动保险立法(55)	《瑞士债务法》(13)	
1882	日本银行开业	《日本银行条例》,《汇票本票条例》(76)	
1883			着手劳役法、师徒契约法及工厂规则的立案(80);(德)工业劳动者疾病保险的制定(55)
1884	(英)费边学会成立		(德)工业劳动者工伤保险的制定(55)
1885			
1886	美国劳工联合会诞生(AFL)	博瓦索纳德民法草案的财产编、财产取得编完稿(77);《登记法》颁布	
1887	《关于裁判条约草案的意见》议决(77),公布《所得税法》		
1888	(德)威廉二世即位	《德国民法典》第一稿草案(23、22、19、20、29)	
1889	颁布日本宪法;伦敦码头工人大罢工	制定旧《土地征用法》	(德)制定《残疾及老年保险法》(55)
1890	召开第一次日本议会,《关于违反条令的罚则》(83),关于劳动者保护问题的最初国际讨论(55)	公布民法财产编、财产取得编、债权担保编、证据编等(77),制定《民事诉讼法》(75),旧《商法》(76、77),《银行条例》,《储蓄银行条例》,《集会及政社法》	《贫民救助法案》(79);(德)《产业裁判法》颁布(55)
1891		实施《民事诉讼法》,提出《信用组合法案》(未成立)(82)	(德)修改《产业条例》(50、55)
1892		《民法》《商法》延期实施(76、77)	
1893	设置民法典调查会(77);英国独立劳动党成立	旧《商法》(公司法、票据法、破产法)实施(76),《交易所法》	
1894	甲午战争爆发		

（续表）

年份	社会史	市民法	社会法
1895	法国总工会成立	《典当取缔法》	
1896	《营业税法》	公布《民法（总则、物权、债权）》(77)，《日本劝业银行法》《农工银行法》《银行合并法》；（德）《德国民法典》(22、39)	包括维多利亚州最低工资制的《工厂法》制定 (54)
1897	日本金本位制确立	（德）新《德国商法典》公布 (13)	《职工法案》成案 (80)，《恤救法案及救贫税法案》提出 (79)
1898		《民法（亲族、继承）》公布 (77)	
1899	《所得税法》(88)	实施《商法典》(76)，《不动产登记法》	《工厂法案农工商会议的咨文》(80)，《罹灾救助基金法》
1900	巴黎国际劳动者保护立法大会开幕 (56)	制定《产业组合法》(82)，《保险业法》(82)，《重要物产同业组合法》(82)，《地上权法》(81)，《土地征用法》，《治安警察法》代替1893年修改的《集会及政社法》(83)；（德）《民法典》的实施 (13)	《铁路营业法》(85)
1901	社会民主党产生；塔甫河谷案 (54)	《渔业法》	（英）《工厂法》(57)；（法）设置劳动法典编纂委员会 (58)
1902	日英同盟建立	《商业会议所法》	《济贫法案》提出 (79)
1903			
1904	日俄战争爆发 (80)；（美）设立劳动部 (57)		
1905	《遗产税法》(72、88)	公布《矿业法》《工厂抵押法》《铁路抵押法》	
1906	内务省为了奖励公益职业介绍所的设置，在六大城市下拨补助金；英国劳动党成立	关于国债的法律	（英）制定《劳动争议法》(54)
1907	足尾、别子铜矿发生罢工和暴动，社会政策学会设立；世界经济危机	《瑞士民法典》的制定 (40、13、39)	
1908	《警察犯罪处罚令》，根据《恤救规则》的国库补助的禁止 (79)；奥斯本判决		（英）《煤矿工人井下8小时劳动法》制定 (57)
1909		关于建筑物保护的法律 (81)	
1910	并吞朝鲜		《租地法案》的提出（未成立）(81)；（法）《劳动法典》第一编公布 (58)

（续表）

年份	社会史	市民法	社会法
1911	东京市属电业同盟罢工；奥斯本案判决 (54)	《商法典》修改 (76)；瑞士新《债务法》公布 (40、39)	公布《工厂法》(80)，《电气事业法》(85)；（德）《德国社会保险法》(50)，《被雇者保险法》(50)；（英）《国民保险法》(57)
1912 (33)	创立日本劳动总同盟友爱会		（法）《劳动法典》第二编公布 (58)；（英）奥斯本案判决法案提出 (54)，《煤矿最低工资法》制定 (57)
1913 (33)			（英）修改实施《劳动组合法》(54)
1914 (100)	世界大战爆发 (79)；大隈内阁成立；（德）《劳动保护暂时停止法》制定 (60)		
1915 (101)		关于婚姻预约的大审院判决	公布《关于调整米价的敕令》
1916 (122/35)			《工厂法》实施 (80)，《工厂法实施令》(80)，《矿工劳役扶助规则》；（德）《辅助服务法》(60)
1917 (154)	米价暴涨，内务省救济科新设，临时产业调查局官制	˙	公布《军事救护法》《物价调节令》《暴利取缔令》
1918 (202)	米骚动事件 (79)，设立救济事业调查会 (79)，设立经济调查会；通过世界大战停战协议；（苏）《被剥削劳动人民权利宣言》(39)；（德）社会民主党掌握政权 (60)，德国新《宪法》制定 (60)		关于煤烟责任的判决；（德）《团体协约法》确立 (60)
1919 (248)	大原社会问题研究所成立；《国际劳动宪章》宣示 (56)；第一次华盛顿国际劳动大会召开 (83)；（英）铁路员工总同盟罢工		（德）统一的劳动法典制定的宣示 (60)，德国社会化法的制定 (61)；（英）《井下矿工七小时劳动时间法》的确立 (57)，《产业裁判法》(57)；（法）《团体协约法》的确立 (58)，《八小时劳动法》(58)
1920 (272)	川崎造船厂发生日本最早的怠工，新设社会局；国际联盟成立		（英）《失业保险法》的制定 (57)

（续表）

年份	社会史	市民法	社会法
1921 （210/96）	建立佃农制度调查会	《银行储蓄法》	实施《借地法》(81),《租房法》(81),《住宅组合法》(82),《职业介绍法》(88),《粮食法》(86)
1922 （206）	社会局官制,东北大学开设社会法讲座; (苏俄)新《劳动法典》的实施(59)	公布《破产法》《和议法》《信托法》《信托业法》	公布《租地租房调停法》(87),《健康保险法》(84),《船员职业介绍法》(88)
1923 （209）	关东大地震,公布暴利取缔、支付延期、治安维持等三项紧急救令,《陪审法》,佃农制度调查会官制; (德)经济严重通胀(62)	(苏俄)《民法典》实施(39)	公布《工厂法修改法案》(1926年实施)(80),《工厂劳动者最低年龄法》(80),《中央卸卖市场法》,《瓦斯事业法》(85)
1924 （217）	阪神电铁公司大阪市电气工人同盟罢工; 道威斯计划发表		《租地租房临时处理法》(87),《佃农调停法》(87); (法)《劳动法典》第四编颁布(58)
1925 （212）	《治安维持法》《普通举法》	《民法亲族编改纲要》发表	社会局《劳动组合法案》公布(83),《出口组合法》(82),《重要出口品工业组合法》(82),《失业统计调查令》
1926 （188/103）	设置金融制度调查会(85),废止《治安警察法》第17条、第30条(83),《关于处罚暴力行为等的法律》,《普通选举法》施行,《资本利息税法》制定,《遗产税法》修改; 英国煤矿劳动争议引发大罢工	公布《民事诉讼法修改法案》(1929年起实施)(75),《商事调停法》(87、73)	《佃农法案》立案,《劳动争议调停法》(87),《劳动者募集取缔令》,《健康保护法》,《健康保险特别会计法》,《工厂法》修改,《矿工劳役扶助规则》等的实施; (德)《劳动法院法》(62)
1927 （178）	人口食品问题调查会官制; 台湾银行濒临破产	《民法继承编改纲要》发表,《银行法》(85),《工商会议所法》	《劳动组合法案》提出(未成立)(83),《海外移居组合法》(82),《公益典当法》(88); (法)《劳动法典》第三编公布(58)
1928 （179）	经济审议会官制,《治安维持法》修改		
1929 （174/101）	社会政策审议会官制,东京市属电力公司罢工	《民事诉讼法》修改实施(75),着手修改《商法》	《救护法》确立(79),《纺织价格安定融资补偿法》
1930 （143/94）	临时产业审议会、产业合理局官制,失业防止委员会管制; (德)经济危机与劳动立法的后退(62)		《输出补偿法》; (法)修改《社会保险法》(58)

（续表）

年份	社会史	市民法	社会法
1931 (121/86)	九一八事变爆发； 《刑事补偿法》	《抵当证券法》《商法总则编中公司编修改纲要》发表(76)	《关于重要产业统制法》(86)，《劳动者灾害扶助法》，《相同责任保险法》，《蚕丝业组合法》(82)，《佃农法案》的提出（未成立）(81)，《入伍人员职业保障法》(88)
1932 (128/83)	失业对策委员会官制，粮食统制调查委员会官制，五一五事件		《救护法》实施(79)，《商业组合法》(82、86)，《金钱债务临时调停法》(87)，《资本逃避防止法》(86)
1933 (142)	外汇管理委员会官制，日本通告退出国际联盟	《关于身份保证的法律》《农业动产信用法》《日本制铁股份公司法》	《农村负债调整组合法》(82)，《粮食统制法》(86)，《儿童虐待防止法》(88)，《外汇管理法》(86)； （美）《产业复兴法》(57注)
1934	伪满洲国"帝政"实施	《统一票据法》《支票法》实施	

日本"社会法"：概念·范畴·演进

——桥本文雄先生的思想及展开 *

田思路

一、导论：日本"社会法"研究概览

在法律概念中，"社会法"的用语具有多种含义，应该如何认识和把握"社会法"的概念、范畴和法的性质，历来是劳动法学、法社会学、法哲学以及其他相关学科研究者所共同关心和研究的课题。

"社会法"一词在第一次世界大战前后从德国传入日本，当时日本正处在社会激烈动荡时期，在"富国强兵、殖产兴业"理念下，社会立法急速增加。1911 年制定了《工厂法》（1916 年实施），该法主要以规定女工、童工的最低劳动年龄、最长劳动时间以及工作中的伤病、死亡的扶助制度为内容。1922 年制定了以工矿企业劳动者为对象的《健康保险法》（1927 年实施）。随着产业化的发展，以前的血缘、地缘的相互扶助作用不断下降，特别是 1929 年世界经济危机和 1930 年日本"昭和危机"，使日本国民生活陷入贫困，社会矛盾激化，以前的《恤救规则》（1874 年）无法应对，于是日本于 1929 年制定了《救护法》（1932 年实施），1931 年制定了《劳动者灾害扶助法》，1938 年制定了《国民健康保险法》……

在这样的社会变革背景下，新潮的"社会法"一词在大正时代末期、

---

* 本文原载于《华东政法大学学报》2019 年第 4 期，在此有所修改。

昭和时代初期成为日本社会流行的词汇[1]，学者们意识到了"市民法与社会法"的历史的、社会的意义[2]，还创造出了"法律的社会化"等用语，产生了"社会法学派"。

这一时期关于"社会法"的理论研究，曾经发表了诸多具有奠基意义的学术成果。最为著名的研究者是桥本文雄（1902—1934），桥本先生1930年在东北大学任副教授，他试图研究资本主义法律体系中社会法的地位，其著作《社会法与市民法》《社会法的研究》[3]堪称经典，对此后的社会法理论带来很大影响，被誉为日本"社会法理论的奠基人"[4]。同期学者加古佑二郎（1905—1937），毕业于京都大学法学部，先后任京都大学讲师、立命馆大学教授，对社会法进行了精致的理论发展和内容创新，其研究成果后被整理收录在《理论法学的诸问题》[5]等著作中，被誉为日本"社会法理论的深化者"[6]。"二战"前后，与桥本、加古等理论法学派不同的实证法学派的代表，毕业于东京大学法学部、曾任九州大学校长的菊池勇夫（1898—1975）教授发表了一系列社会法论文，出版了其代表著作《社会法综说》[7]。此期学者们的研究奠定了日本社会法研究的理论基础。

在日本，社会法"真正成为独立的法领域，并获得实定法上的根据，

---

[1] 参见赵红梅：《私法与社会法》，中国政法大学出版社2009年版，第5页。

[2] 参见沼田稲次郎『市民法と社会法』日本評論新社（1953年）7頁。

[3] 橋本文雄『社会法と市民法』岩波書店（1934年）；橋本文雄『社会法の研究』岩波書店（1935年）。

[4] 江口公典『経済法研究序説』有斐閣（2000年）287頁。

[5] 加古佑二郎『理論法学の諸問題』日本科学社（1948年）。该著作后被重编为『近代法の基礎構造』日本評論社（1964年）。

[6] 江口公典『経済法研究序説』有斐閣（2000年）290頁。

[7] 菊池勇夫編『社会法総説——労働法·社会保障法·経済法（上）（下）』有斐閣（1959年）。

是战败以后的事"。①"二战"后美国占领军在日本实行战后民主政策，日本政治经济体制发生了根本变革。同时，这个时期也是日本解决和克服战后社会经济混乱的非常时期。为此，1945 年制定了《劳动组合法》，1946 年制定了《劳动关系调整法》，1947 年制定了《劳动基准法》，这样"劳动三法"相继诞生。②此外，1946 年制定了《生活保护法》，1947 年制定了《儿童福利法》，1949 年制定了《身体残疾人福利法》，由此产生了"福利三法"。更为重要的是，1946 年 11 月 3 日公布了日本国《宪法》（1947 年 5 月 3 日实施），其中第 25 条规定，"全体国民都享有健康和文化的最低限度的生活的权利，国家必须在生活的一切方面为提高和增进社会福利、社会保障以及公共卫生而努力"③，明确了国家完善社会保障制度的《宪法》上的义务。社会结构的巨大变化和社会立法的加速进行，为社会法理论研究提供了崭新的平台。

　　"二战"后，毕业于京都大学法学部、曾任东京都立大学校长的沼田稻次郎（1914—1997）教授，作为"社会法理论的确定者"④出版了对学界有很大影响的《市民法与社会法》⑤等著作。著名法学期刊《法律时报》在 1958 年第 4 期集中刊发了多位教授的研究论文，包括：戒能通孝"市民法与社会法"；矶田进"市民法与劳动法——作为解释原理的问题"；渡边洋三"市民法与社会法——以市民法·社会法·行政法为中心"；伊藤

① 蔡茂寅："社会法之概念、体系与范畴——以日本法为例之比较观察"，台湾地区《政法大学评论》1997 年总第五十八期。
② 日本 1947 年还制定了《劳动者灾害补偿保险法》《职业安定法》和《失业保险法》。
③ 在日本宪法制定过程中，最初将"Social Security"译为"社会的安宁"，后改为"生活的保障"，最后确定为"社会保障"。百瀬孝『「社会福利」の成立』ミネルヴァ書房（2002 年）34 頁以下。
④ 江口公典『経済法研究序説』有斐閣（2000 年）295 頁。
⑤ 沼田稻次郎『市民法と社会法』日本評論新社（1953 年）；沼田稻次郎『社会法理論の総括』勁草書房（1975 年）。

正己"英国社会法的理念——福祉国家的展开"；鹈饲信成"美国社会法的发达——资本主义与法的发展"；夆春光郎"德国社会法的发展"；飞泽谦一"法国社会法的概念——其学说史的变迁"；丹宗昭信"日本社会法理论的展开"；等等。同时该期杂志还由沼田稻次郎主持了以"市民法与劳动法"为专题的笔谈，十几位知名学者参加了笔谈。① 此外，在小林直树主编的《现代法的展开》② 一书中，渡边洋三撰写了"近代市民法的变动与问题"部分，对近代市民法与近代国家、近代市民法的变动与市民法原理的变质、现代法与现代国家、日本的市民法的变动等问题进行了论述；片冈升教授执笔该书"社会法的展开与现代法"部分，对具有代表性的社会法理论加以系统总结，论述了社会法的生成与发展、社会法概念的谱系与规定、社会法与现代法秩序等问题。此外，宫川澄的著作《市民法与社会法》③ 从封建法的构成、社会作用与物质基础的变迁出发，分析了市民法的形成、理念、作用、变迁和解体过程，论述了近代法体系中的社会法的地位、构成和理念。岛田信义在其著作《市民法与劳动法的接点》④ 的序论中，指出了劳动法的解释与概念法学的解释论的缺陷，阐述了市民法与劳动法的接点领域的法解释和事实把握的重要性，论证了市民法与劳动法的接点领域的法解释原理……这些研究继承和发展了桥本文雄、加古佑二郎、菊池勇夫等社会法研究的理论成果，延续了日本社会法研究的基本脉络。

但 20 世纪 70 年代以后，以 1973 年的石油危机为标志，日本结束了经济高速增长期。从国际上来看，欧美等发达国家开始质疑和否定"完全雇佣"和"福利国家"政策，对劳动和社会保障法律制度加以修改。从

---

① 『法律時報』1958 年第 4 期（总第 30 卷 335 号）。
② 小林直樹編『現代法の展開』岩波書店（1965 年）。
③ 宫川澄『市民法と社会法』青木書店（1964 年）。
④ 島田信義『市民法と劳働法の接点』日本評論社（1965 年）。

日本国内来看，由于财政恶化，不得不发行赤字国债（特例公债）。与"一战""二战"之后的社会混乱状态下社会立法急速发展，迫切需要构建社会法整体理论体系以对新型复杂社会关系加以调整的社会背景不同，由于此时更多表现为社会经济政策的调整，凸显了社会法领域中劳动法、社会保障法解决现实问题的紧迫性和重要性，学者更关注于具体法律问题的研究，"今天，积极将'社会法'作为一个科学的概念来提倡的学者很少，与其说是学问的不毛，不如说正好相反"①，这种"社会法"研究路径的转换是社会法发展到新的阶段的必然产物。

　　日本关于社会法的概念和理论生成存在许多学说，其逻辑起点各不相同。比如，有的学者认为社会法是在市民法基础上产生的，是市民法的社会法，这被称为"法的社会化"论；有的学者以生存权为基础对社会法加以论述，其学说被概括为"生存权的社会法"论；有的学者强调社会法的阶级性，认为社会法是阶级法，其学说被称为"阶级法的社会法"论；现在有的学者又从《宪法》的自由权出发提出了"自由权的社会法"论等等。分析和比较这些理论的产生和发展，对于了解日本社会法的理论构成具有重要作用，也对我国社会法研究的路径选择具有借鉴意义。

二、演变为劳动法基本理念的"法的社会化"论

　　桥本文雄先生借鉴了德国学者拉德布鲁赫（G. Radbruch, 1878—1949）关于社会法的主体是"具体的被社会化的人"的观点，认为社会法的主体不是与资产阶级相对抗的社会团体，而是"超阶级"的定型化的社会集团，如定型化的商人、劳动者、企业者那样的一般意义上的社会

---

① 稻田洋之助整理「資本主義法の歴史的分析にする関覚書」NJ 研究会『資料：国家独占資本主義法としての現代日本法をいかに把握するか』，『季刊・現代法』1971 年第 5 号 35 頁。转引自赵红梅：《私法与社会法》，中国政法大学出版社 2009 年版，第 10 页注 3。

人。① 指出市民法的自由、平等是形式上的、抽象的，认为社会法是在市民法的社会化的过程中，通过对市民法的修正而产生的。该学说被概括为"（市民）法的社会化"论。

　　桥本先生对社会法的产生过程进行了梳理和分析，认为"'社会法'之称谓并非是从社会法发展之初就被确立的。倒不如说，它是学者在现时中对一个范围的法域或一定的法系所附加的称谓，另外，它也并不一定出于制度上的命名"②。从社会法的衍生过程可以看到，社会法发展的开端是有关劳动者保护法，首先使用"工厂法"（Factory Act）、"工厂立法"的概念，之后从保护经济上弱势的被雇佣者的社会政策出发，制定了"劳动者保护法"。此后，劳动者保护法与劳动契约法、劳动者保险法相区别，包含这三个领域的新的"劳动者法"产生了。但随着社会保险适用主体范围的扩大，"劳动者法"演变为"被雇佣者法""被雇佣者保护法"，另外劳动者保险法被称为社会保险法。这样涵盖上述立法的"社会立法""社会政策立法"的概念出现了。同时，由于劳动组合在社会法形成中具有重要作用，除了国家的社会政策立法之外，团体协约、经营协议等劳动者团体自主立法的重要意义得到认可。于是包含上述全部法域的、超脱一般传统市民法法理的新的法理体系产生了，这样的新法域或新法系的根本志向是社会的或团体主义的精神，由此，学者之间开始倡导"社会法"这一新的概念。③

　　桥本先生认为，"社会法或社会法学的问题并不拘泥于诸多学者的学说，也不拘泥于近来一般常识的所谓法的社会化、社会立法或社会政策立法的标语或运动所宣传的那样，其作为法学体系中的一个分科的社会

① 参见丹宗昭信「社会法理論の発展」菊池勇夫編『社会法総説——労働法·社会保障法·経済法（上）』有斐閣（1959 年）36 頁、37 頁。
② 橋本文雄『社会法と市民法』岩波書店（1934 年）185 頁。
③ 同上书，第 185—187 頁。

法学的课题和问题，还没有明确。如今在考察社会法或社会法学的课题时，首先应该注意的是，社会法并非仅仅是制定法即法典上或制度上的概念。也就是说，社会法或社会法学的问题主要是学者之间作为学术见解而提出的，与这些学术观点相对应，在一般常识上也被通用。然而，即使根据学者在社会法或者社会法学的名目上使用，该名目所指也是极为多义的[1]。

桥本先生认为市民法是近代资本主义的法，是对应近代资本主义经济组织的法理体系；而社会法是现代资本主义的法，虽然与市民法在母体上具有社会的、经济的关联，都属于资本主义社会的法，但不能由此证明两者的法理性质具有同一性。[2] 基于这样的认识，其理论的逻辑起点是从市民法和社会法的对比和关联中展开的。

一方面他主张市民法与社会法的法理的对照性，"社会法的特征存在于与市民法的对照性之中。因此，不通过充分意义上的市民法，不充分自觉地将自身与市民法相对照而形成的法理，即使形式上、外观上具有与社会法的相似性，也不是真正意义上的社会法"[3]。"市民法是着眼于市民阶级而构想的法，社会法是着眼于劳动阶级或社会的、经济的弱者而构想的法，但这只不过或多或少意味着是一种标志性的、理想性的思考方法。"[4] 但这种对照性，不是强调阶级性，不是与阶级性相关联的市民法与阶级法的对照，而是市民法与社会法的对照，是以"经济人"和"社会人"的不同为前提，并基于这样的法律意识的对照性。正如桥本先生所论，"社会法的法理特征在于，它是根据严密精致的近代市民法的法理充分雕琢、洗礼而形成的法理。通过放弃近代市民法在法律发展史上

---

[1] 橋本文雄『社会法の研究』岩波書店（1935 年）39 頁。
[2] 参见橋本文雄『社会法と市民法』岩波書店（1934 年）327—329 頁。
[3] 同上书，第 340 页。
[4] 同上书，第 337 页。

形成的特殊的技术精巧性和体系严密性而构建社会法，这样的社会法是残缺的，至少从法律观点来看只能是徒劳的"①。

但另一方面，桥本先生又十分重视市民法与社会法的统一性，他认为"从市民法向社会法的发展，不是通过完全废弃市民法而凭空产生了社会法，而是市民法在其自身的法律发展或转型过程中向社会法的具体转化。从现实法律状况来看待市民法与社会法的法理纯粹性时，在具有完全对抗的相反性质的同时，作为具体的现实法，两者又相互影响、相互合作，共同规范社会生活。或者说，在规范某些生活关系方面，市民法的法理发挥着重要作用，而在规范其他生活关系方面，具有较多社会法内容的法理更为妥当，市民法与社会法两者分担着各自的功能"②。这样的法的体系可以说是包含着未加整合的"统一形态"而成立，"法的体系不是像封闭的固定的圆环那样的构造，而是具有先进的开放的弹性，可以说是作为螺旋式的构造来规范动态的、变化多样的社会和历史的现实"③。

按照法社会化的理论，社会法与市民法都是以资本主义生产关系为物质基础的，社会法吸取了市民法中的积极意义，但与市民法是平行的、相对独立的。社会法是以生存权、劳动权、团结权等为代表的社会基本权思想为根基的，不是按照公法、私法的严格界限而分立出来的，而是公法与私法相互渗透而产生的新的法领域。由于桥本先生主张的作为社会法主体的"社会人"，是超过阶级界限的更为广泛意义上的"社会人"，"结果，除了劳动法和社会保障法等保护反资本主义的'社会集团'法以外，还由与生存权保障的必要性无关的社会行为法、社会组织法、社会

---

① 橋本文雄『社会法と市民法』岩波書店（1934 年）341 頁。
② 同上书，第 339、340 页。
③ 同上书，第 341、342 页。

企业法（或称为社会经营法）、社会诉讼法、社会财产法等构成了社会法
的法域"①。

对于桥本先生的研究，有学者称为"是充满了智慧的研究路径"，但
同时又指出"其不顾社会法的立法实际，企图通过超然的理论抽象来建
立起社会法的理论体系，显然是与要求保障特定利益主体的基本权利，
并以阶级批判为基本特征的现实社会立法背道而驰的。因而，其社会法
学理论并未得到更多的日本学者支持"②。这样的评价是值得商榷的。诚
然，桥本先生"超阶级"的社会法主体观在强调社会法阶级性的学者看来
有些不合时宜，也存在社会法法域范围过大并且界限模糊的问题，但桥
本先生作为日本社会法研究的"先觉者"③，"带给日本法学界重要的社会
法理论建树，使得其在日本社会法理论史上具有无法替代的地位"④。即
使对其学说持不同主张的学者也认为，"社会法研究的理论出发点是对
市民法原理的自由、平等、独立的形式性、抽象性的批判（暴露其虚伪
性），这样的话，在日本第一次将此作为社会法研究端口的桥本教授的功
绩是不能被遗忘的"⑤。

与桥本先生同属于理论法学派的加古佑二郎教授在借鉴桥本学说的
基础上，为了克服桥本先生社会法主体的"社会人"概念的宽泛和不确定
性，加古教授指出："社会法实际上是保护由处于社会的从属地位的劳动
者、经济上的弱势者所组成的社会集团的利益，而并非是所有的社会集

① 丹宗昭信「社会法理論の発展」菊池勇夫編『社会法総説——労働法・社会保障法・経済
法（上）』有斐閣（1959 年）38 頁。
② 王为农："日本的社会法学理论：形成与发展"，《浙江学刊》2004 年第 1 期。
③ 村下博『社会法の基本問題』啓文社（1988 年）2 頁。
④ 叶静漪主编：《比较社会法学》，北京大学出版社 2018 年版，第 51 页。
⑤ 参见丹宗昭信「社会法理論の発展」菊池勇夫編『社会法総説——労働法・社会保障
法・経済法（上）』有斐閣（1959 年）36 頁。

团的利益之法律规范。"① 他进一步对社会法领域的劳动法加以考察，指出"与民事法律以一般的'法人格'为主体不同，劳动法则是将处于特殊的、现实状态的'特殊部分的社会人'确定为其所要保护的法律主体"②。加古教授质疑民法的抽象人格，认识到了劳动者的从属性，认为"劳动法修正了市民法的'人格'理论和'意思'理论，作为'状态'理论和'保护'理论而登场。对比市民法的法主体的抽象性，社会法的法主体的特殊性、具体性的意义就可以被理解了"③。对于加古教授的理论，有论者认为是"从阶级分析的立场出发"，"站在阶级利益关系的基点上来考察和分析……"。④ 笔者认为，作为社会法的特殊的具体的主体，会在"从属性"中体现出一定的阶级利益，但加古教授并不是通过阶级分析和阶级利益来论述从属性的，而是相对于市民法的抽象人格提出了劳动法的具体人格，其理论贡献在于不仅限缩了桥本理论的"社会人"的范围，更为重要的是通过对从属性的认识，提出了"状态"理论和"保护"理论，进一步区分了劳动法与市民法的不同本质，使该理论的发展路径愈加清晰。

　　正是在这样的理论法学派的研究基础上，随着"法的社会化"论的发展与成熟，该理论逐渐演化为日本现代劳动法的基本理念。这是因为，近代市民法是"从完全自由平等的抽象人格概念出发的。其结果遂使市民法的法律关系当事人在完全对等的前提下，以尊重私有财产权、契约自由、私法自治以及过失责任为其基本原理"，因而，"出现在近代市民法的'人'的概念，乃是一种脱离实存的、具体的、经验的人类，而以拟

---

① 参见加古佑二郎『理論法学の諸問題』有斐閣（1935 年）345 頁以下部分。转引自王为农："日本的社会法学理论：形成与发展"，《浙江学刊》2004 年第 1 期。

② 同上。

③ 丹宗昭信「日本における社会法理論の展開」『法律時報』1958 年第 4 期（总第 30 卷 335 号）。

④ 王为农："日本的社会法学理论：形成与发展"，《浙江学刊》2004 年第 1 期。

制构想的抽象人格为对象的虚幻产物"。^①"在近代市民法的原则下，劳动者与雇主的关系只不过是对等的私人间契约关系的一种，该契约关系是当事人之间的自由的合意。……但与雇主相比劳动者在交涉能力等方面处于弱势地位，即使劳动条件低下，劳动环境恶劣，劳动者为了生存也不得不同意雇主的苛刻条件而建立不平等的劳动关系，而一旦达成这样的'合意'，作为市民法上对等交易的结果其效力被认可，就会导致劳动者处于缺乏保护的境地"^②，所以，如果机械地贯彻契约自由的原则，就容易产生许多弊病，为了从实质上保护劳动者就需要对契约自由原则进行部分修正。比如，设定最长劳动时间和最低工资标准，以及规定雇主对劳动基准的遵守义务，这是对当事人自由决定契约内容的市民法原则的修正；没有合理的理由，雇主不能拒绝录用和解雇劳动者，禁止差别对待和强制劳动，这是对契约自由原则的修正；实行无过错责任的工伤赔偿和保险制度，这是对过失责任主义原则的修正；保障劳动者的集体劳动权，这是对个人主义的契约自由的修正；等等。这样，被社会经济所左右的"实存的具体的人格"取代了市民法"抽象的人格"，劳动法逐渐从市民法中分离出来，并随着社会经济的发展不断丰富和成熟。总之，劳动法是对市民法的部分修正，这种"法的社会化"论已经成为日本学界的通说，也是该理论最大的价值所在。

三、演变为社会保障法基本理念的"生存权的社会法"论

"生存权的社会法"论的代表人物是沼田稻次郎教授。他一方面吸收了桥本先生关于社会法是对市民法的修正，以及社会法要与市民法相对

① 蔡茂寅："社会法之概念、体系与范畴——以日本法为例之比较观察"，台湾地区《政法大学评论》1997年总第五十八期。
② 田思路、贾秀芬：《日本劳动法研究》，中国社会科学出版社2013年版，第5页。另参见田思路主编：《外国劳动法学》，北京大学出版社2019年版，第219页。

照的理论；另一方面也吸收了下述的菊池勇夫等学者关于阶级斗争在社会法形成中的作用的理论，并以生存权为基础，将社会法定位于"第三法域"。

沼田教授认为，"市民法是以近代市民社会为母胎孕育产生的，……近代法的法理的血脉是从私法原理的心脏中流出的"①，资本主义社会的矛盾在进入垄断资本主义阶段以后更加激化，为了解决结构性的社会问题，局部的、偶然的法律措施已经无法对应，需要对以前的法律原理加以修正，而这正是从市民法到社会法的立法变迁过程。沼田教授指出："从市民法向社会法的转移并不只是从一般私法的民法向社会立法的制定法上的规范意义的变化。并且，社会立法具有混入了公法规定的一面，这并不仅是公法对私法的浸透过程，市民社会的直接的法律意义应该是与实定法原理的推移过程，包含自身变化的过程以及进行相互规定和把握的问题。"②"社会法也作为与原来公法和私法相对的第三法域，是与公法和私法交错的领域，这样的规定并非形式上的不得已，而是根据公法和私法的共同原理的变化，在交错的法域应该具有的性质上的关系。"③

沼田教授还指出了桥本理论存在的不足，即："所谓市民法的社会法化的倾向，是以资本主义社会各种内在矛盾的发展而直接导致的法律意识的变化为母胎的，作为实定法秩序的法律意义的变迁倾向，被广泛追寻。但是，通过立法意思，作为制定政策的实定法规的有关社会法乃至社会立法，并没有深入论及。"④

沼田教授认为，法律的前提是现实社会的存在，法律是对现实社会

---

① 沼田稲次郎『市民法と社会法』日本評論新社（1953 年）10 頁。

② 沼田稲次郎『労働法論序説』勁草書房（1950 年）36 頁。

③ 沼田稲次郎『市民法と社会法』日本評論新社（1953 年）14 頁、15 頁。

④ 沼田稲次郎『労働法論序説』勁草書房（1950 年）53 頁。

秩序的反映，以这样的法律观为逻辑起点，他作了以下阐述。

一是就社会法的理论基础而言，"社会法反映的是在国民经济中，在生产和分配的诸关系内生活的具体的社会人"，"市民法原理的贯彻，激发了资本主义社会的结构性矛盾，对（市民）生存权带来了威胁，社会法的规范原理是承认这种受到威胁的社会集团的生活事实，考虑到生存权而基于社会正义进行的规制"。

二是就社会法的性质而言，社会法是以市民法原理为基础存在于现代法体系框架内，一般与市民法呈对立关系，但是，即使作为社会法的典型的自觉形态的劳动法，也绝对无法停止资本主义社会，反过来，它是支配阶级国家的政策立法的防卫线，从维护国家的阶级统治的意义上来说，社会法具有虚伪性，甚至是"堕落的社会法"[1]。而作为社会法中的社会保障法，则是劳动者阶级通过阶级斗争要求生活保障的立法，国家通过立法实现"参与"与"自治"，因而，"福利国家的思想是帝国主义的、治安国家的假面"。[2]

三是就社会法的历史地位而言，社会法不是压制社会集团反抗的立法，而是承认妥协与让步亦为正义的法。原则上承认由习惯、契约等法律事实形成的社会规范具有法律约束力，虽然本质上具有保守的一面，但社会法具有的保障生存权的法律效力，具有一定的进步意义，也决定了其历史地位。[3]

四是就社会法的范畴而言，他认为，如果将社会法区分为广义、狭义的话，广义的社会法等同于社会立法，社会立法是从市民法向社会法变迁时产生的典型的社会政策立法，而社会政策是更为广泛的概念，就

---

[1]　沼田稲次郎『市民法と社会法』日本評論新社（1953 年）78—108 頁。
[2]　沼田稲次郎・松尾均・小川政亮編『社会保障の思想と権利』労働旬報社（1973 年）15—43 頁。
[3]　沼田稲次郎『市民法と社会法』日本評論新社（1953 年）79 頁、80 頁。

概念的外延而言，如果从小至大排序的话，应该为狭义社会法——广义社会法(社会立法＝社会政策立法)——社会政策。[1]他主张社会法应该包括劳动法(雇佣保障法、劳资关系法)，社会保障法(社会保险法、社会福利法)，环境法(自然环境保全法、社会环境保全法)，消费者保护法(公平竞争保护法、商品危害防止法)，教育文化法(教育保障法、文化生活保障法)。[2]

沼田教授认为社会法是以保障生存权，即劳动者阶级的生活提高乃至社会正义的实现为基本的规范意识，这是值得肯定的。但有的学者指出这还不够全面，作为社会法的基础，一方面，劳动者保护和国民生活保障具有正义性，需要建立这样的规范意识；但另一方面，也必须强调社会成员权、人格权、所有权等，这是与生活保障不同的理念，是人类自然的平等的理念，这些理念也是社会法存在的基础。[3]另外，在他的广义社会法体系构建中，各个法律所体现的生存权法理差异很大，各个法律之间的关系也未充分阐明，何以被社会法这个上位概念所统领也还缺乏深入论证。

上述以生存权为基础的社会法理论随着时代的发展，逐渐演变为日本现代社会保障法的基本理念。这是因为，由于工业化的发展导致了资本家与劳动者之间贫富差距的扩大，贫困对人类生存带来的威胁使资本主义国家开始反思自由经济的弊病，并希望解决现实中的生存权保障问题。这种生存权不仅是以前那种维持生命意义上的权利，更是保障人类有价值的生活的现代意义上的权利。关于现代意义的生存权的宪法规定，

---

[1]　沼田稲次郎『労働法論序説』勁草書房（1950 年）89 頁。

[2]　蔡茂寅："社会法之概念、体系与范畴——以日本法为例之比较观察"，台湾地区《政法大学评论》1997 年总第五十八期。

[3]　柴田滋『社会法総論：社会法の基本法理とその現代的展開』大学教育出版（2015 年）223 頁。

最初源于 1919 年德国《魏玛宪法》[①]，而日本将这种现代意义的生存权视为人类最低生活权的宪法规定是在"二战"以后，1947 年日本《宪法》第 25 条规定"全体国民都享有健康和文化的最低限度的生活的权利"，对国家和地方公共团体等的公共权利与社会成员之间的关系加以规范，在权利者明示地、默示地合法行使该生存权时，国家负有保障国民作为人的生活所必需的各种生活保障的立法和行政上的义务。该生存权保障的规定，使社会保障有了成文法的规定，促进了此后社会保障的迅速发展。日本《宪法》第 25 条关于生存权的规定是支撑社会保障的独自的法原理，对此学术界基本上不存在异议。与劳动法通过劳动关系使生存权原理间接发生作用的法领域不同，"社会保障法是生存权法理直接的并且成体系加以展开的法"[②]。

四、衰落的"阶级法的社会法"论

强调社会法是阶级法，在日本社会法学界曾经颇有市场，主要代表学者有菊池勇夫教授，此外还有戎能通孝教授、片冈升教授等。

菊池教授将社会法"区分为'作为法学科或法域的社会法'以及'作为法理或法思想的社会法'，并在战前主要对前者、战后主要对后者进行了研究"[③]。与桥本文雄相比，菊池教授对"社会立法"和"社会法"

---

① 该法第 151 条第 1 款规定："经济生活之秩序，应与公平之原则及保障人类维持生活之目的相适应。在此范围内，必须确保个人之经济自由。"该规定表明，生存权确立的形式是保障作为人类值得生活为目的的正义原则，并且以经济自由为优先。另外，《魏玛宪法》第 161 条规定，"为了维持健康与劳动的能力，保护妇女，并且防止老龄、虚弱以及生活转变带来的危害，在被保险者的适当协助下，设立综合的保险制度"，明确了在宪法上规定社会保障制度的重要性。关于生存权思想的历史，参见：小林直樹『憲法の構成原理』東京大学出版会（1961 年）；奥貴雄『生存権の法理』東京新有堂（1985 年）。

② 荒木誠之『社会保障の法的構造』有斐閣（1983 年）29 頁。

③ 丹宗昭信「社会法理論の発展」菊池勇夫編『社会法総説——労働法・社会保障法・経済法（上）』有斐閣（1959 年）30 頁。

的概念作了明确区分。首先他对《社会科学大辞典》中"社会立法"与
"社会法"的条目进行了说明，认为前者"社会立法"（social legislation,
Sozialgesetzgebung, I'egislationsociaie）是随着资本主义生产体制的发展，作
为解决社会问题的一个手段而实行的各项立法的总称，因而，"初期的社
会立法，是从人道主义立场出发而被制定的。逐渐发展的社会运动增加
了组织化的力量，而国家站在劳资两个阶级的仲裁者或协调者的位置，
以对女性和未成年人的保护为始端，并发展到对成年劳动者的保护"①；
而后者"社会法"（social law, Sozialrecht, droit social）"是规制社会的阶级
的均衡关系的国家各项法律及社会各项规范的统称。这里所称的社会，
是指近代资本主义生产体制下的社会。社会的阶级的均衡关系是从劳动
和资本两个阶级的对立产生的，并与资本主义发展各阶段相适应，其均
衡时常被更新"。②作为"社会法"的概念，他强调：第一，国家的各项
法律，即国家为了规范社会的阶级均衡关系而制定的各项法律，在具有
"立法"意义的同时，还促进了社会的各种规范和理念，社会法是这两者
汇总的概念；第二，着眼于包含劳动者以及广大无产者阶级的整体的阶
级关系，一切相关的法律规范，表现为阶级斗争各阶段的社会均衡体系，
从这一点出发，产生发展了社会法的概念。可见，菊池教授认为"社会
立法"是不限于阶级性而是从更为广泛的观点出发的，而"社会法"无疑
具有强烈的"阶级性"的色彩。从这样的观点出发，菊池教授早期理论认
为社会法即为劳动法。此后从社会改良主义的阶级调和论出发，又将社
会法修正为社会政策立法，由此，将社会事业法纳入社会法范畴体系中，
与劳动法并立。大正末期至九一八事变期间，经济危机导致企业垄断的

① 菊池勇夫「社会法の基本問題」社会思想社編『社会科学大辞典』改造社（1930年）235頁。
② 丹宗昭信「社会法理論の発展」菊池勇夫編『社会法総説——労働法·社会保障法·経済
法（上）』有斐閣（1959年）30頁、31頁。

形成，加之发动战争所需，国家强化了经济统制立法，由此经济法具有了社会法的特征，菊池教授又将经济法纳入到了社会法的范畴。①

此外，戎能通孝教授和片冈升教授认为在资本主义经济社会的矛盾和弊端下存在着被害者（集团），社会法要以确保这些被害者的生存为终极目的，这样的法理论被称为"被害者法论"，这也是阶级法的社会法论的一个侧面。其中，戎能教授认为，社会法是"资本主义社会通过市民法使受益者和被害者明确分离，随着被害者意识到自己的处境，产生了废止或者修正市民法的要求。资本主义社会的被害者，意识到了自己的被害状态，为了防止被害或减少被害，应该获得与市民法对置的法律体系"。② 而片冈升教授认为，"社会法是基于资本主义结构性矛盾下被害者阶级或阶层的实践要求，通过国家权力的部分让步，以确保此等阶级之生存为价值原理而成立的法律体系。……典型的如劳动法产生发展所显示出的那样，社会法的成立不可欠缺的要素是资本主义结构性矛盾的被害者集团自下产生的实践运动"③。

上述"阶级法的社会法"论，对社会法概念和性质做了明确解释，使社会法具有了独立存在的意义。与之相关，社会法的成立所要重视的根本前提是资本主义社会内在矛盾导致的被害者（集团）自下产生的实践运动。社会法的目的是以生存权法理为基础，这是最为重要的价值理念，它明确昭示以劳动者为中心的被害者阶层要从贫穷中解放出来，以实现人类实质的、社会的平等化。

① 关于菊池理论的演变发展，参见丹宗昭信「社会法理論の発展」菊池勇夫編『社会法総説——労働法·社会保障法·経済法（上）』有斐閣（1959 年）30—35 頁。我国学者的相关研究，参见王为农："日本的社会法学理论：形成与发展"，《浙江学刊》2004 年第 1 期。
② 末川博編集代表『民事法学辞典（上卷）』有斐閣（1960 年）847 頁，戎能通孝关于"社会法"词条的说明。
③ 片岡昇『現代労働法の展開』岩波書店（1983 年）180 頁。

对阶级性的社会法理论需要辩证分析。现代社会法理论，是伴随近代资本主义经济社会的历史演变，作为劳动者阶级的斗争与支配者阶级（国家）的妥协的结果而产生发展的，这是必须把握的视角和前提。忽视了阶级斗争的自下产生的社会运动的重要作用，仅强调功利主义的思考方法，或者为了理论而理论的片面空洞的社会立法和社会法的研究方法都是不恰当的。从这个意义上来说，历史地看待和把握社会法理论的重要性，这是现代社会法的基本原则。劳动基本权保障也好，生存权保障也好，都是通过 19、20 世纪以工人阶级为中心的社会运动，特别是作为劳动运动和社会主义运动发展的结果而获得的，应该强调这样的法的原理。

但是，我们也要看到，由于该理论是以资本主义不可克服的矛盾和弊病为前提加以构成，认为垄断资本主义时期的市民法不是面临拂晓而是已近黄昏[1]，因而，面对现代资本主义的变革与改良，面对现代人权保障日益发展、贫富差距缩小、劳资矛盾缓和、社会福祉提高、被害者地位改善等现实，继续以阶级斗争理论来解释社会法的原理，不可避免地产生了历史局限性。因而，在现代社会人权法律保障不断发展的进程中，"阶级法的社会法"论日渐衰落。

五、新兴的"自由权的社会法"论

众所周知，"二战"后日本《宪法》对基本人权进行了规定，如第 25 条的生存权，第 26 条的受教育权，第 27 条的劳动权，第 28 条的团结权、集体交涉权和其他集体行动权等，在立宪主义的宪法下，这样的人权规定成为了社会法的根据。换言之，作为现代立宪主义国家的日本的社会法，是对宪法基本人权的规定加以具体化的法，因其以广大劳动

---

① 沼田稲次郎『市民法と社会法』日本評論新社（1953 年）11 頁。

者的保护和国民的生活保障为目的，故国民有要求国家进行这样照顾的权利。

关于这样的人权，强调法律实证主义的国家着眼于国家与国民的关系，主要从法律效力的观点出发加以说明，这也是被普遍接受的学说。由 18 世纪欧美的人权宣言发展而来的传统人权，因为具有排除国家介入的效力而被称为"自由权"或"市民权"。与之相区别，日本《宪法》第 25 条至第 28 条规定的基本人权，要求国家对国民生活加以积极保障，这样的权利被称为"社会权"。"宪法上国民的利益有时要求一种国家法律加以确定。……国民具有接受国家法律之利益的地位，但积极的国家法律的定立是宪法上的义务所实行的结果。国民这样的地位被称为社会权。……具有积极地位的国民，拥有对国家的具体行动的权利，但这种社会权，不包含具体的请求权。"①

在此认识基础上，近年来，由于国家更加注重对国民的人格自律与自我决定的自由权的保障，因而有学说进一步认为，社会法理念是以《宪法》第 13 条的"自由"权利为基础构成的②，相对于以前的以生存权为基础的社会法论，提出了以自由权为基础的社会法论，这引起了学术界的关注。该学说主张，日本《宪法》第 13 条规定"生命、自由以及追求幸福是国民的权利"，而社会法的基本目的是以确保个人自由为前提加以实现的，根本目的就是确保上述意义上的"自由"。从这个视角出发，社会法上的个人，不是作为单独保护的客体，而是能动的自立的权利义务主体，他们自身也应该具有自我生活的能力，因而，要明确社会法实施政策的选择和参与的重要性，对现实中缺乏这种能力的个人要从法律上完

---

① 宫沢俊義『憲法Ⅱ』有斐閣（2000 年）90 頁。
② 关于该学说，参见菊池馨実『社会保障の法理念』有斐閣（2000 年）135 頁以下；加藤智章等『社会保障法』有斐閣（2001 年）。

善对他们的支援制度。① 从"自由的理念"出发，要在制度设计上防止国家对个人生活的过度介入；强调个人不应该是被保护的被动的客体，而是能动地选择、参与的主体；国家应该维持基本生活保障的实质性平等。可见，国民可以自由决定自己的生活方式，国家也有义务对此加以保障。也就是说，国家不仅不能妨碍国民追求幸福，还要积极确保该权利的实现。

笔者认为，社会法从以生存权为基础发展到以自由权为基础，这是社会进步与人权发展的必然结果，人类已经不满足于作为基本人权的生存权，要求以自我意志和自由选择来决定自身发展，实现体面的有尊严的个性化生活和个人价值，这是生存权发展的更高阶段，应该得到现代意义上的宪法的保障，也有必要对其成为现代社会法的理论基础加以考察和论证。当然，由于日本有关社会法的研究已经不再成为理论和实践所关注的热点，因而，在社会急剧发展变化的过程中，该"自由权的社会法"论虽然不乏新意，但已难以再掀社会法理论研究之波澜。

六、余论：中国"社会法"研究的路径选择

从日本社会法理论研究的演变发展可以看出，不论是市民法的社会化理论，还是以生存权为基础的社会法理论，抑或阶级化的社会法理论，虽然其论证的逻辑起点不同，侧重的主体和内容也不同，但其本质属性具有一定的相通性。主张各自学说的学者也并不完全排斥其他学说。比如，法的社会化理论是以市民法与社会法的关联性为逻辑起点，强调社会法是从市民法的母胎中产生演变的，但并不否定生存权和劳动者阶级性的理论基础；而以生存权为基础的社会法论，则从现代宪法保障的人权角度出发寻求理论支撑，它并不否认社会法是对市民法的修正，也不

---

① 菊池馨实『社会保障の法理念』有斐閣（2000 年）154 頁、165 頁。

否认被害者阶级对社会法的推动作用，其所强调的逻辑起点是社会法的立法目的和理念，并在此基础上试图构建社会法理论的体系与内容；而阶级法的社会法论则强调，社会法从市民法产生发展的主体是被害者阶级，他们自下产生的斗争实践成为社会法和社会立法的动力，而这一过程正是法的社会化的过程，也是生存权保障的过程。由于三种理论的逻辑起点不同，反映出的价值体系的构建也不相同，因而在其后几十年的理论发展和实践演绎中，有了不同的走向和结局。至此，日本不但没有形成统领整体社会法的基本理论，反而由于"法的社会化"论和"生存权"论的独自发展，促进和丰富了社会法领域中劳动法和社会保障法的理论构建。

虽然日本的社会法理论研究经过几十年的相对沉寂之后，近年来又提出了新的"自由权的社会法"论，但其影响已今非昔比，社会法的环境变化已经不再需要社会法体系的整体构建和抽象的理论探讨，"随着社会法各个领域之日渐发展成熟，学者的研究方向乃转向诸如劳动法、社会保障法等社会法各论领域的理论精致化与体系之严整化，对于社会法之基础理论与总论之研究，似已稍有措意"，[①] 社会法从应然层面到实然层面的转换，使当年的学说之争成为了社会法历史溯源的一个符号。当初的许多争议问题，比如阶级法的问题，随着资本主义自我变革以及市场化规制完善而自然消退；而法的社会化论和生存权论，分别成为现代劳动法和社会保障法的基本理念也是理论积淀和实践发展的必然结果，而非所谓顶层设计之后的机械建造。

就我国而言，学术界对社会法的概念等问题长期争论不休。2001 年全国人大宣布由包含社会法在内的七大法律部门构成我国基本法律体系，官方将社会法定义为："社会法是调整劳动关系、社会保障、社会福利和

---

① 蔡茂寅："社会法之概念、体系与范畴——以日本法为例之比较观察"，台湾地区《政法大学评论》1997 年总第五十八期。

特殊群体权益保障等方面的法律规范，遵循公平和谐与国家适度干预原则，通过国家和社会积极履行责任，对劳动者、失业者、丧失劳动能力者以及其他需要扶助的特殊人群的权益提供必要的保障，以维护社会公平，促进社会和谐。"① 以此为契机，社会法的基础理论研究得到学界的更多关注，并在研究和争论之中产生了一定共识。比如，社会法源于对传统市民法抽象、形式平等的人之形象以及由此建立的法秩序的批判与反思；社会法正视社会上强者与弱者的存在，应对经济发展所带来的诸多社会问题，为社会失衡导致的相对或绝对弱势群体提供权利保障；等等。无论学者选取何种本位观，社会法体现的诸如实质正义、生存权保障、弱势者保护、公民积极社会权利等基本理念原则是社会法学者所普遍接受的。不论社会法的概念和范畴如何界定，都有必要将社会法确定在维护社会弱者基本利益的本位上来。②

但是，毋庸讳言，从学理上分析，到底什么是社会法？社会法的价值目标、理论基础和基本理念是什么？构成社会法内容的部门法有哪些？各个部门法又何以被统合在社会法的概念之下，其又具有怎样的相互关系？……凡此种种，都需要持续深入的探索和研究。我国当前的社会法学还不具备完全打破"个人主义"的理论基础，这导致社会法的界定范围尚显模糊，不具开放性。社会法的研究起步较晚，理论基础薄弱，且由于社会经济的发展变化使具体法律的颁布实施呈现加速之势……，面对充满活力的现实发展，我们必须优先解决具体法律面临的理论和实践问题，这样的发展进程，可能会导致社会法基本理论的应然阶段的研

---

① 参见《全国人民代表大会常务委员会工作报告》，《人民日报》2001 年 3 月 20 日第 1—2 版。2001 年九届全国人大第四次会议报告第一次在官方文件上明确提出"社会法"概念，与宪法及宪法相关法、民法商法、行政法、经济法、刑法、诉讼与非诉讼程序法并列为我国法律体系的七个部门。

② 参见魏建国："城市化升级转型中的社会保障与社会法"，《法学研究》2015 年第 1 期。

究刚刚开始，也许就不得不将重点转入到实然阶段的研究。正如学者所言，"我们在进行社会法理论研究时，万不可醉心于价值、理念等抽象法律语境的运用和所谓的学术规范化，而不顾及上述蕴含着不尽法理的法律制度"。①

就我国现实情况来看，"社会法"的多义性还无法克服，其内容和原理也只不过是现实的法的一个侧面，因而，"社会法"这一概念对于包括社会立法的现代法的分析能够发挥多大程度的功效，还需要进一步研究和论证。也许我们暂时无法完成中国"社会法"的概念定义和范畴厘定，也许实践的快速发展使我们不得不超越这个学理概念构成阶段，而更为关注劳动法、社会保障法等具体法律制度本身，也许其他相关法律学科的发展会将其与社会法之间的界限从相对方向进行有效厘定……但可以肯定的是，随着理论的成熟与实践的丰富，一定会使学界对中国"社会法"有更为清晰的认识，而到了那一天，我们对今日问题的研究才会有更为充分的理论储备和实践基础，许多问题可能不必争论而自然形成共识。

日本社会法的理论兴衰提示我们，社会法研究必须将理论与实践相结合，从丰富的实践中发现问题，提炼问题，并通过理论研究来解决问题。社会法理论不是空中楼阁，如果"社会法"仅作为一个"说明概念"具有学问上的意义，而不能体现其实践上的价值，那我们还有必要拘泥于"社会法"概念的抽象学理分析和范畴界定吗？反之，如果在社会发展变动中，在社会法领域内的具体法律不断精细化、成熟化的过程中，社会法作为一个统合性的法概念能够切实关照实践发展，发挥法理解释作用，那么，社会法的理论思辨才有源泉，社会法的实践效能才有价值，社会法的全面勃兴也才指日可待！

---

① 郑尚元："社会法语境与法律社会化——'社会法'的再解释"，《清华法学》2008年第3期。

图书在版编目（CIP）数据

社会法与市民法 /（日）桥本文雄著；田思路译 . —
北京：商务印书馆，2023
（社会法名著译丛）
ISBN 978－7－100－22797－1

Ⅰ. ①社… Ⅱ. ①桥… ②田… Ⅲ. ①社会法学—
研究 ②民法—研究 Ⅳ. ① D912.5 ② D913.04

中国国家版本馆 CIP 数据核字（2023）第 146972 号

社会法名著译丛

社会法与市民法

〔日〕桥本文雄 著

田思路 译

商 务 印 书 馆 出 版
（北京王府井大街36号 邮政编码100710）
商 务 印 书 馆 发 行
北京艺辉伊航图文有限公司印刷
ISBN 978－7－100－22797－1

2023 年 11 月第 1 版 开本 880×1240 1/32
2023 年 11 月北京第 1 次印刷 印张 9³/₈ 插页 1

定价：68.00 元